D1798424

Dear Reader

I was born in 1898. During my hundred years as Bibendum I have accompanied you all over the world, attentive to your safety while travelling and your comfort and enjoyment on and off the road.

The knowledge and experience I acquire each year is summarised for you in the Red Guide.

In this edition, I offer some advice to help you find good food at moderate prices : look for the restaurants identified by my red face, "**Bib Gourmand**"*!*

I look forward to receiving your comments…

I remain at your service for a new century of discoveries.

Bibendum

Contents

5 *How to use this guide*
Choosing a hotel or restaurant – Hotel facilities –
Cuisine – The stars – The **"Bib Gourmand"** *Meals*
– Prices – London – Car, Tyres – Town Plans

51 *London*
Major hotel groups
Some practical advice
Sights
Town plans
Alphabetical list of hotels and restaurants
Particularly pleasant hotels and restaurants
Starred establishments in London
The **"Bib Gourmand"**
Restaurants classified according to type
Alphabetical list of areas included
Boroughs and areas

160 *International dialling codes*

164 *Underground Map*

How to use this guide

Choosing a hotel or restaurant _____

Hotel facilities _____

Cuisine - Stars - The **"Bib Gourmand"** _____

Prices _____

London - Sights _____

Car, tyres _____

Town plans _____

Choosing a hotel or restaurant

This guide offers a selection of hotels
and restaurants to help the motorist on his travels.
In each category establishments are listed
in order of preference according to the degree
of comfort they offer.

Categories

🏨🏨🏨🏨	XXXXX	*Luxury in the traditional style*
🏨🏨🏨	XXXX	*Top class comfort*
🏨🏨	XXX	*Very comfortable*
🏨	XX	*Comfortable*
🏠	X	*Quite comfortable*
	🍴	*Traditional pubs serving food*
↟		*Other recommended accommodation (Guesthouses and private homes)*
without rest.		*The hotel has no restaurant*
	with rm	*The restaurant also offers accommodation*

Peaceful atmosphere and setting

Certain establishments are distinguished
in the guide by the red symbols shown below.

Your stay in such hotels will be particularly
pleasant or restful, owing to the character
of the building, its decor, the setting, the welcome
and services offered, or simply the peace
and quiet to be enjoyed there.

🏨🏨🏨🏨 to ↟		*Pleasant hotels*
XXXXX to X		*Pleasant restaurants*
« Riverside setting »		*Particularly attractive feature*
	🖐	*Very quiet or quiet, secluded hotel*
	🖐	*Quiet hotel*
≤ London		*Exceptional view*
≤		*Interesting or extensive view*

Hotel facilities

In general the hotels we recommend have full bathroom and toilet facilities in each room. This may not be the case, however for certain rooms in categories 🏨, 🏠 and ⛺.

30 rm	*Number of rooms*
🛗	*Lift (elevator)*
▤	*Air conditioning*
📺	*Television in room*
🚭	*Establishment either partly or wholly reserved for non-smokers*
☎	*Telephone in room: direct dialling for outside calls*
♿	*Rooms accessible to disabled people*
🍽	*Meals served in garden or on terrace*
🏊	*Outdoor or indoor swimming pool*
🏋 🧖	*Exercise room – Sauna*
🌳	*Garden*
🎾 ⛳	*Hotel tennis court – Golf course and number of holes*
🏛 150	*Equipped conference hall: maximum capacity*
🚗	*Hotel garage (additional charge in most cases)*
🅿	*Car park for customers only*
🐕	*Dogs are excluded from all or part of the hotel*
Fax	*Telephone document transmission*
closed Saturday and August	*Dates when closed as indicated by the restaurateur*
LL35 0SB	*Postal code*

Animals

It is illegal to bring domestic animals (dogs, cats...) into Great Britain and Ireland.

7

Cuisine

Stars

*Certain establishments deserve to be brought
to your attention for the particularly fine quality
of their cooking. **Michelin stars** are awarded
for the standard of meals served. For such
restaurants we list three culinary specialities
typical of their style of cooking to assist
you in your choice.*

🏵🏵🏵 Exceptional cuisine, worth a special journey

*One always eats here extremely well, sometimes
superbly. Fine wines, faultless service, elegant
surroundings. One will pay accordingly!*

🏵🏵 Excellent cooking, worth a detour

*Specialities and wines of first class quality.
This will be reflected in the price.*

🏵 A very good restaurant in its category

*The star indicates a good place to stop on your journey.
But beware of comparing the star given
to an expensive «de luxe» establishment
to that of a simple restaurant where you can appreciate
fine cuisine at a reasonable price.*

The "Bib Gourmand"

Good food at moderate prices

*You may also like to know of other restaurants
with less elaborate, moderately priced menus
that offer good value for money
and serve carefully prepared meals.
We bring them to your attention by marking them
with the **"Bib Gourmand"** ☺ and Meals in the text of
the Guide,
e.g. Meals 19.00/25.00.*

Prices

*Prices quoted are valid for autumn 1997. Changes
may arise if goods and service costs are revised.*

*Hotels and restaurants in bold type have supplied
details of all their rates and have assumed
responsibility for maintaining them for all
travellers in possession of this guide.*

Prices are given in £ sterling.
Where no mention s., t., *or* st. *is shown, prices
may be subject to the addition of service charge,
V.A.T. or both.*

*Your recommendation is self-evident if you always
walk into a hotel guide in hand.*

Meals

Meals 13.00/28.00	**Set meals**
	Lunch 13.00, *dinner* 28.00 – *including cover charge, where applicable*
Meals 19.00/25.00	*See page 8*
s.	*Service only included*
t.	*V.A.T. only included*
st.	*Service and V.A.T. included*
🍾 6.00	*Price of 1/2 bottle or carafe of house wine*

Meals a la carte	**A la carte meals**
20.00/35.00	*The prices represent the range of charges from a simple to an elaborate 3 course meal and include a cover charge where applicable*
🍽 8.50	*Charge for full cooked breakfast (i.e. not included in the room rate)*
	Continental breakfast may be available at a lower rate

↑: *Dinner in this category of establishment will
generally be offered from a fixed price menu of
limited choice, served at a set time to residents only.
Lunch is rarely offered. Many will not be licensed
to sell alcohol.*

Rooms

rm 120.00/250.00

Lowest price 120.00, per room for a comfortable single and highest price 250.00 per room for the best double or twin

suites
rm  125.00/255.00

Check with the hotelier for prices
Full cooked breakfast (whether taken or not) is included in the price of the room

Short breaks (SB)

Many hotels offer a special rate for a stay of two or more nights which comprises dinner, room and breakfast usually for a minimum of two people. Please enquire at hotel for rates.

Alcoholic beverages-conditions of sale

The sale of alcoholic drinks is governed in Great Britain and Ireland by licensing laws which vary greatly from country to country.

Allowing for local variations, restaurants may stay open and serve alcohol with a bona fide meal during the afternoon. Hotel bars and public houses are generally open between 11am and 11pm at the discretion of the licensee. Hotel residents, however, may buy drinks outside the permitted hours at the discretion of the hotelier.

Children under the age of 14 are not allowed in bars.

Deposits

Some hotels will require a deposit, which confirms the commitment of customer and hotelier alike. Make sure the terms of the agreement are clear.

Credit cards

Credits cards accepted by the establishment: MasterCard (Eurocard) – American Express – Diners Club – Visa – Japan Credit Bureau

London

✉ SW7	*Postal address*
BX A	*Letters giving the location of a place on the town plan*
⚑₁₈	*Golf course and number of holes (handicap usually required, telephone reservation strongly advised)*
❋, ≤	*Panoramic view, viewpoint*
✈	*Airport*
🛈	*Tourist Information Centre*

Standard Time

In winter standard time throughout the British Isles is Greenwich Mean Time (G.M.T.). In summer British clocks are advanced by one hour to give British Summer Time (B.S.T.). The actual dates are announced annually but always occur over weekends in March and October.

Sights

Star-rating

★★★	*Worth a journey*
★★	*Worth a detour*
★	*Interesting*

Car, tyres

The wearing of seat belts in Great Britain is obligatory for drivers, front seat passengers and rear seat passengers where seat belts are fitted. It is illegal for front seat passengers to carry children on their lap.

Michelin tyre suppliers
ATS tyre dealers

The address of the nearest ATS tyre dealer can be obtained by contacting the address below between 9am and 5pm.

ATS HOUSE
180-188 Northolt Rd.
Harrow
Middlesex HA2 OED
☎ (0181) 423 2000

Motoring organisations

The major motoring organisations in Great Britain are the Automobile Association and the Royal Automobile Club. Each provides services in varying degrees for non-resident members of affiliated clubs.

AUTOMOBILE ASSOCIATION
Fanum House
Basingstoke, Hants
RG21 2EA
☎ (01256) 320123

ROYAL AUTOMOBILE CLUB
RAC House, Lansdowne Rd.
CROYDON, Surrey CR9 2JA
☎ (0181) 686 2525

Town plans

ⓐ ● a   *Hotels – Restaurants*

Sights

    Place of interest and its main entrance

Interesting place of worship

Roads

M 1   *Motorway*

❹   ❹   *Junctions: complete, limited*

Dual carriageway with motorway characteristics

Main traffic artery

A 2   *Primary route (network currently being reclassified)*

◄ ɪ⊏⊏⊏⊏ɪ   *One-way street – Unsuitable for traffic, street subject to restrictions*

Pedestrian street

Patrick St. 🅿   *Shopping street – Car park*

    Gateway – Street passing under arch – Tunnel

15'3"   *Low headroom (16'6" max.) on major through routes*

   *Station and railway*

o⊪⊪⊪⊪o   o⊪●▪●o   *Funicular – Cable-car*

⚠   🅱   *Lever bridge – Car ferry*

Various signs

🛈   ☪   ✡   *Tourist Information Centre – Mosque – Synagogue*

⏚   ∴   *Communications tower or mast – Ruins*

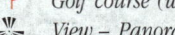   *Garden, park, wood – Cemetery*

◯   🏇   ⛳   *Stadium – Racecourse – Golf course*

▶   *Golf course (with restrictions for visitors)*

◀   ≫   *View – Panorama*

■   ◉   ✚   *Monument – Fountain – Hospital*

⚓   ⚐   *Pleasure boat harbour – Lighthouse*

✈   ⊖   ●   *Airport – Underground station*

⛴   *Ferry services: passengers and cars*

✉   *Main post office with poste restante, telephone*

🟧   *Public buildings located by letter:*

C   H   *County Council Offices – Town Hall*

M   T   U   *Museum – Theatre – University, College*

POL.   *Police (in large towns police headquarters)*

London

BRENT WEMBLEY   *Borough – Area*

Borough boundary – Area boundary

Ami lecteur

C'est en 1898 que je suis né. Voici donc
cent ans que, sous le nom de Bibendum,
je vous accompagne sur toutes les routes
du monde, soucieux du confort
de votre conduite,
de la sécurité de votre déplacement,
de l'agrément de vos étapes.

L'expérience et le savoir-faire
que j'ai acquis, c'est au Guide Rouge
que je les confie chaque année.

Et dans cette édition, pour trouver de
bonnes adresses à petits prix, un conseil :
suivez donc les restaurants que vous
signale mon visage de "**Bib Gourmand**"!

N'hésitez pas à m'écrire...

Je reste à votre service pour un nouveau
siècle de découvertes.

En toute confiance.

Bibendum _____

Sommaire

17 *Comprendre*
*Le choix d'un hôtel, d'un restaurant – L'installa-
tion – La table – Les étoiles – Le* **"Bib Gourmand"**
Meals *– Les prix – Londres – La voiture, Les pneus –
Les plans*

51 ***Londres***
*Principales chaînes hôtelières – Quelques renseigne-
ments pratiques – Curiosités – Plans de villes –
Liste alphabétique des hôtels et restaurants – Hôtels et
restaurants · agréables – Les établissements
à étoiles de Londres – Le* **"Bib Gourmand"** *–
Restaurants classés suivant leur genre – Liste alpha-
bétique des quartiers cités*

160 *Indicatifs téléphoniques internationaux*

164 *Plan du métro*

Comprendre

Le choix d'un hôtel, d'un restaurant _____

Installation _____

La table – *Les étoiles* – *Le* **"Bib Gourmand"** _____

Les prix _____

Londres – **Les curiosités** _____

La voiture, les pneus _____

Les plans _____

Le choix d'un hôtel, d'un restaurant

Ce guide vous propose une sélection d'hôtels et restaurants établie à l'usage de l'automobiliste de passage. Les établissements, classés selon leur confort, sont cités par ordre de préférence dans chaque catégorie.

Catégories

🏨	🗙🗙🗙🗙🗙	*Grand luxe et tradition*
🏨	🗙🗙🗙🗙	*Grand confort*
🏨	🗙🗙🗙	*Très confortable*
🏨	🗙🗙	*De bon confort*
🏨	🗙	*Assez confortable*
	🍴	*Traditionnel pub anglais servant des repas*
🏠		*Autre ressource hôtelière conseillée, (maison d'hôtes et cottages)*
without rest.		*L'hôtel n'a pas de restaurant*
	with rm	*Le restaurant possède des chambres*

Agrément et tranquillité

*Certains établissements se distinguent dans le guide par les symboles rouges indiqués ci-après.
Le séjour dans ces hôtels se révèle particulièrement agréable ou reposant.
Cela peut tenir d'une part au caractère de l'édifice, au décor original, au site, à l'accueil et aux services qui sont proposés, d'autre part à la tranquillité des lieux.*

🏨 à 🏠		*Hôtels agréables*
🗙🗙🗙🗙🗙 à 🗙		*Restaurants agréables*
« Riverside setting »		*Élément particulièrement agréable*
🖐		*Hôtel très tranquille ou isolé et tranquille*
🖐		*Hôtel tranquille*
⬳ London		*Vue exceptionnelle*
⬳		*Vue intéressante ou étendue*

L'installation

Les chambres des hôtels que nous recommandons possèdent, en général, des installations sanitaires complètes. Il est toutefois possible que dans les catégories 🏨, 🏠 et 🏚, certaines chambres en soient dépourvues.

30 ch	Nombre de chambres
⬦	Ascenseur
▤	Air conditionné
📺	Télévision dans la chambre
🚭	Établissement entièrement ou en partie réservé aux non-fumeurs
☎	Téléphone dans la chambre, direct avec l'extérieur
♿	Chambres accessibles aux handicapés physiques
🏡	Repas servis au jardin ou en terrasse
🏊 📐	Piscine : de plein air ou couverte
🏋 🧖	Salle de remise en forme – Sauna
🌳	Jardin de repos
🎾 ⛳18	Tennis à l'hôtel – Golf et nombre de trous
🪑 150	Salles de conférences : capacité maximum
🚗	Garage dans l'hôtel (généralement payant)
🅿	Parking réservé à la clientèle
🐕‍🦺	Accès interdit aux chiens (dans tout ou partie de l'établissement)
Fax	Transmission de documents par télécopie
closed Saturday and August	Fermeture communiquée par le restaurateur
LL35 OSB	Code postal de l'établissement

Animaux

L'introduction d'animaux domestiques (chiens, chats...) est interdite en Grande-Bretagne et en Irlande.

La table

Les étoiles

*Certains établissements méritent d'être signalés
à votre attention pour la qualité de leur cuisine.
Nous les distinguons par les étoiles de bonne table.
Nous indiquons, pour ces établissements,
trois spécialités culinaires qui pourront orienter
votre choix.*

❀❀❀ Une des meilleures tables, vaut le voyage

*On y mange toujours très bien, parfois
merveilleusement, grands vins, service impeccable,
cadre élégant... Prix en conséquence.*

❀❀ Table excellente, mérite un détour

*Spécialités et vins de choix...
Attendez-vous à une dépense en rapport.*

❀ Une très bonne table dans sa catégorie

*L'étoile marque une bonne étape
sur votre itinéraire.
Mais ne comparez pas l'étoile d'un établissement
de luxe à prix élevés avec celle d'une petite maison
où à prix raisonnables, on sert également
une cuisine de qualité.*

☺ Le "Bib Gourmand"

Repas soignés à prix modérés

*Vous souhaitez parfois trouver des tables plus
simples, à prix modérés; c'est pourquoi nous avons
sélectionné des restaurants proposant, pour un
rapport qualité-prix particulièrement favorable,
un repas soigné.
Ces restaurants sont signalés par le* **"Bib Gourmand"**
☺ **Meals**.
Ex. ☺ **Meals** 19.00/25.00.

Les prix

Les prix que nous indiquons dans ce guide
ont été établis en automne 1997. Ils sont susceptibles
de modifications, notamment en cas de variations
des prix des biens et services.

Les hôtels et restaurants figurent en gros caractères
lorsque les hôteliers nous ont donné tous leurs prix
et se sont engagés, sous leur propre responsabilité,
à les appliquer aux touristes de passage porteurs de
notre guide.

Les prix sont indiqués en livres sterling
(1 L = 100 pence).
Lorsque les mentions **s.**, **t.**, ou **st.** ne figurent pas,
les prix indiqués peuvent être majorés
d'un pourcentage pour le service, la T.V.A.,
ou les deux.

*Entrez à l'hôtel le guide à la main, vous montrerez
ainsi qu'il vous conduit là en confiance.*

Repas

Meals 13.00/28.00	**Repas à prix fixe**
	Déjeuner 13.00, *dîner* 28.00. *Ces prix s'entendent couvert compris*
Meals 19.00/25.00	*Voir page 20*
s.	*Service compris*
t.	*T.V.A. comprise*
st.	*Service et T.V.A. compris (prix nets)*
🍶 6.00	*Prix de la 1/2 bouteille ou carafe de vin ordinaire*

Meals à la carte	**Repas à la carte**
20.00/35.00	*Le 1er prix correspond à un repas simple mais soigné, comprenant : petite entrée, plat du jour garni, dessert. Le 2e prix concerne un repas plus complet, comprenant : hors-d'œuvre, plat principal, fromage ou dessert. Ces prix s'entendent couvert compris*
☕ 8.50	*Prix du petit déjeuner à l'anglaise, s'il n'est pas compris dans celui de la chambre. Un petit déjeuner continental peut être obtenu à moindre prix*

*⌂ : Dans les établissements de cette catégorie,
le dîner est servi à heure fixe exclusivement
aux personnes ayant une chambre. Le menu,
à prix unique, offre un choix limité de plats.
Le déjeuner est rarement proposé.
Beaucoup de ces établissements ne sont pas autorisés
à vendre des boissons alcoolisées.*

Chambres

rm 120.00/250.00

*Prix minimum 120.00 d'une chambre pour une
personne et prix maximum 250.00 de la plus belle
chambre occupée par deux personnes
Se renseigner auprès de l'hôtelier*

suites
rm  125.00/255.00

*Le prix du petit déjeuner à l'anglaise est inclus
dans le prix de la chambre,
même s'il n'est pas consommé*

Short breaks (SB)

*Certains hôtels proposent des conditions
avantageuses ou «Short Break» pour un séjour
minimum de 2 nuits. Ce forfait, calculé
par personne pour 2 personnes au minimum,
comprend la chambre, le dîner et le petit déjeuner.
Se renseigner auprès de l'hôtelier.*

La vente de boissons alcoolisées

*En Grande-Bretagne, la vente de boissons alcoolisées est
soumise à des lois pouvant varier d'une région à l'autre.*

*D'une façon générale, les restaurants peuvent demeurer
ouverts l'après-midi et servir des boissons alcoolisées dans
la mesure où elles accompagnent un repas suffisamment
consistant. Les bars d'hôtel et les pubs sont habituellement
ouverts de 11 heures à 23 heures.
Néanmoins, l'hôtelier a toujours la possibilité
de servir, à sa clientèle, des boissons alcoolisées
en dehors des heures légales.*

Les enfants au-dessous de 14 ans n'ont pas accès aux bars.

Les arrhes

*Certains hôteliers demandent le versement d'arrhes.
Il s'agit d'un dépôt-garantie qui engage l'hôtelier
comme le client. Bien faire préciser les dispositions
de cette garantie.*

Cartes de crédit

*Cartes de crédit acceptées par l'établissement :
MasterCard (Eurocard) – American Express –
Diners Club – Visa – Japan Credit Bureau*

22

Londres

✉ SW7	*Bureau de poste desservant la localité*
BX A	*Lettres repérant un emplacement sur le plan*
⟡18	*Golf et nombre de trous (Handicap généralement demandé, réservation par téléphone vivement recommandée)*
☀, ≼	*Panorama, point de vue*
✈	*Aéroport*
🛈	*Information touristique*

Heure légale

Les visiteurs devront tenir compte de l'heure officielle en Grande-Bretagne : une heure de retard sur l'heure française.

Les curiosités

Intérêts

★★★	*Vaut le voyage*
★★	*Mérite un détour*
★	*Intéressant*

23

La voiture, les pneus

En Grande-Bretagne, le port de la ceinture
de sécurité est obligatoire pour le conducteur
et le passager avant ainsi qu'à l'arrière, si le
véhicule en est équipé. La loi interdit au passager
avant de prendre un enfant sur ses genoux.

Fournisseurs de pneus Michelin
ATS Spécialistes du pneus

Des renseignements sur le plus proche point
de vente de pneus ATS pourront être obtenus
en s'informant entre 9 h et 17 h à l'adresse
indiquée ci-dessous.

> ATS HOUSE
> 180-188 Northolt Rd.
> Harrow,
> Middlesex HA2 OED
> ☎ (0181) 423 2000

Dans nos agences, nous nous faisons un plaisir
de donner à nos clients tous conseils
pour la meilleure utilisation de leurs pneus.

Automobile Clubs

Les principales organisations de secours automobile
dans le pays sont l'Automobile Association et le
Royal Automobile Club, toutes deux offrant certains
de leurs services aux membres de clubs affiliés.

AUTOMOBILE ASSOCIATION
Fanum House
Basingstoke, Hants
RG21 2EA
☎ (01256) 320123

ROYAL AUTOMOBILE CLUB
RAC House, Lansdowne Rd.
CROYDON, Surrey CR9 2JA
☎ (0181) 686 2525

Les plans

ⓐ ● a   *Hôtels – Restaurants*

Curiosités

Bâtiment intéressant et entrée principale
Édifice religieux intéressant

Voirie

 Autoroute
❹   ❹   *- échangeurs : complet, partiel*
Route à chaussées séparées de type autoroutier
Grand axe de circulation
A 2   *Itinéraire principal (Primary route)*
- réseau en cours de révision
◄ ɪ======ɪ   *Sens unique – Rue impraticable, réglementée*
↤══╪══╪══   *Rue piétonne*
Patrick St. 🅿   *Rue commerçante – Parc de stationnement*
 *Porte – Passage sous voûte – Tunnel*
15'5   *Passage bas (inférieur à 16'6") sur les grandes voies de circulation*
🚃   *Gare et voie ferrée*
□++++++□ □▪▪▪□   *Funiculaire – Téléphérique, télécabine*
⚠ Ⓑ   *Pont mobile – Bac pour autos*

Signes divers

🇿   ☪   ✡   *Information touristique – Mosquée – Synagogue*
☖   ∴   *Tour ou pylône de télécommunication – Ruines*
  ⚏   *Jardin, parc, bois – Cimetière*
◯   🏇   🏌   *Stade – Hippodrome – Golf*
  ⚑   *Golf (réservé)*
⪇   ⁂   *Vue – Panorama*
▪   ◎   ✚   *Monument – Fontaine – Hôpital*
  ⚓   ⏏   *Port de plaisance – Phare*
✈   ⊖   ●   *Aéroport – Station de métro*
⛴   *Transport par bateau : passagers et voitures*
✉   *Bureau principal de poste restante, téléphone*
  Bâtiment public repéré par une lettre :
C   H   *Bureau de l'Administration du Comté – Hôtel de ville*
M   T   U   *Musée – Théâtre – Université, grande école*
POL.   *Police (commissariat central)*

Londres

BRENT WEMBLEY   *Nom d'arrondissement (borough) – de quartier (area)*
  Limite de «borough» – d'«area»

Amico lettore

E' nel 1898 che sono nato e da cento anni quindi, con il nome di Bibendum, vi accompagno per le strade del mondo, attento al comfort della vostra guida, alla sicurezza dei vostri spostamenti, alla piacevolezza delle vostre soste.

L'esperienza ed il savoir-faire acquisiti li affido ogni anno alla Guida Rossa.

E, in questa edizione, un consiglio per trovare dei buoni indirizzi a prezzi interessanti : cercate i ristoranti contrassegnati dal mio faccino di **"Bib Gourmand"**!

Non esitate a scrivermi...

Resto al vostro servizio per un nuovo secolo di scoperte.

Cordialmente.

Bibendum _____

Sommario

29 *Come servirsi della guida*
La scelta di un albergo, di un restorante – Installa-
zioni – La tavola – Le Stelle – Il **"Bib Gourmand"**
🍴 Meals – I prezzi – Londra – L'automobile,
I pneumatici – Le piante

51 ***Londra***
Principali catene alberghiere – Qualche consiglio
pratico – Le curiosità – Le piante – Elenco alfabetico
degli alberghi e ristoranti – Alberghi e ristoranti
ameni – Gli esercizi con stelle a Londra – Il
"Bib Gourmand" *– Ristoranti classificati secondo il*
loro genere – Elenco alfabetico dei
quartieri citati

160 *Indicativi telefonici internazionali*

164 *Pianta della Metropolitana*

Come servisi della guida

La scelta di un albergo, di un restorante ___

Installazioni _____

La tavola - *Le stelle* - *Il* **"Bib Gourmand"** ___

I prezzi _____

Londra - *Le curiosità* _____

L'automobile, I pneumatici _____

Le piante _____

29

La scelta di un albergo, di un ristorante

*Questa guida propone una selezione
di alberghi e ristoranti stabilita ad uso
dell'automobilista di passaggio. Gli esercizi,
classificati in base al confort che offrono, vengono
citati in ordine di preferenza
per ogni categoria.*

Categorie

🏨	XXXXX	*Gran lusso e tradizione*
🏨	XXXX	*Gran confort*
🏨	XXX	*Molto confortevole*
🏨	XX	*Di buon confort*
🏠	X	*Abbastanza confortevole*
	⌂	*Pub tradizionali con cucina*
⌂		*Altra forme di alloggio consigliate (Pensioni e Case private)*
without rest.		*L'albergo non ha ristorante*
	with rm	*Il ristorante dispone di camere*

Amenità e tranquillità

*Alcuni esercizi sono evidenziati nella guida dai
simboli rossi indicati qui di seguito. Il soggiorno
in questi alberghi dovrebbe rivelarsi particolarmente
ameno o riposante.*

*Ciò può dipendere sia dalle caratteristiche
dell'edifico, dalle decorazioni non comuni,
dalla sua posizione e dal servizio offerto,
sia dalla tranquillità dei luoghi.*

🏨 a ⌂	*Alberghi ameni*
XXXXX a X	*Ristoranti ameni*
« Riverside setting »	*Un particolare piacevole*
☜	*Albergo molto tranquillo o isolato e tranquillo*
☜	*Albergo tranquillo*
≤ London	*Vista eccezionale*
≤	*Vista interessante o estesa*

Installazioni

Le camere degli alberghi che raccomandiamo possiedono, generalmente, delle installazioni sanitarie complete. È possibile tuttavia che nelle categorie 血, 血 e 个 alcune camere ne siano sprovviste.

30 rm	*Numero di camere*
|♦|	*Ascensore*
▤	*Aria condizionata*
TV	*Televisione in camera*
⊷⤬	*Esercizio riservato completamente o in parte ai non fumatori*
☎	*Telefono in camera comunicante direttamente con l'esterno*
♿	*Camere di agevole accesso per i minorati fisici*
🌳	*Pasti serviti in giardino o in terrazza*
⚊ ⊠	*Piscina : all'aperto, coperta*
🏋 ⇌s	*Palestra – Sauna*
🌿	*Giardino da riposo*
✕ ⛳18	*Tennis appartenente all'albergo – Golf e numero di buche*
👥 150	*Sale per conferenze : capienza massima*
🚗	*Garage nell'albergo (generalmente a pagamento)*
℗	*Parcheggio riservato alla clientela*
⛔	*Accesso vietato ai cani (in tutto o in parte dell'esercizio)*
Fax	*Trasmissione telefonica di documenti*
closed Saturday and August	*Periodo di chiusura, comunicato dall'albergatore*
LL35 OSB	*Codice postale dell' esercizio*

Animali

L'introduzione di animali domestici (cani, gatti...), in Gran Bretagna e in Irlanda, è vietata.

La tavola

Le stelle

Alcuni esercizi meritano di essere segnalati alla Vostra attenzione per la qualità tutta particolare della loro cucina. Noi li evidenziamo con le «stelle di ottima tavola».

Per questi ristoranti indichiamo tre specialità culinarie e alcuni vini locali che potranno aiutarVi nella scelta.

❀❀❀ **Una delle migliori tavole, vale il viaggio**

Vi si mangia sempre molto bene, a volte meravigliosamente, grandi vini, servizio impeccabile, ambientazione accurata... Prezzi conformi.

❀❀ **Tavola eccellente, merita una deviazione**

Specialità e vini scelti... AspettateVi una spesa in proporzione.

❀ **Un'ottima tavola nella sua categoria**

La stella indica una tappa gastronomica sul Vostro itinerario.
Non mettete però a confronto la stella di un esercizio di lusso, dai prezzi elevati, con quella di un piccolo esercizio dove, a prezzi ragionevoli, viene offerta una cucina di qualità.

Il "Bib Gourmand"

Pasti accurati a prezzi contenuti

Per quando desiderate trovare delle tavole più semplici a prezzi contenuti abbiamo selezionato dei ristoranti che, per un rapporto qualità-prezzo particolarmente favorevole, offrono un pasto accurato.
Questi ristoranti sono evidenziati nel testo con il **"Bib Gourmand"** 🍜 *e* Meals *evidenziata in rosso, davanti ai prezzi.*
Ex. 🍜 Meals 19.00/25.00.

I prezzi

I prezzi che indichiamo in questa guida sono stati stabiliti nel l'autunno 1997. Potranno pertanto subire delle variazioni in relazione ai cambiamenti dei prezzi di beni e servizi.

Gli alberghi e i ristoranti vengono menzionati in carattere grassetto quando gli albergatori ci hanno comunicato tutti i loro prezzi e si sono impegnati, sotto la propria responsabilità, ad applicarli ai turisti di passaggio, in possesso della nostra guida.

I prezzi sono indicati in lire sterline (1 £ = 100 pence).
Quando non figurano le lettere s., t., o st. i prezzi indicati possono essere maggiorati per il servizio o per l'I.V.A. o per entrambi.

Entrate nell'albergo o nel ristorante con la guida in mano, dimostrando in tal modo la fiducia in chi vi ha indirizzato.

Pasti

Meals 13.00/28.00	**Prezzo fisso**
	Pranzo 13.00, cena 28.00.
Meals 19.00/25.00	*Vedere p. 32*
s.	*Servizio compreso*
t.	*I.V.A. compresa*
st.	*Servizio ed I.V.A. compresi*
≬ 6.00	*Prezzo della mezza bottiglia o di una caraffa di vino*

Meals a la carte	**Alla carta**
20.00/35.00	*Il 1° prezzo corrisponde ad un pasto semplice comprendente : primo piatto, piatto del giorno con contorno, dessert. Il 2° prezzo corrisponde ad un pasto più completo comprendente : antipasto, piatto principale, formaggio e dessert*
⊆ 8.50	*Prezzo della prima colazione inglese se non è compreso nel prezzo della camera. Una prima colazione continentale può essere ottenuta a minor prezzo*

↷ : Negli alberghi di questa categoria, la cena viene servita, ad un'ora stabilita, esclusivamente a chi vi alloggia. Il menu, a prezzo fisso, offre una scelta limitata di piatti. Raramente viene servito anche il pranzo. Molti di questi esercizi non hanno l'autorizzazione a vendere alcolici.

Camere

rm 120.00/250.00   *Prezzo minimo* 120.00, *per una camera singola e prezzo massimo* 250.00 *per la camera più bella per due persone*

suites   *Informarsi presso l'albergatore*

rm 🛏 125.00/255.00   *Il prezzo della prima colazione inglese è compreso nel prezzo della camera anche se non viene consumata*

«Short Breaks» (SB.)

Alcuni alberghi propongono delle condizioni particolarmente vantaggiose o short break per un soggiorno minimo di due notti.
Questo prezzo, calcolato per persona e per un minimo di due persone, comprende; camera, cena e prima colazione. Informarsi presso l'albergatore.

La vendita di bevande alcoliche

La vendita di bevande alcoliche in Gran Bretagna è regolata da leggi che variano considerevolmente da regione a regione.

Eccezion fatta per varianti locali, i ristoranti possono rimanere aperti o servire bevande alcoliche con i pasti il pomeriggio. I bar degli hotel e i pub sono generalmente aperti dalle 11 alle 23, a discrezione del gestore. I clienti dell'hotel, comunque, possono acquistare bevande al di fuori delle ore stabilite se il direttore lo permette.

Il bambini al di sotto del 14 anni non possono entrare nei bar.

La caparra

Alcuni albergatori chiedono il versamento di una caparra. Si tratta di un deposito-garanzia che impegna tanto l'albergatore che il cliente.
Vi raccomandiamo di farVi precisare le norme riguardanti la reciproca garanzia.

Carte di credito

Carte di credito accettate dall'esercizio :
MasterCard (Eurocard) – American Express – Diners Club – Visa – Japan Credit Bureau

Londra

✉ SW7	Sede dell'ufficio postale
BX A	Lettere indicanti l'ubicazione sulla pianta
⛳ 18	Golf e numero di buche (handicap generalmente richiesto, prenotazione telefonica vivamente consigliata)
✳, ≤	Panorama, punto di vista
✈	Aeroporto
ⓘ	Ufficio informazioni turistiche

Ora legale

I visitatori dovranno tenere in considerazione l'ora ufficiale in Gran Bretagna : un'ora di ritardo sull'ora italiana.

Le curiosità

Grado di interesse

★★★	*Vale il viaggio*
★★	*Merita una deviazione*
★	*Interessante*

L'automobile, I pneumatici

In Gran Bretagna, l'uso delle cinture di sicurezza è obbligatorio per il conducente e il passeggero del sedile anteriore, nonchè per i sedili posteriori, se ne sono equipaggiati. La legge non consente al passeggero seduto davanti di tenere un bambino sulle ginocchia.

Pneumatici Michelin

Potrete avere delle informazioni sul più vicino punto vendita di pneumatici ATS, rivolgendovi, tra le 9 e le 17, all'indirizzo indicato qui di seguito :

> ATS HOUSE
> 180-188 Northolt Rd.
> Harrow,
> Middlesex HA2 OED
> ☎ (0181) 423 2000

Le nostre Succursali sono in grado di dare ai nostri clienti tutti i consigli relativi alla migliore utilizzazione dei pneumatici.

Automobile clubs

Le principali organizzazioni di soccorso automobilistico sono l'Automobile Association ed il Royal Automobile Club : entrambe offrono alcuni loro servizi ai membri dei club affiliati.

AUTOMOBILE ASSOCIATION
Fanum House
Basingstoke, Hants
RG21 2EA
☎ (01256) 320 123

ROYAL AUTOMOBILE CLUB
RAC House,
Lansdowne Rd.
CROYDON, Surrey
CR9 2JA
☎ (0181) 686 2525

Le piante

⊝ ● a   *Alberghi – Ristoranti*

Curiosità

 Edificio interessante ed entrata principale
Costruzione religiosa interessante

Viabilità

 Autostrada
④ ④ *- svincoli : completo, parziale,*
Strada a carregiate separate di tipo autostradale
Asse principale di circolazione
A 2 *Itinerario principale*
- («Primary route», rete stradale in corso di revisione)
◄ ⌐=====⌐ *Senso unico – Via impraticabile, a circolazione*
regolamentata
Via pedonale
Patrick St. P *Via commerciale – Parcheggio*
÷ ≠⊢ ≠⊢ *Porta – Sottopassaggio – Galleria*
[15'5] *Sottopassaggio (altezza inferiore a 16'6'') sulle grandi*
vie di circolazione
Stazione e ferrovia
о+++++о о-■-■-о *Funicolare – Funivia, Cabinovia*
△ B *Ponte mobile – Battello per auto*

Simboli vari

🛈 ☪ ✡ *Ufficio informazioni turistiche – Moschea – Sinagoga*
⸪ ∴ *Torre o pilone per telecomunicazione – Ruderi*
🍃 ⊞ *Giardino, parco, bosco – Cimitero*
⬭ 🐎 ⌐9 *Stadio – Ippodromo – Golf*
▸ *Golf riservato*
⋜ ↯↯ *Vista – Panorama*
■ ⊙ ✚ *Monumento – Fontana – Ospedale*
⚓ ⌕ *Porto per imbarcazioni da diporto – Faro*
✈ ⊖ ● *Aeroporto – Stazione della Metropolitana*
⛴ *Trasporto con traghetto : passeggeri ed autovetture*
✉ *Ufficio centrale di fermo posta, telefono*
🔲 *Edificio pubblico indicato con lettera :*
C H *- Sede dell'Amministrazione di Contea – Municipio*
M T U *- Museo – Teatro – Università, grande scuola*
POL. *- Polizia (Questura, nelle grandi città)*

Londra

BRENT WEMBLEY   *Nome del distretto amministrativo (borough) –*
del quartiere (area)
 Limite del «borough» – di «area»

2

37

Lieber Leser

*Im Jahre 1898 habe ich das Licht
der Welt erblickt. So bin ich schon seit
hundert Jahren als Bibendum Ihr treuer
Wegbegleiter auf all Ihren Reisen und
sorge für Ihre Sicherheit während der
Fahrt und für Ihre Bequemlichkeit
bei Ihren Aufenthalten in Hotels
und Restaurants.*

*Es sind meine Erfahrungen und mein
Know how, die alljährlich in den Roten
Hotelführer einfliessen.*

*Um in dieser Ausgabe gute Restaurants
mit kleinen Preisen zu finden, hier mein
Typ : folgen Sie meinem fröhlichen
"***Bib Gourmand***" Gesicht, es wird Ihnen
den Weg zu Restaurants mir besonders
günstigem Preis-/Leistungsverhältnis
weisen !*

*Ihre Kommentare sind uns jederzeit
herzlich willkommen.*

*Stets zu Diensten im Hinblick auf ein
neues Jahrhundert voller Entdeckungen.*

Mit freundlichen Grüssen

Bibendum _____

Inhaltsverzeichnis

41   *Zum Gebrauch des Führers*
Wahl eines Hotels, eines Restaurants – Einrichtung –
Küche – Die Sterne – Der **"Bib Gourmand"** 😊 **Meals**
– Preise – London –
Das Auto, die Reifen – Stadtpläne

51   ***London***
Die wichtigsten Hotelketten – Nützliche Hinweise für
den Aufenthalt – Sehenswürdigkeiten – Stadtpläne –
Alphabetisches Hotel- und Restaurantverzeichnis –
Angenehme Hotels und Restaurants – Die Stern-Res-
taurants Londons – Der **"Bib Gourmand"** *– Restau-*
rants nach Art und Einrichtung geordnet – Liste der
erwähnten Bezirke

160   *Internationale Telefon-Vorwahlnummern*

164   *U-Bahn-Plan*

Zum Gebrauch des Führers

Wahl eines Hotels, eines Restaurants ____

Einrichtung ____

Küche - *Die Sterne* - *Der* **"Bib Gourmand"** ____

Preise ____

London – *Sehenswürdigkeiten* ____

Das Auto, die Reifen ____

Stadtpläne ____

Wahl eines Hotels, eines Restaurants

Die Auswahl der in diesem Führer aufgeführten Hotels und Restaurants ist für Durchreisende gedacht. In jeder Kategorie drückt ie Reihenfolge der Betriebe (sie sind nach ihrem Komfort klassifiziert) eine weitere Rangordnung aus.

Kategorien

🏨🏨🏨	🍴🍴🍴🍴🍴	*Großer Luxus und Tradition*
🏨🏨🏨	🍴🍴🍴🍴	*Großer Komfort*
🏨🏨	🍴🍴🍴	*Sehr komfortabel*
🏨	🍴🍴	*Mit gutem Komfort*
🏠	🍴	*Mit standard Komfort*
	🍴🏠	*Traditionelle Pubs die Speisen anbieten*
⌂		*Andere empfohlene Übernachtungsmöglichkeiten (Gästehäuser und Private Übernachtungsmöglichkeiten)*
without rest.		*Hotel ohne restaurant*
	with rm	*Restaurant vermietet auch Zimmer*

Annehmlichkeiten

Manche Häuser sind im Führer durch rote Symbole gekennzeichnet (s. unten). Der Aufenthalt in diesen ist wegen der schönen, ruhigen Lage, der nicht alltäglichen Einrichtung und Atmosphäre sowie dem gebotenen Service besonders angenehm und erholsam.

🏨🏨🏨 bis ⌂		*Angenehme Hotels*
🍴🍴🍴🍴🍴 bis 🍴		*Angenehme Restaurants*
« Riverside setting »		*Besondere Annehmlichkeit*
🦢		*Sehr ruhiges, oder abgelegenes und ruhiges Hotel*
🦢		*Ruhiges Hotel*
⩽ London		*Reizvolle Aussicht*
⩽		*Interessante oder weite Sicht*

Einrichtung

Die meisten der empfohlenen Hotels verfügen über Zimmer, die alle oder doch zum größten Teil mit einer Naßzelle ausgestattet sind. In den Häusern der Kategorien ⌂⌂, ⌂ und ⋔ kann diese jedoch in einigen Zimmern fehlen.

30 rm	Anzahl der Zimmer
⫯	Fahrstuhl
▤	Klimaanlage
TV	Fernsehen im Zimmer
⛝	Hotel ganz oder teilweise reserviert für Nichtraucher
☎	Zimmertelefon mit direkter Außenverbindung
♿	Für Körperbehinderte leicht zugängliche Zimmer
🌳	Garten-, Terrassenrestaurant
☀☐	Freibad, Hallenbad
⚒≋s	Fitneßraum – Sauna
🪑	Liegewiese, Garten
✂⛳	Hoteleigener Tennisplatz – Golfplatz und Lochzahl
🛈 150	Konferenzräume: Höchstkapazität
🚗	Hotelgarage (wird gewöhnlich berechnet)
Ⓟ	Parkplatz reserviert für Gäste
⛝	Hunde sind unerwünscht (im ganzen Haus bzw. in den Zimmern oder im Restaurant)
Fax	Telefonische Dokumentenübermittlung
closed Saturday and August	Schließungszeit, vom Hotelier mitgeteilt
LL35 OSB	Angabe des Postbezirks (hinter der Hoteladresse)

Tiere

Das Mitführen von Haustieren (Hunde, Katzen, u. dgl.) ist bei der Einreise in Großbritannien untersagt.

Küche

Die Sterne

Einige Häuser verdienen wegen ihrer überdurchschnittlich guten Küche Ihre besondere Beachtung. Auf diese Häuser weisen die Sterne hin.

Bei den mit «Stern» ausgezeichneten Betrieben nennen wir drei kulinarische Spezialitäten, die Sie probieren sollten.

❀❀❀ **Eine der besten Küchen : eine Reise wert**

Mar ißt hier immer sehr gut, öfters auch hervorragend, edle Weine, tadelloser Service, gepflegte Atmosphäre... entsprechende Preise.

❀❀ **Eine hervorragende Küche : verdient einen Umweg**

Ausgesuchte Menus und Weine... angemessene Preise.

❀ **Eine sehr gute Küche : verdient Ihre besondere Beachtung**

Der Stern bedeutet eine angenehme Unterbrechung Ihrer Reise.

Vergleichen Sie aber bitte nicht den Stern eines sehr teuren Luxusrestaurants mit dem Stern eines kleineren oder mittleren Hauses, wo man Ihnen zu einem annehmbaren Preis eine ebenfalls vorzügliche Mahlzeit reicht.

Der "Bib Gourmand"

Sorgfältig zubereitete, preiswerte Mahlzeiten

Für Sie wird es interessant sein, auch solche Häuser kennenzulernen, die eine sehr gute, Küche zu einem besonders günstigen Preis/Leistungs-Verhältnis bieten.

Im Text sind die betreffenden Restaurants durch rote Angabe **"Bib Gourmand"** und Meals *kenntlich gemacht, z.B.* Meals 19.00/25.00.

Preise

*Die in diesem Führer genannten Preise wurden uns
im Herbst 1997 angegeben. Sie können sich mit den
preisen von Waren und Dienstleistungen ändern.*

*Die Preise sind in Pfund sterling angegeben
(1 £ = 100 pence).*

Wenn die Buchstaben s., t., *oder* st. *nicht hinter
den angegebenen Preisen aufgeführt sind, können
sich diese um den Zuschlag für Bedienung und/
oder MWSt erhöhen.*

*Die Namen der Hotels und Restaurants, die ihre
Preise genannt haben, sind fett gedruckt.
Gleichzeitig haben sich diese Häuser verpflichtet,
die von den Hoteliers selbst angegebenen Preise den
Benutzern des Michelin-Führers zu berechnen.*

*Halten Sie beim Betreten des Hotels den Führer in
der Hand. Sie zeigen damit, daß Sie aufgrund
dieser Empfehlung gekommen sind.*

Mahlzeiten

Meals 13.00/28.00	**Feste Menupreise** *Mittagessen* 13.00, *Abendessen* 28.00
Meals 19.00/25.00	*Siehe Seite 44*
s.	*Bedienung inkl.*
t.	*MWSt inkl.*
st.	*Bedienung und MWSt inkl.*
☖ 6.00	*Preis für 1/2 Flasche oder eine Karaffe Tafelwein*

Meals a la carte 20.00/35.00	**Mahlzeiten «à la carte»** *Der erste Preis entspricht einer einfachen aber sorgfältig
zubereiteten Mahlzeit, bestehend aus kleiner Vorspeise,
Tagesgericht mit Beilage und Nachtisch. Der zweite Preis
entspricht einer reichlicheren Mahlzeit mit Vorspeise,
Hauptgericht, Käse oder Nachtisch (inkl. Couvert)*
☕ 8.50	*Preis des englischen Frühstücks, wenn dieser nicht im
Übernachtungspreis enthalten ist. Einfaches, billigeres
Frühstück (Continental breakfast) erhältlich*

*⌂: In dieser Hotelkategorie wird ein Abendessen
normalerweise nur zu bestimmten Zeiten für
Hotelgäste angeboten. Es besteht aus einem Menu
mit begrenzter Auswahl zu festgesetztem Preis.
Mittagessen wird selten angeboten.
Viele dieser Hotels sind nicht berechtigt,
alkoholische Getränke auszuschenken.*

Zimmer

rm 120.00/250.00

Mindestpreis 120.00, *für ein Einzelzimmer und Höchstpreis* 250.00 *für das schönste Doppelzimmer*

suites

rm 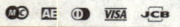 125.00/255.00

Preise auf Anfrage
Übernachtung mit englischem Früstück, selbst wenn dieses nicht eingenommen wird

Short breaks (SB.)

Einige Hotels bieten Vorzugskonditionen für einen Mindestaufenthalt von zwei Nächten oder mehr (Short Break).
Der Preis ist pro Person kalkuliert, bei einer Mindestbeteiligung von zwei Personen und schließt das Zimmer, das Abendessen und das Frühstück ein.

Ausschank alkoholischer Getränke

In Großbritanien und Irland unterliegt der Ausschank alkoholischer Getränke gesetzlichen Bestimmungen die von Land zu Land sehr verschieden sind.

Restaurants können nachmittags geöffnet sein und alkoholische Getränke ausschenken, wenn diese zu einer entsprechenden Mahlzeit genossen werden. Hotelbars und Pubs sind generell von 11 Uhr vormittags bis 23 Uhr abends geöffnet: Hotelgäste können alkoholische Getränke jedoch auch außerhalb der Offnungszeiten serviert werden.

Kindern unter 14 Jahren ist der Aufenthalt in Bars untersagt.

Anzahlung

Einige Hoteliers verlangen eine Anzahlung.
Diese ist als Garantie sowohl für den Hotelier als auch für den Gast anzusehen.

Kreditkarten

Vom Haus akzeptierte Kreditkarten : MasterCard (Eurocard) – American Express – Diners Club – Visa – Japan Credit Bureau

London

✉ SW7   *Zuständiges Postamt*

BX **A**   *Markierung auf dem Stadtplan*

🏌 18   *Öffentlicher Golfplatz und Lochzahl (Handicap erforderlich, telefonische Reservierung empfehlenswert)*

❄, ≼   *Rundblick, Aussichtspunkt*

✈   *Flughafen*

🛈   *Informationsstelle*

Uhrzeit

In Großbritannien ist eine Zeitverschiebung zu beachten und die Uhr gegenüber der deutschen Zeit um 1 Stunde zurückzustellen.

Sehenswürdigkeiten

Bewertung

★★★   *Eine Reise wert*

★★   *Verdient einen Umweg*

★   *Sehenswert*

Das Auto, die Reifen

In Großbritannien herrscht Anschnallpflicht für Fahrer, Beifahrer und auf dem Rücksitz, wenn Gurte vorhanden sind. Es ist verboten, Kinder auf den Vordersitzen auf dem Schoß zu befördern.

Lieferanten von Michelin-Reifen ATS Reifenhändler

Die Anschrift der nächstgelegenen ATS-Verkaufsstelle erhalten Sie auf Anfrage (9-17 Uhr) bei

> ATS HOUSE
> 180-188 Northolt Rd.
> Harrow,
> Middlesex HA2 OED
> ☎ (0181) 423 2000

Automobilclubs

Die wichtigsten Automobilsclubs des Landes sind die Automobile Association und der Royal Automobile Club, die den Mitgliedern der der FIA angeschlossenen Automobilclubs Pannenhilfe leisten und einige ihrer Dienstleistungen anbieten.

AUTOMOBILE ASSOCIATION
Fanum House
Basingstoke, Hants
RG21 2EA
☎ (01256) 320123

ROYAL AUTOMOBILE CLUB
RAC House, Lansdowne Rd.
CROYDON, Surrey CR9 2JA
☎ (0181) 686 2525

Stadtpläne

ⓐ ● a *Hotels – Restaurants*

Sehenswürdigkeiten

Sehenswertes Gebäude mit Haupteingang
Sehenswerter Sakralbau

Straßen

M 1 *Autobahn*
④ ④ *- Anschlußstellen : Autobahneinfahrt und/oder-ausfahrt*
Schnellstraße mit getrennten Fahrbahnen
Hauptverkehrsstraße
A 2 *Fernverkehrsstraße (Primary route)*
- Netz wird z.z. neu eingestuft
◄ ▪▫▫▫▫▫ *Einbahnstraße – Gesperrte Straße, mit Verkehrsbeschränkungen*
Fußgängerzone
Patrick St. P *Einkaufsstraße – Parkplatz – Parkhaus*
÷ ≠⊢ ≠⊢ *Tor – Passage – Tunnel*
[15'3] *Unterführung (Höhe angegeben bis 16'6") auf Hauptverkehrsstraßen*
Bahnhof und Bahnlinie
▫+++++▫ ▫═▪═▫ *Standseilbahn – Seilschwebebahn*
⚠ Ⓑ *Bewegliche Brücke – Autofähre*

Sonstige Zeichen

🅸 ☪ ✡ *Informationsstelle – Moschee – Synagoge*
📡 ∴ *Funk-, Fernsehturm – Ruine*
🏞 ✝ *Garten, Park, Wäldchen – Friedhof*
🏟 🐎 🏌 *Stadion – Pferderennbahn – Golfplatz*
⚑ *Golfplatz (Zutritt bedingt erlaubt)*
≤ ※ *Aussicht – Rundblick*
■ ◎ ✚ *Denkmal – Brunnen – Krankenhaus*
⚓ 🗼 *Jachthafen – Leuchtturm*
✈ ⊖ ● *Flughafen – U-Bahnstation*
⛴ *Schiffsverbindungen : Autofähre*
✉ *Hauptpostamt (postlagernde Sendungen), Telefon*
□ *Öffentliches Gebäude, durch einen Buchstaben gekennzeichnet :*
C H *Sitz der Grafschaftsverwaltung – Rathaus*
M T U *Museum – Theater – Universität, Hochschule*
POL. *Polizei (in größeren Städten Polizeipräsidium)*

London

BRENT WEMBLEY *Name des Verwaltungsbezirks (borough) – des Stadtteils (area)*
Grenze des «borough» – des «area»

Major hotel groups
Central reservation telephone numbers

Principales chaînes hôtelières
Centraux téléphoniques de réservation

Principali catene alberghiere
Centrali telefoniche di prenotazione

Die wichtigsten Hotelketten
Ihre Zentrale für telefonische Reservierung

COUNTRY CLUB HOTEL GROUP .... *(Country Club Resorts/Hotels)*	01582 562256
DE VERE HOTELS PLC.....................	01925 639499
FORTE HOTELS	0345 404040 or 0800 404040 (Freephone)
FRIENDLY HOTELS	0500 616263 (Freephone)
GRANADA	0800 555300 (Freephone)
HILTON HOTELS...........................	0990 445866
HOLIDAY INN WORLDWIDE................	0800 897121 (Freephone)
HYATT HOTELS	0345 581666
INTERCONTINENTAL HOTELS LTD	0181 847 2277 or calls from outside London 0345 581444
JARVIS HOTELS...........................	0345 581811
MARRIOTT HOTELS	0800 221222 (Freephone)
MILLENNIUM COPTHORNE HOTELS........	0645 455445
MOUNT CHARLOTTE/THISTLE HOTELS.....	0800 181716 (Freephone)
NOVOTEL.................................	0181 283 4500
PREMIER LODGES & INNS.................	0800 118833 (Freephone)
QUEENS MOAT HOUSES PLC..............	0500 213214 (Freephone) or 01708 766677
RADISSON EDWARDIAN HOTELS	0800 374411 (Freephone)
RAMADA INTERNATIONAL.................	0800 181737 (Freephone)
REGAL HOTEL GROUP	0345 334400
SHERATON HOTELS.......................	0800 353535 (Freephone)
STAKIS HOTELS...........................	0990 383838
SWALLOW HOTELS LTD...................	0191 419 4666
TRAVEL INNS	01582 414341
TRAVELODGES	0800 850950 (Freephone)
VIRGIN HOTELS...........................	0800 716919 (Freephone)

London

🔲 *British Travel Centre, 12 Regent St., Piccadilly Circus, SW1Y 4PQ ✆ (0171) 971 0026.*

✈ *Heathrow, ✆ (0181) 759 4321, p. 8* **AX** *– Terminal : Airbus (A1) from Victoria, Airbus (A2) from Paddington – Underground (Piccadilly line) frequent service daily.*

✈ *Gatwick, ✆ (01293) 535353 p. 9 : by A 23* **EZ** *and M 23 –* **Terminal :** *Coach service from Victoria Coach Station (Flightline 777, hourly service) – Railink (Gatwick Express) from Victoria (24 h service).*

✈ *London City Airport ✆ (0171) 646 0000, p. 7* **HV**.

✈ *Stansted, at Bishop's Stortford, ✆ (01279) 680500, Fax (01279) 662066, NE : 34 m. p. 7 : by M 11* **JT** *and A 120.*

British Airways, Victoria Air Terminal : *115 Buckingham Palace Rd, SW1, ✆ (0171) 834 9411, Fax (0171) 828 7142, p. 32* **BX**.

Some practical advice _____

Parking *in central London, although available, is difficult to find and expensive. Public Transport - bus or Underground - is much more practical. Full details of these services can be obtained from London Transport Travel Enquiries, 55 Broadway, SW1, ℰ (0171) 222 1234.*

In most instances **taxi-cabs,** *when showing the illuminated «For Hire» sign, will pick up passengers in the streets on demand. Alternatively they may be called by telephone. Consult your Hotel Porter.*

Theatre bookings and car hire : *Your hotel can help you, either directly, or by giving agency addresses.*

Quelques renseignements pratiques _____

Le **stationnement** *dans le centre de Londres, bien que possible, est difficile et onéreux. Ainsi les transports en commun, bus ou métro, sont-ils beaucoup plus pratiques. Pour plus amples renseignements, s'adresser au London Transport Travel Enquiries, 55 Brodway, SW1, ℰ (0171) 222 1234.*

Dans la plupart des cas, on peut héler les **taxis** *munis du voyant lumineux « For Hire » mais il est possible de les appeler par téléphone. Se renseigner auprès des hôtels.*

Places de théâtres et locations de voitures : *votre hôtel peut vous venir en aide, soit directement, soit en vous indiquant l'adresse d'une agence.*

Qualche consiglio pratico _____

Parcheggiare *nel centro di Londra è possibile, ma difficile e costoso. Perciò trasporti pubblici, autobus o metropolitana, sono assai più pratici. Per maggiori chiarimenti rivolgersi al London Transport Travel Enquiries, 55 Broadway, SW1, ℰ (0171) 222 1234.*

Generalmente è possibile fermare a voce un **taxi** *che abbia l'indicazione « For Hire », ma si può anche chiamarlo per telefono. Informarsi all'albergo.*

Prenotazioni per **teatro e noleggio vetture** : *il vostro hotel può provvedere sia direttamente, sia indicandovi l'indirizzo di un' agenzia.*

Nützliche hinweise für den aufenthalt _____

Das **Parken** *in der Londoner Innenstadt ist zwar möglich, aber teuer, und man findet schwer einen freien Platz. Die öffentlichen Verkehrsmittel wie Untergrundbahn und Autobus sind daher vorzuziehen. Nähere Auskünfte erteilt das Londoner Transport Travel Enquiries, 55 Broadway, SW1, ℰ (0171) 222 1234.*

Taxis *mit der Leuchtschrift „For-Hire" können durch Herbeiwinken angehalten werden und nehmen Fahrgäste auf; sonst bestellt man sie telefonisch. Auskünfte gibt Ihr Hotel.*

Sie können die **Reservierung von Theaterplätzen** *und das* **Mieten eines Leih-wagens** *entweder direkt von Ihrem Hotel vornehmen lassen oder sich die Adressen der Agenturen und Autoverleihe geben lassen.*

Sights

Curiosités

Le curiosità

Sehenswürdigkeiten

HISTORIC BUILDINGS AND MONUMENTS

Palace of Westminster★★★ : House of Lords★★, Westminster Hall★★ (hammerbeam roof★★★), Robing Room★, Central Lobby★, House of Commons★, Big Ben★, Victoria Tower★ p. 26 LY – Tower of London★★★ (Crown Jewels★★★, White Tower or Keep★★★, St. John's Chapel★★, Tower Hill Pageant★) p. 27 PVX.

Banqueting House★★ p. 26 LX – Buckingham Palace★★ (Changing of the Guard★★, Royal Mews★★) p. 32 BVX – Kensington Palace★★ p. 24 FX – Lincoln's Inn★★ p. 33 EV – Lloyds Building★★ p. 23 PV – Royal Hospital Chelsea★★ p. 31 FU – St. James's Palace★★ p. 29 EP – Somerset House★★ p. 33 EXY – South Bank Arts Centre★★ (Royal Festival Hall★, National Theatre★, County Hall★) p. 26 MX – The Temple★★ (Middle Temple Hall★) p. 22 MV – Tower Bridge★★ p. 27 PX – Spencer House★★ p. 29 DP .

Albert Memorial★ p. 30 CQ – Apsley House★ p. 28 BP – Burlington House★ p. 29 EM – Charterhouse★ p. 23 NOU – George Inn★, Southwark p. 27 PX – Gray's Inn★ p. 22 MU – Guildhall★ (Lord Mayor's Show★★) p. 23 OU – International Shakespeare Globe Centre★ p. 27 OX T – Dr Johnson's House★ p. 23 NUV A – Lancaster House★ p. 29 EP – Leighton House★ p. 24 EY – Linley Sambourne House★ p. 24 EY – London Bridge★ p. 27 PVX – Mansion House★ (plate and insignia★★) p. 23 PV P – The Monument★ (❋★) p. 23 PV G – Old Admiralty★ p. 26 KLX – Royal Albert Hall★ p. 30 CQ – Royal Exchange★ p. 23 PV V – Royal Opera Arcade★ (New Zealand House) p. 29 FGN – Royal Opera House★ (Covent Garden) p. 33 DX – Staple Inn★ p. 22 MU Y – Theatre Royal★ (Haymarket) p. 29 GM – Westminster Bridge★ p. 26 LY.

CHURCHES

The City Churches

St. Paul's Cathedral★★★ (Dome ⇐★★★) p. 23 NOV.

St. Bartholomew the Great★★ (choir★) p. 23 OU K – St. Dunstan-in-the-East★★ p. 23 PV F – St. Mary-at-Hill★★ (woodwork★★, plan★) p. 23 PV B – Temple Church★★ p. 22 MV.

All Hallows-by-the-Tower (font cover★★ brasses★) p. 23 PV Y – Christ Church★ p. 23 OU E – St. Andrew Undershaft (monuments★) p. 23 PV A – St. Bride★ (steeple★★) p. 23 NV J – St. Clement Eastcheap (panelled interior★★) p. 23 PV E – St. Edmund the King and Martyr (tower and spire★) p. 23 PV D – St-Giles Cripplegate★ p. 23 OU N – St. Helen Bishopsgate★ (monuments★★) p. 23 PUV R – St. James Garlickhythe (tower and spire★, sword rests★) p. 23 OV R – St. Magnus the Martyr (tower★, sword rest★) p. 23 PV K – St. Margaret Lothbury★ (tower and spire★, woodwork★, screen★, font★) p. 23 PU S – St. Margaret Pattens (spire★, woodwork★) p. 23 PV N – St. Martin-within-Ludgate (tower and spire★, door cases★) p. 23 NOV B – St. Mary Abchurch★ (reredos★★, tower and spire★, dome★) p. 23 PV X – St. Mary-le-Bow (tower and steeple★★) p. 23 OV G – St. Michael Paternoster Royal (tower and spire★) p. 23 OV D – St. Nicholas Cole Abbey (tower and spire★) p. 23 OV F – St. Olave★ p. 23 PV S – St. Peter upon Cornhill (screen★) p. 23 PV L – St. Stephen Walbrook★ (tower and steeple★, dome★), p. 23 PV Z – St. Vedast (tower and spire★, ceiling★), p. 23 OU E.

Other Churches

Westminster Abbey★★★ (Henry VII Chapel★★★, Chapel of Edward the Confessor★★, Chapter House★★, Poets' Corner★) p. 26 LY.

Southwark Cathedral★★ p. 27 PX.

Queen's Chapel★ p. 29 EP – St. Clement Danes★ p. 33 EX – St. James's★ p. 29 EM – St. Margaret★ p. 26 LY A – St. Martin-in-the-Fields★ p. 33 DY – St. Paul's★ (Covent Garden) p. 33 DX – Westminster Roman Catholic Cathedral★ p. 26 KY B.

PARKS

Regent's Park★★★ p. 21 HIST (terraces★★), Zoo★★.
Hyde Park – Kensington Gardens★★ (Orangery★) pp. 24 and 25 – St. James's Park★★ p. 26 KXY.

STREETS, SQUARES AND DISTRICTS

The City★★★ p. 23 NV – Westminster★★★ p. 26 KLY.

Bedford Square★★ p. 22 KLU – Belgrave Square★★ p. 32 AVX – Burlington Arcade★★ p. 29 DM – Chelsea★★ p. 31 EU – Covent Garden★★ (The Piazza★★) p. 33 DX – Kensington★★ p. 24 EY – Knightsbridge-Belgravia★★ p. 31 EFQ – The Mall★★ p. 29 FP – Marylebone★ pp. 21, 28, 29 – Mayfair★ pp. 28, 29 – Piccadilly★ p. 29 EM – St. James's★★ p. 29 EN – South Kensington★★ p. 30, 31 – The Thames★★ pp. 25-27 – Trafalgar Square★★ p. 33 DY – Whitehall★★ (Horse Guards★) p. 26 LX.

Bankside★ p. 27 CV – Barbican★ p. 23 OU – Bloomsbury★ p. 22 LM – Bond Street★ pp. 28-29 CK-DM – Canonbury Square★ p. 23 NS – Carlton House Terrace★ p. 29 GN – Chancery Lane★ p. 22 MU – Cheyne Walk★ p. 25 GHZ – Fitzroy Square★ p. 22 KU – Jermyn Street★ p. 29 EN – Leicester Square★ p. 29 GM – Merrick Square★ p. 27 QY – Montpelier Square★ p. 31 EQ – Neal's Yard★ p. 33 DV – Piccadilly Arcade★ p. 29 DEN – Portman Square★ p. 28 AJ – Queen Anne's Gate★ p. 26 KY – Regent Street★ p. 29 EM – Piccadilly Circus★ p. 29 FM – St. James's Square★ p. 29 FN – St. James's Street★ p. 29 EN – Shepherd Market★ p. 28 CN – Soho★ p. 29 – South Bank★ p. 26 MXY – Southwark★ p. 27 CY – Strand★ p. 33 DY – Trinity Church Square★ p. 27 QY – Victoria Embankment gardens★ p. 33 DEXY – Waterloo Place★ p. 29 FN.

MUSEUMS

British Museum★★★ p. 22 LU – National Gallery★★★ p. 29 GM – Science Museum★★★ p. 30 CR – Tate Gallery★★★ p. 26 LZ – Victoria and Albert Museum★★★ p. 31 DR – Wallace Collection★★★ p. 28 AH.

Courtauld Institute of Art★★ (Somerset House) p. 33 EXY – Museum of London★★ p. 23 OU M – National Portrait Gallery★★ p. 29 GM – Natural History Museum★★ p. 30 CS – Sir John Soane's Museum★★ p. 22 MU M.

Clock Museum★ (Guildhall) p. 22 OU – Imperial War Museum★ p. 27 NY – London Transport Museum★ p. 33 DX – Madame Tussaud's★ p. 21 IU M – Museum of Mankind★ p. 29 DM – National Army Museum★ p. 31 FU – Percival David Foundation of Chinese Art★ p. 22 KLT M – Planetarium★ p. 21 IU M – Wellington Museum★ (Apsley House) p. 28 BP.

OUTER LONDON

Blackheath p. 11 HX terraces and houses★, Eltham Palace★ **A**
Brentford p. 8 BX Syon Park★★, gardens★
Bromley p. 10 GY The Crystal Palace Park★
Chiswick★★ p. 9 CV Chiswick Mall★★, Chiswick House★ **D**, Hogarth's House★ **E**
Docklands★ p. 6 GV Canary Wharf★★ **B**, Isle of Dogs★, St. Katharine Docks★ **Y**
Dulwich★ p. 10 College★ Picture Gallery★ FX **X**
Greenwich★★★ pp. 10 and 11 : Cutty Sark★★ GV **F**, Footway Tunnel(≤ ★★) – Fan Museum★ p. 6 GV **A**, – National Maritime Museum★★ (Queen's House★★) GV **M**, Royal Naval College★★ (Painted Hall★, the Chapel★) GV **G**, Eltham Palace★, The Park and Old Royal Observatory★ (Meridian Building : collection★★) HV **K**, Ranger's House★ GX **N**
Hampstead★★ – Highgate, Kenwood House★★ (Adam Library★★, paintings★★) p. 5 EU **P**, Fenton House★★, p. 20 ES
Hampton Court p. 8 BY (The Palace★★★, gardens★★★, Fountain Court★, The Great Vine★)
Kew p. 9 CX Royal Botanic Gardens★★★ : Palm House★★, Temperate House★, Kew Palace or Dutch House★★, Orangery★, Pagoda★, Japanese Gateway★
Hendon★ p. 5, Royal Air Force Museum★★ CT **M**
Hounslow p. 8 BV Osterley Park★★
Lewisham p. 10 GX Horniman Museum★ **M**
Richmond★★, pp. 8 and 9 : Richmond Park★★, ✳★★★ CX, Richmond Hill✳★★ CX, Richmond Bridge★★ BX **R**, Richmond Green★★ BX **S** (Maids of Honour Row★★★, Trumpeter's House★), Asgill House★ BX **B**, Ham House★★ BX **V**
Shoreditch p. 6 FU Geffrye Museum★ **M**
Twickenham p. 8 BX Marble Hill House★ **Z**, Strawberry Hill★★ **A** .

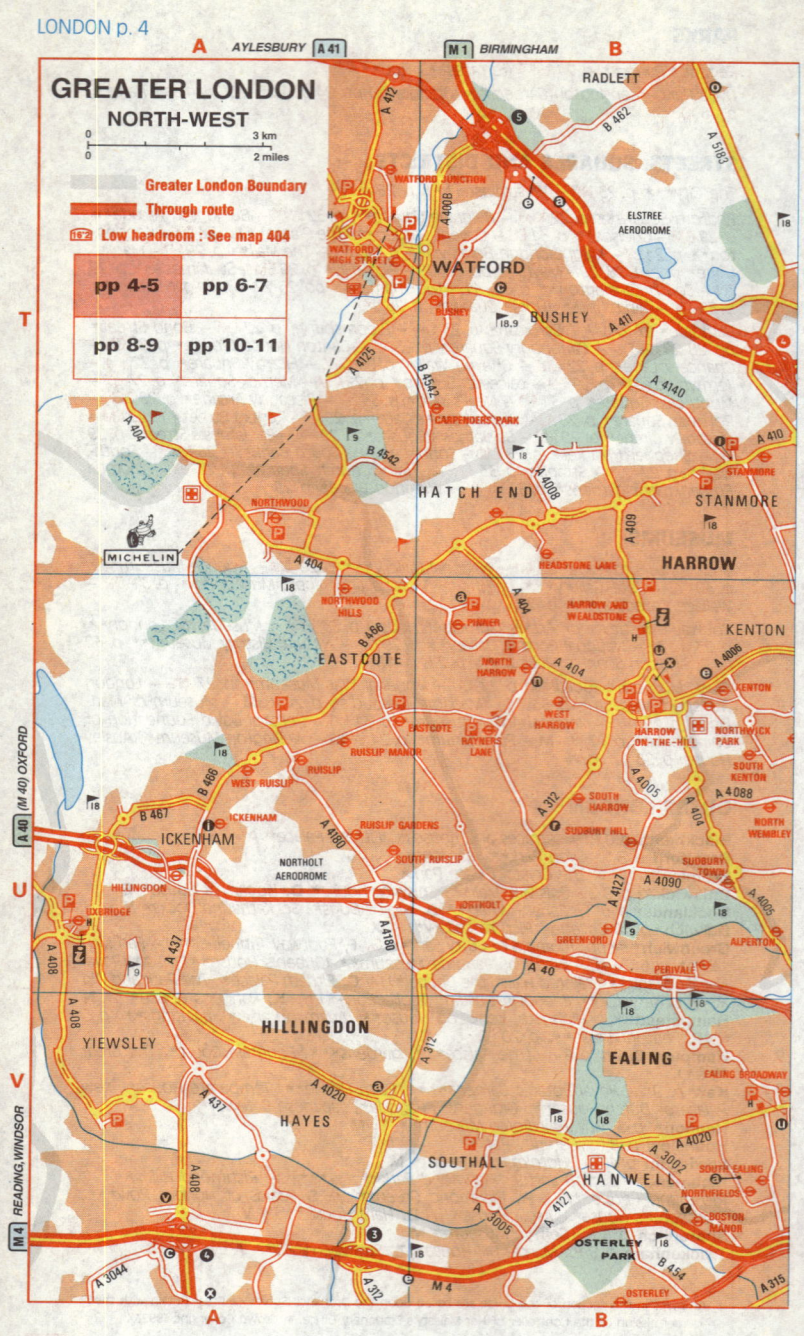

GREATER LONDON
NORTH-WEST

0   3 km
0   2 miles

Greater London Boundary
Through route
Low headroom : See map 404

pp 4-5	pp 6-7
pp 8-9	pp 10-11

AYLESBURY A 41   M 1 BIRMINGHAM

RADLETT

A 412

B 462

A 5183

WATFORD JUNCTION

A 4008

ELSTREE AERODROME

WATFORD HIGH STREET

WATFORD

BUSHEY

BUSHEY

A 411

A 4140

B 4125

B 4542

CARPENDERS PARK

A 404

B 4542

A 410

STANMORE

STANMORE

NORTHWOOD

A 4008

HATCH END

A 409

MICHELIN

A 404

HEADSTONE LANE

HARROW

NORTHWOOD HILLS

B 466

PINNER

HARROW AND WEALDSTONE

KENTON

EASTCOTE

A 404

NORTH HARROW

A 404

KENTON

A 4006

WEST HARROW

HARROW-ON-THE-HILL

NORTHWICK PARK

EASTCOTE

HAYNES LANE

SOUTH KENTON

RUISLIP MANOR

A 312

SOUTH HARROW

A 4005

A 4088

RUISLIP

NORTH WEMBLEY

B 466

WEST RUISLIP

RUISLIP GARDENS

A 404

B 467

ICKENHAM

A 4180

SUDBURY HILL

SUDBURY TOWN

A 4006

ICKENHAM

SOUTH RUISLIP

A 4090

NORTHOLT AERODROME

A 4127

HILLINGDON

NORTHOLT

GREENFORD

ALPERTON

UXBRIDGE

A 4180

A 408

A 437

A 40

PERIVALE

A 408

HILLINGDON

A 312

EALING

YIEWSLEY

A 4020

EALING BROADWAY

A 437

HAYES

SOUTHALL

HANWELL

SOUTH EALING

A 4020

A 3007

A 408

A 3005

A 4127

NORTHFIELDS

BOSTON MANOR

OSTERLEY PARK

B 454

A 3044

A 312

M 4

OSTERLEY

A 315

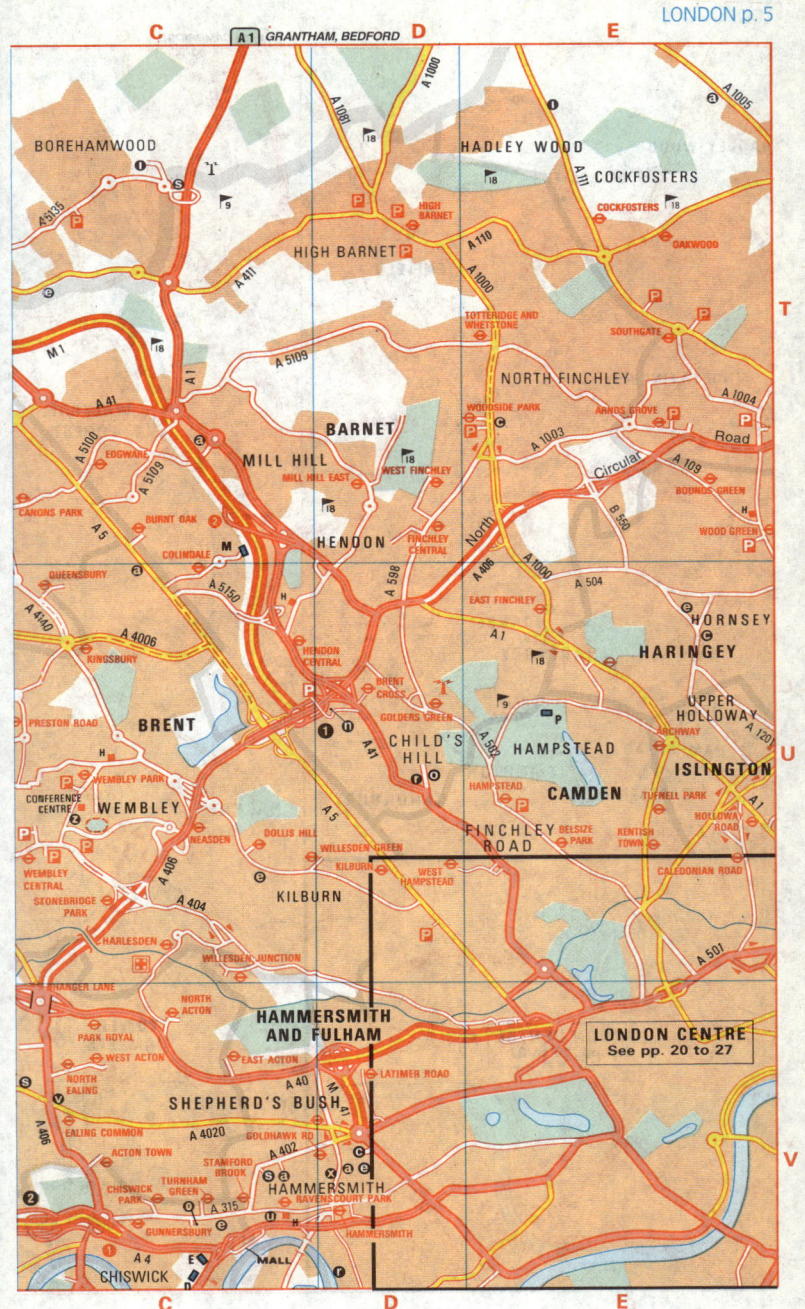

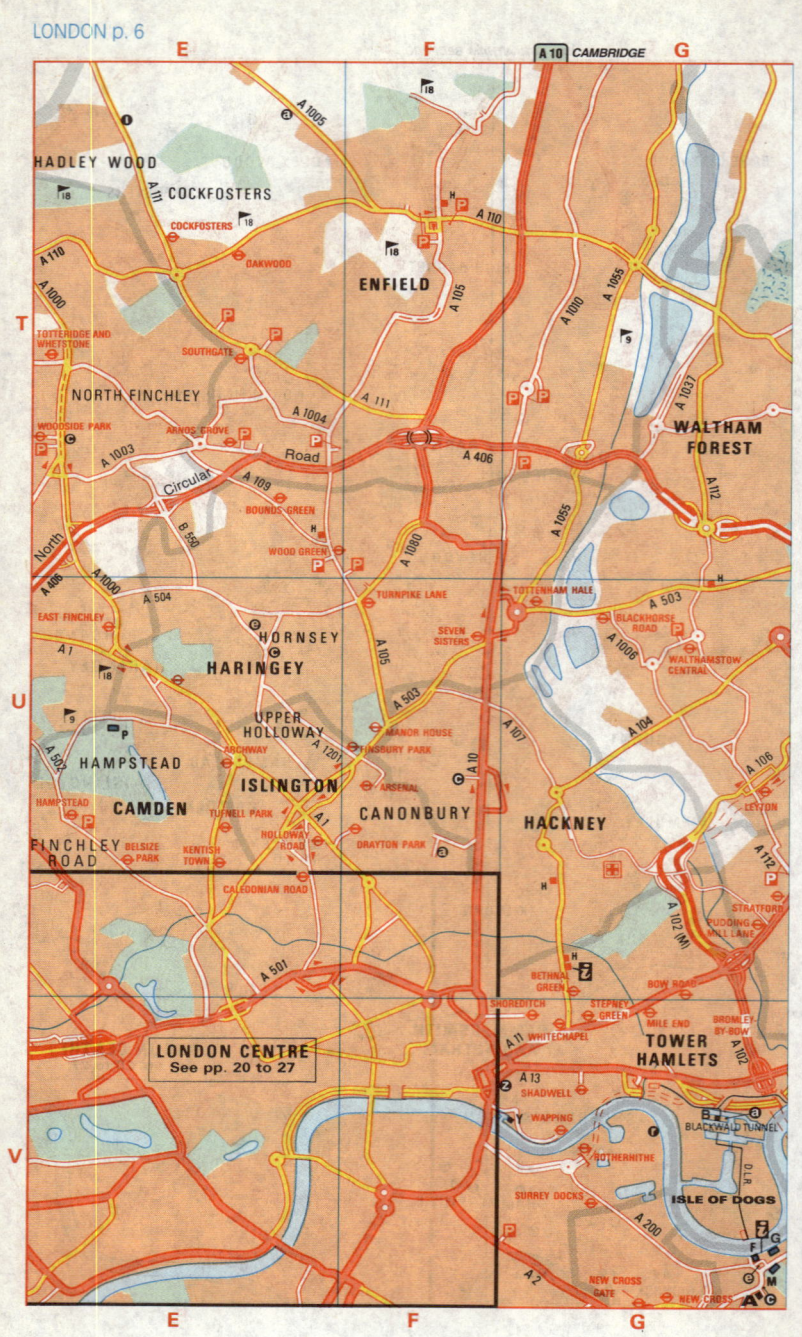

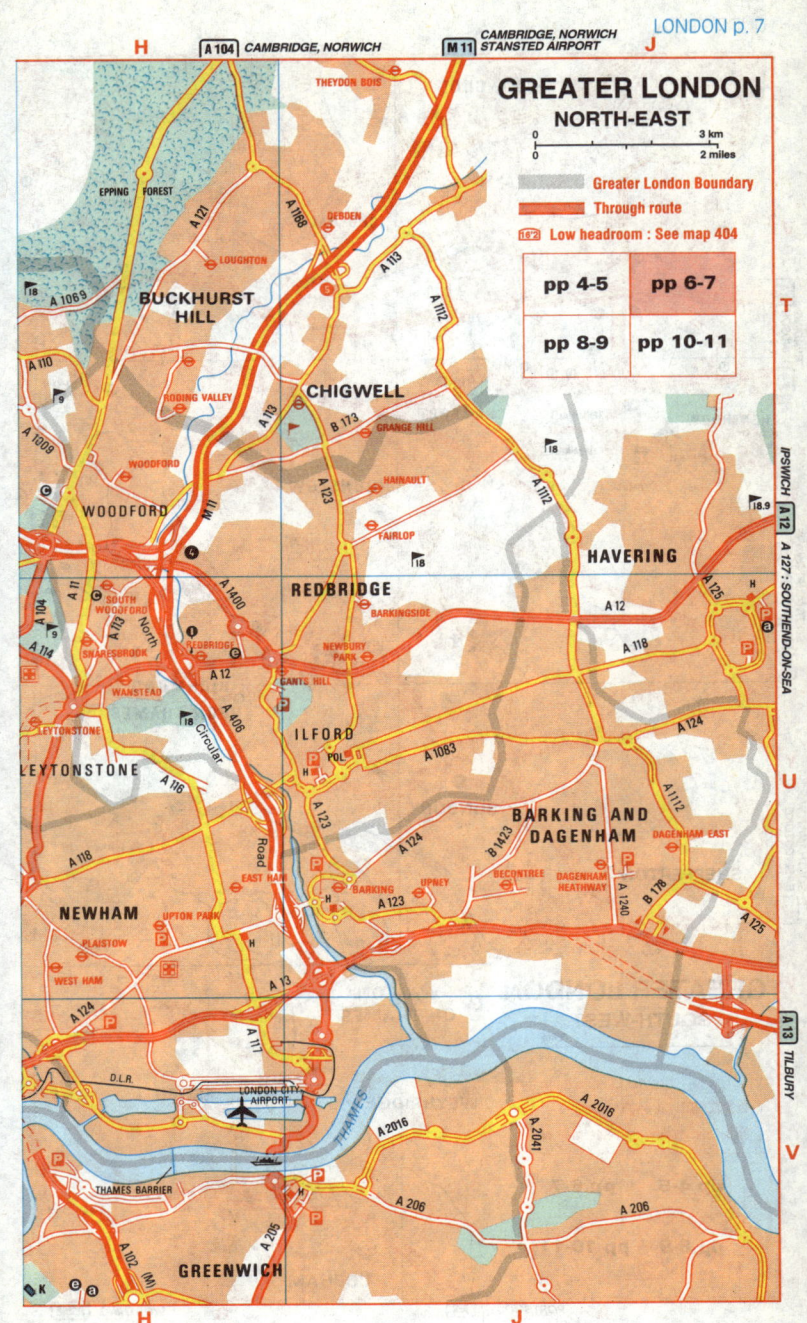

GREATER LONDON
NORTH-EAST

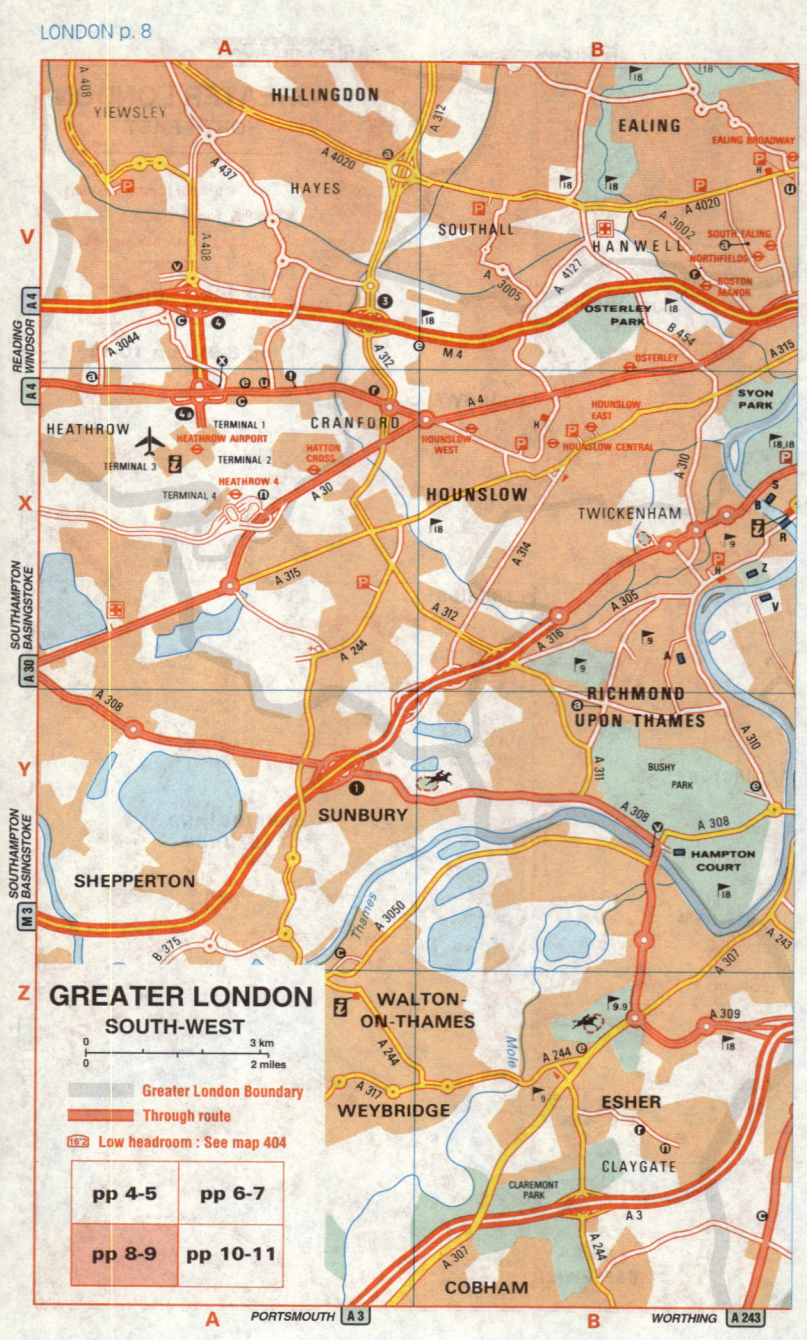

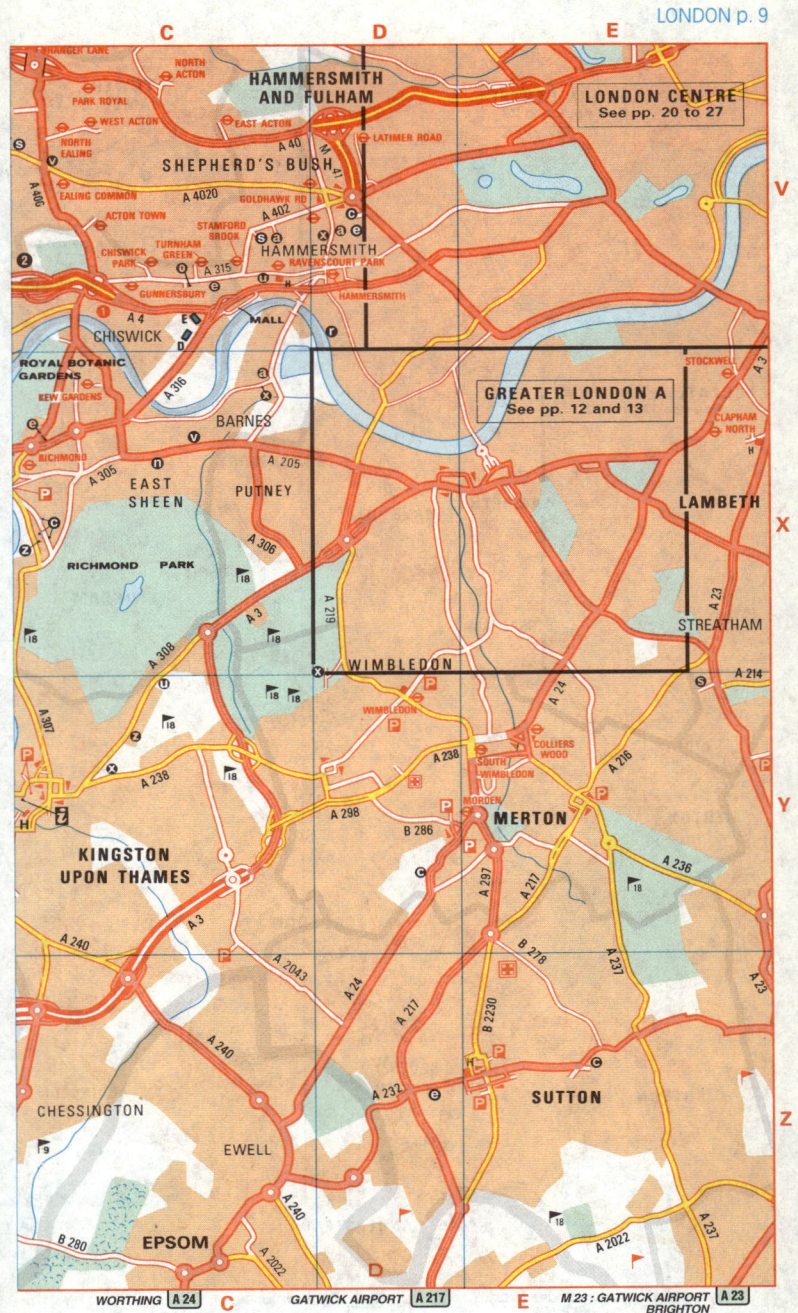

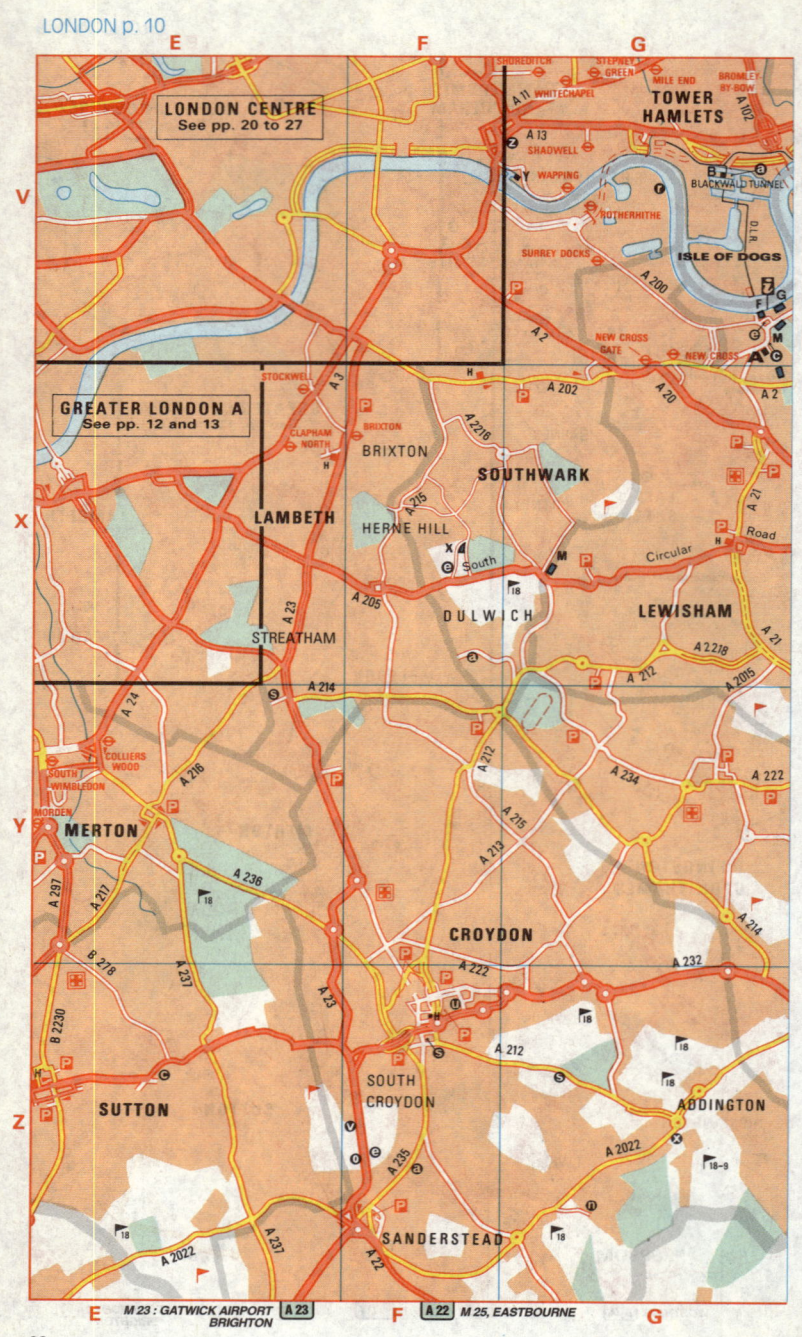

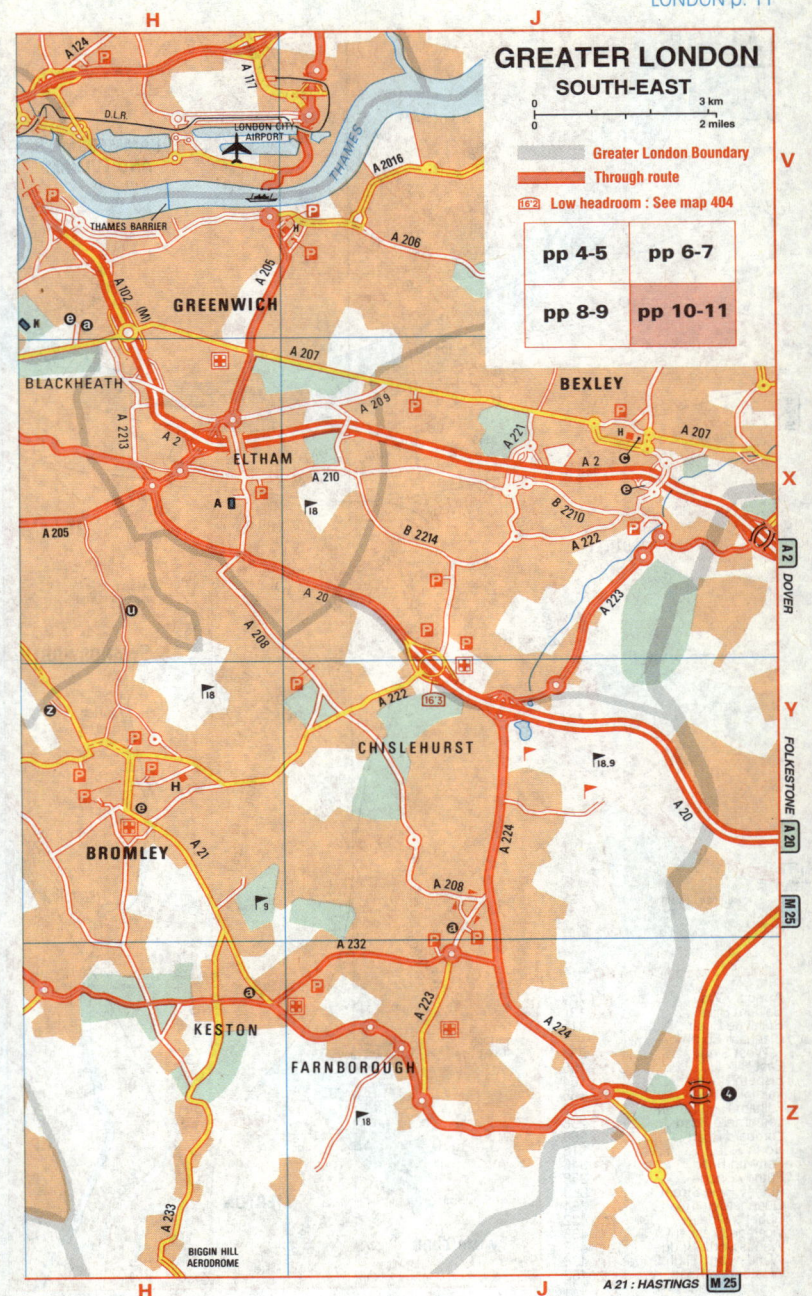

GREATER LONDON
SOUTH-EAST

0   3 km
0   2 miles

Greater London Boundary
Through route
16·2 Low headroom : See map 404

pp 4-5	pp 6-7
pp 8-9	**pp 10-11**

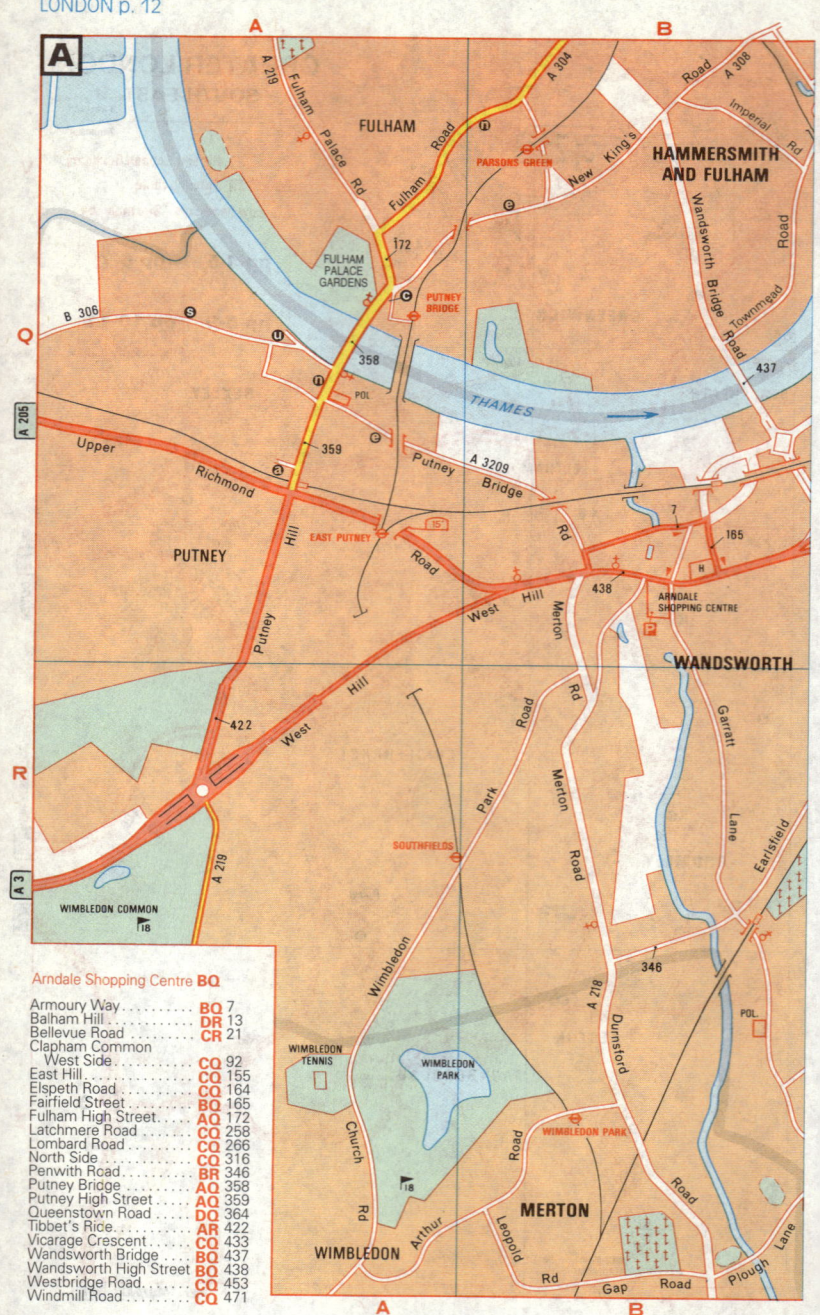

Arndale Shopping Centre **BQ**

Armoury Way	**BQ**	7
Balham Hill	**DR**	13
Bellevue Road	**CR**	21
Clapham Common West Side	**CQ**	92
East Hill	**CQ**	155
Elspeth Road	**CQ**	164
Fairfield Street	**BQ**	165
Fulham High Street	**AQ**	172
Latchmere Road	**CQ**	258
Lombard Road	**CQ**	266
North Side	**CQ**	316
Penwith Road	**BR**	346
Putney Bridge	**AQ**	358
Putney High Street	**AQ**	359
Queenstown Road	**DQ**	364
Tibbet's Ride	**AR**	422
Vicarage Crescent	**CQ**	433
Wandsworth Bridge	**BQ**	437
Wandsworth High Street	**BQ**	438
Westbridge Road	**CQ**	453
Windmill Road	**CQ**	471

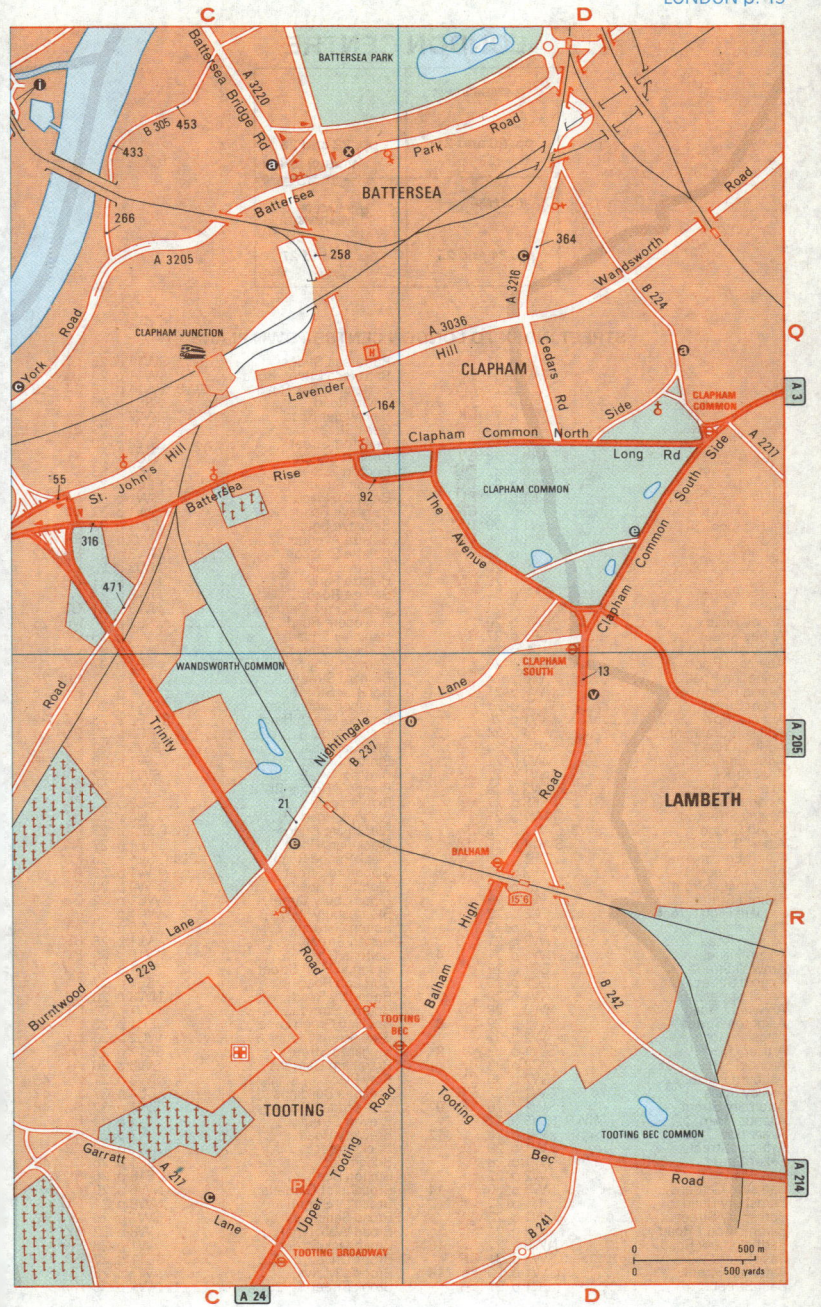

LONDON CENTRE

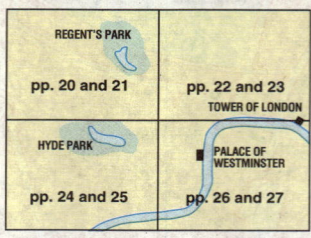

REGENT'S PARK	
pp. 20 and 21	pp. 22 and 23
	TOWER OF LONDON
HYDE PARK	PALACE OF WESTMINSTER
pp. 24 and 25	pp. 26 and 27

STREET INDEX TO LONDON CENTRE TOWN PLANS

Beauchamp Place . . . . SW3 p. 31 **ER**
Brompton Road . . . . SW1, SW3 p. 31 **DS**
Burlington Arcade . . . . W1 p. 29 **DM**
Camden Passage . . . . N1 p. 23 **NS** 70
Carnaby Street . . . . W1 p. 29 **EK**
Jermyn Street . . . . SW1 p. 29 **EN**
Kensington
  High Street . . . . W8, W14 p. 24 **EY**
King's Road . . . . SW3, SW10, SW6 p. 31 **DU**
Knightsbridge . . . . SW1, SW7 p. 31 **EQ**
Middlesex Street . . . . E1 p. 23 **PU**
New Bond Street . . . . W1 p. 28 **CK**
Old Bond Street . . . . W1 p. 29 **DM**
Oxford Street . . . . W1 p. 28 **BK**
Piccadilly . . . . W1 p. 29 **EM**
Portobello Road . . . . W11, W10 p. 20 **EV**
Regent Street . . . . W1 p. 29 **EM**
Sloane Street . . . . SW1 p. 31 **FR**

Abbey Road . . . . NW8 p. 20 **FS**
Abbey Street . . . . SE1 p. 27 **PY**
Abbotsbury Road . . . . W14 p. 24 **EY**
Abercorn Place . . . . NW8 p. 20 **FT**
Abingdon Road . . . . W8 p. 24 **EY** 2
Acacia Road . . . . NW8 p. 21 **GS**
Adam Street . . . . WC2 p. 33 **DY**
Adam's Row . . . . W1 p. 28 **BM**
Addison Crescent . . . . W14 p. 24 **EY** 3
Addison Road . . . . W14 p. 24 **EY**
Adelaide Road . . . . NW3 p. 21 **GS**
Agar Grove . . . . NW1 p. 22 **KS**
Akenside Road . . . . NW3 p. 20 **ES**
Albany Road . . . . SE5 p. 27 **PZ**
Albany Street . . . . NW1 p. 21 **JT**
Albert Bridge . . . . SW3, SW11 p. 25 **HZ**
Albert Bridge Road . . . . SW11 p. 25 **HZ**
Albert Embankment . . . . SE1 p. 26 **LZ**
Albion Street . . . . W2 p. 33 **EZ**
Aldersgate Street . . . . EC1 p. 23 **OU**
Aldford Street . . . . W1 p. 28 **BM**
Aldgate High Street . . . . EC3 p. 23 **PV**
Aldwych . . . . WC2 p. 33 **EX**
Allitsen Road . . . . NW8 p. 21 **GS**
Allsop Place . . . . NW1 p. 21 **HU** 4
Amwell Street . . . . EC1 p. 22 **MT**
Appold Street . . . . EC2 p. 23 **PU** 5
Argyll Street . . . . W1 p. 29 **DJ**
Arkwright Road . . . . NW3 p. 20 **ES**
Arlington Street . . . . SW1 p. 29 **DN** 6
Artesian Road . . . . W2 p. 32 **AZ**
Artillery Row . . . . SW1 p. 32 **CX** 8
Arundel Street . . . . WC2 p. 33 **EX**
Ashburn Place . . . . SW7 p. 30 **BS**
Ashley Place . . . . SW1 p. 32 **BX**
Atterbury Street . . . . SW1 p. 26 **LZ** 9
Avenue Road . . . . NW8, NW3 p. 21 **GS**
Avery Row . . . . W1 p. 28 **CL** 12
Aybrook Street . . . . W1 p. 28 **AH**
Baker Street . . . . W1, NW1 p. 28 **AH**
Bark Place . . . . W2 p. 32 **BZ**
Barkston Gardens . . . . SW5 p. 30 **AT** 14
Barnsbury Road . . . . N1 p. 22 **MS**
Barnsbury Street . . . . N1 p. 23 **NS**
Baron's Court Road . . . . W14 p. 24 **EZ**
Bartholomew Road . . . . NW5 p. 22 **KS** 16
Basil Street . . . . SW3 p. 31 **ER**
Bateman Street . . . . W1 p. 29 **FK** 18
Bath Street . . . . EC1 p. 23 **OT**

Battersea Bridge . . . . SW3, SW11 p. 25 **GZ**
Battersea Bridge Road . . . . SW11 p. 25 **GZ**
Battersea Park Road . . . . . SW8, SW11 p. 26 **JZ** 19
Baylis Road . . . . SE1 p. 26 **MY**
Bayswater Road . . . . W2 p. 32 **BZ**
Beak Street . . . . W1 p. 29 **EL**
Beaufort Street . . . . SW3 p. 30 **CU**
Bedford Square . . . . WC1 p. 22 **KU**
Bedfort Street . . . . WC2 p. 33 **DX**
Beech Street . . . . EC2 p. 23 **OU**
Belgrave Place . . . . SW1 p. 32 **AX**
Belgrave Road . . . . SW1 p. 32 **BY**
Belgrave Square . . . . SW1 p. 32 **AV**
Belsize Avenue . . . . NW3 p. 20 **ES**
Belsize Crescent . . . . NW3 p. 20 **ES** 22
Belsize Lane . . . . NW3 p. 20 **ES**
Belsize Park . . . . NW3 p. 21 **GS**
Belsize Road . . . . NW3 p. 20 **FS**
Belsize Park Gardens . . . . NW3 p. 21 **GS**
Belvedere Road . . . . SE1 p. 26 **MX** 23
Berkeley Square . . . . W1 p. 28 **CM**
Berkeley Street . . . . W1 p. 29 **DN**
Bermondsey Street . . . . SE1 p. 27 **PY**
Bernard Street . . . . WC1 p. 22 **LT** 25
Berwick Street . . . . W1 p. 29 **FK** 26
Bessborough Street . . . . SW1 p. 26 **KZ** 30
Bethnal Green Road . . . . E1, E2 p. 23 **PT** 32
Bevis Marks . . . . EC3 p. 23 **PU** 34
Bina Gardens . . . . SW5 p. 30 **BT**
Binney Street . . . . W1 p. 28 **BL** 35
Birdcage Walk . . . . SW1 p. 32 **CV**
Bishop's Bridge Road . . . . W2 p. 20 **DV**
Bishopsgate . . . . EC2 p. 23 **PU** 36
Bishops Road . . . . N6 p. 24 **EZ**
Blackfriars Bridge . . . . EC4, p. 23 **NV** 38
Blackfriars Road . . . . SE1 p. 27 **NX**
Black Prince Road . . . . SE11, SE1 p. 26 **MZ**
Blandford Street . . . . W1 p. 28 **AH**
Blomfield Road . . . . W9 p. 20 **FU**
Bloomsbury Street . . . . WC1 p. 22 **LU** 39
Bloomsbury Way . . . . WC1 p. 22 **LU**
Bolton Gardens . . . . SW5 p. 30 **AT**
Bolton Street . . . . W1 p. 28 **CN**
Boltons (The) . . . . SW10 p. 30 **BU**
Borough High Street . . . . SE1 p. 27 **OY**
Borough Road . . . . SE1 p. 27 **OY**
Boundary Road . . . . NW8 p. 20 **FS**
Bourne Street . . . . W1 p. 31 **FT**
Bowling Green Lane . . . . EC1 p. 23 **NT** 43
Bow Street . . . . WC2 p. 33 **DX**
Braganza Street . . . . SE17 p. 27 **NZ**
Bramham Gardens . . . . SW5 p. 30 **AT**
Bray Place . . . . SW3 p. 31 **ET** 45
Bream's Buildings . . . . EC4 p. 33 **EV** 47
Bressenden Place . . . . SW1 p. 32 **BX** 48
Brewer Street . . . . W1 p. 29 **EM**
Brewery Road . . . . N7 p. 22 **LS**
Brick Street . . . . W1 p. 28 **BP**
Bridgefoot . . . . SE1 p. 26 **LZ** 49
Brixton Road . . . . E16 p. 26 **MZ**
Broadhurst Gardens . . . . NW6 p. 20 **FS**
Broadley Street . . . . NW8 p. 21 **GU**
Broad Sanctuary . . . . SW1 p. 26 **LY** 52
Broad Walk (The) . . . . W8 p. 32 **BZ**
Broadwick Street . . . . W1 p. 29 **EK**
Brook Drive . . . . SE11 p. 27 **NY**
Brook's Mews . . . . W1 p. 28 **CL**
Brook Street . . . . W1 p. 28 **BL**

Brushfield Street . . . . E1 p. 23 **PU**
Bruton Street. . . . . W1 p. 28 **CM**
Bryanston Square. . . . . W1 p. 21 **HU**
Bryanston Street. . . . . W1 p. 28 **AK**
Buckingham Gate. . . . . SW1 p. 32 **CV** 56
Buckingham Palace Road . . . . SW1 p. 32 **AY**
Bunhill Row . . . . EC1 p. 23 **PU**
Bury Street . . . . SW1 p. 29 **EN**
Bute Street . . . . SW7 p. 30 **CS** 59
Byward Street . . . . EC3 p. 23 **PV** 62
Cadogan Gardens . . . . SW3 p. 31 **FS**
Cadogan Place . . . . SW1 p. 31 **FR**
Cadogan Square . . . . SW1 p. 31 **FS**
Cadogan Street. . . . . SW3 p. 31 **ET**
Caledonian Road. . . . . N1, N7 p. 22 **MS**
Cale Street. . . . . SW3 p. 31 **DT**
Calshot Street. . . . . N1 p. 22 **MT**
Calthorpe Street. . . . . WC1 p. 22 **MT** 65
Camberwell New Road. . . . . SE5 p. 27 **NZ**
Camberwell Road . . . . SE5 p. 27 **OZ**
Cambridge Circus. . . . . WC2 p. 29 **GK**
Cambridge Square . . . . W2 p. 33 **EZ** 67
Camden High Street . . . . NW1 p. 22 **JS**
Camden Road. . . . . E11 p. 22 **KS**
Camden Street. . . . . NW1 p. 22 **KS**
Camomile Street. . . . . EC3 p. 23 **PU** 71
Campden Hill Road. . . . . W8 p. 24 **EX**
Cannon Street. . . . . EC4 p. 23 **OV**
Canonbury Road . . . . N1 p. 23 **NS**
Canonbury Square. . . . . N1 p. 23 **NS**
Carey Street . . . . WC2 p. 33 **EV**
Carlisle Place. . . . . SW1 p. 32 **BX**
Carlos Place. . . . . W1 p. 28 **BM**
Carlton Gardens . . . . SW1 p. 29 **FP** 74
Carlton Hill. . . . . NW8 p. 20 **FS**
Carlton House Terrace. . . . . SW1 p. 29 **FN**
Carlton Vale. . . . . NW6 p. 20 **ET**
Carriage Drive East . . . . SW11 p. 25 **IZ**
Carriage Drive North . . . . SW11 p. 25 **IZ** 75
Carriage Road (the) . . . . . . SW7, SW11 p. 31 **EQ**
Castle Lane. . . . . SW1 p. 32 **CX**
Cavendish Square. . . . . W1 p. 28 **CJ**
Central Street. . . . . EC1 p. 23 **OT**
Chalk Farm Road . . . . NW1 p. 21 **IS**
Chancery Lane. . . . . WC2 p. 33 **EV**
Chandos Place . . . . WC2 p. 33 **DY**
Chandos Street . . . . W1 p. 28 **CH**
Chapel Market . . . . N1 p. 23 **NS** 78
Chapel Street . . . . SW1 p. 32 **AV**
Chapter Road . . . . SE17 p. 27 **OZ**
Charlbert Street . . . . NW8 p. 21 **HT** 79
Charles II Street . . . . SW1 p. 29 **FN**
Charles Street . . . . W1 p. 28 **CN**
Charing Cross . . . . SW1 p. 33 **DY**
Charing Cross Road . . . . WC2 p. 29 **GJ**
Charterhouse Square . . . . EC1 p. 23 **OU** 81
Charterhouse Street . . . . EC1 p. 23 **NU** 83
Cheapside. . . . . EC2 p. 23 **OV**
Chelsea Bridge. . . . . SW1, SW8 p. 25 **IZ**
Chelsea Bridge Road . . . . SW1 p. 25 **IZ**
Chelsea Embankment. . . . . SW3 p. 25 **HZ**
Chelsea Manor Street. . . . . SW3 p. 31 **EU**
Chelsea Square. . . . . SW3 p. 31 **DU**
Cheltenham Terrace. . . . . SW3 p. 31 **FT**
Chepstow Crescent . . . . W11 p. 32 **AZ** 84
Chepstow Place . . . . W2 p. 32 **AZ**
Chepstow Road . . . . W2 p. 32 **AZ**
Chesham Place. . . . . SW2 p. 31 **FR**
Chesham Street . . . . SW1 p. 31 **FS**
Chester Road . . . . NW1 p. 21 **IT**
Chester Row . . . . SW1 p. 32 **AY**
Chester Square. . . . . SW1 p. 32 **AX** 88
Chester Street . . . . SW1 p. 32 **AV**
Cheval Place . . . . SW7 p. 31 **ER**
Cheyne Walk . . . . SW3, SW10 p. 25 **GZ**
Chilworth Street . . . . W2 p. 32 **CZ** 90
Chippenham Road . . . . W9 p. 20 **EU**
Chiswell Street. . . . . EC1 p. 23 **OU**
Church Row . . . . NW3 p. 20 **ES**
Church Street . . . . NW8, NW2 p. 21 **GU**
Circus Road . . . . NW8 p. 21 **GT**
City Road . . . . EC1 p. 23 **NT**
Clapham Road. . . . . SW9 p. 26 **MZ**
Clarendon Place . . . . W2 p. 33 **EZ** 93
Clarendon Road . . . . W11 p. 24 **EX**
Claverton Street . . . . SW1 p. 26 **KZ**
Clayton Street . . . . SE11 p. 26 **MZ**
Clerkenwell Road. . . . . EC1 p. 23 **NU**
Cleveland Gardens . . . . W2 p. 32 **CZ** 94
Cleveland Square . . . . W2 p. 32 **CZ**
Cleveland Street . . . . W1 p. 22 **KU**
Cleveland Terrace . . . . W2 p. 32 **CZ**
Clifford Street . . . . W1 p. 29 **DM**

Cliveden Place . . . . SW1 p. 31 **FS**
Cockspur Street . . . . SW1 p. 29 **GN**
Collingham Gardens . . . . SW5 p. 30 **AT** 99
Collingham Road . . . . SW5 p. 30 **AT** 101
Commercial Street. . . . . E1 p. 23 **PU**
Conduit Street. . . . . W1 p. 29 **DL**
Connaught Square . . . . W2 p. 33 **EZ** 103
Connaught Street . . . . W2 p. 33 **EZ**
Constantine Road . . . . NW3 p. 20 **ES** 106
Constitution Hill . . . . SW1 p. 32 **AV**
Copenhagen Street . . . . N1 p. 22 **LS**
Cork Street . . . . W1 p. 29 **DM**
Cornwall Crescent . . . . W11 p. 20 **EV** 107
Cornwall Gardens . . . . SW7 p. 30 **AR**
Cornwall Road . . . . SE1 p. 26 **MX** 108
Corporation Row . . . . EC1 p. 23 **NT** 110
Courtfield Gardens. . . . . SW5 p. 30 **AT**
Courtfield Road . . . . SW7 p. 30 **BS**
Coventry Street . . . . W1 p. 29 **FM**
Cowcross Street . . . . EC1 p. 23 **NU** 113
Cranbourn Street . . . . WC2 p. 33 **DX** 115
Cranley Gardens . . . . SW7 p. 30 **CT**
Craven Hill . . . . W2 p. 32 **CZ**
Craven Road . . . . W2 p. 33 **DZ**
Craven Street . . . . WC2 p. 33 **DY**
Craven Terrace . . . . W2 p. 33 **DZ**
Crawford Place . . . . W1 p. 21 **HU** 116
Crawford Street . . . . W1 p. 21 **HU**
Cromwell Crescent . . . . SW5 p. 24 **EZ** 119
Cromwell Place . . . . SW7 p. 30 **CS** 120
Cromwell Road . . . . SW7, SW5 p. 30 **CS**
Crowndale Road . . . . NW1 p. 22 **KS**
Crucifix Lane . . . . SE1 p. 27 **PX** 125
Culross Street . . . . W1 p. 28 **AM**
Curtain Road . . . . EC2 p. 23 **PT** 126
Curzon Street . . . . W1 p. 28 **BN**
Cut (The) . . . . SE1 p. 27 **NX**
Dante Road . . . . SE11 p. 27 **NZ** 129
D'Arblay Street . . . . W1 p. 29 **EK**
Davies Street . . . . W1 p. 28 **BK**
Dawes Road . . . . SW6 p. 24 **AZ**
Dawson Place . . . . W2 p. 32 **AZ**
Deanery Street . . . . W1 p. 28 **BN** 132
Dean Street. . . . . W1 p. 29 **FJ**
De Beauvoir Road . . . . N1 p. 23 **PS**
Delancey Street . . . . NW1 p. 21 **JS**
Delaware Road . . . . W9 p. 20 **FT**
Denbigh Street . . . . SW1 p. 26 **KZ**
Denman Street . . . . W1 p. 29 **FM** 133
Denmark Street . . . . WC2 p. 29 **GJ** 134
De Vere Gardens . . . . W8 p. 30 **BQ**
Devonshire Street . . . . W1 p. 21 **IU**
Devonshire Terrace . . . . W2 p. 32 **CZ** 136
Dorset Road . . . . SW8 p. 26 **LZ**
Dorset Street . . . . W1 p. 28 **AH**
Dovehouse Street . . . . SW3 p. 31 **DU**
Dover Street . . . . W1 p. 29 **DM**
Downham Road . . . . N1 p. 23 **PS**
Downshire Hill . . . . NW3 p. 20 **ES** 139
Draycott Avenue . . . . SW3 p. 31 **ET**
Draycott Place . . . . SW3 p. 31 **ET**
Drayton Gardens . . . . SW10 p. 30 **BT**
Druid Street . . . . SE1 p. 27 **PY**
Drury Lane . . . . WC2 p. 33 **DV**
Dufferin Street . . . . EC1 p. 23 **OT** 141
Duke of Wellington Place . . . . SW1 p. 32 **AV** 142
Duke of York Street . . . . SW1 p. 29 **EN** 143
Duke's Place . . . . EC3 p. 23 **PV** 145
Duke Street . . . . W1 p. 28 **BK**
Duke Street ST. JAMES . . . . SW1 p. 29 **EN** 146
Duncannon Street . . . . WC2 p. 33 **DY** 147
Dunraven Street . . . . W1 p. 28 **AL** 149
Dunton Road . . . . SE1 p. 27 **PZ**
Durham Street . . . . SE11 p. 26 **MZ** 150
Eagle Wharf Road . . . . N1 p. 23 **OS**
Eardley Crescent . . . . SW5 p. 24 **EZ** 151
Earlham Street . . . . WC2 p. 33 **DV** 153
Earl's Court Road. . . . . W8, SW5 p. 24 **EY**
Eastbourne Terrace . . . . W2 p. 33 **DZ**
Eastcastle Street . . . . W1 p. 29 **EJ**
Eastcheap. . . . . EC3 p. 23 **PV** 154
East Heath Road . . . . NW3 p. 20 **ES**
East Road . . . . N1 p. 23 **PT**
East Street . . . . SE17 p. 27 **PZ**
Eaton Place . . . . SW1 p. 32 **AX**
Eaton Square . . . . SW1 p. 32 **AX**
Ebury Bridge . . . . SW1 p. 25 **IZ** 156
Ebury Street . . . . SW1 p. 32 **AY**
Ebury Bridge Road . . . . SW1 p. 25 **IZ**
Eccleston Bridge . . . . SW1 p. 32 **BY** 157
Eccleston Square . . . . SW1 p. 32 **BY**
Eccleston Street . . . . SW1 p. 32 **AY**
Edgware Road . . . . W2 p. 21 **GU**

Edith Grove	SW10 p. 24	FZ	
Edith Road	W14 p. 24	EZ	
Edwardes Square	W8 p. 24	EY	158
Egerton Gardens	SW3 p. 31	DS	160
Egerton Terrace	SW3 p. 31	DR	161
Egerton Gardens Mews	SW3 p. 31	ER	162
Elephant and Castle	SE11 p. 27	OY	
Elephant Road	SE17 p. 27	OZ	163
Elgin Avenue	W9 p. 20	FT	
Elizabeth Street	SW1 p. 32	AY	
Elm Park Gardens	SW10 p. 30	CU	
Elm Park Road	SW3 p. 30	CU	
Elsworthy Road	NW3 p. 21	GS	
Elvaston Place	SW7 p. 30	BR	
Elystan Place	SW3 p. 31	ET	
Elystan Street	SW3 p. 31	DT	
Endell Street	WC2 p. 33	DV	
England's Lane	NW3 p. 21	HS	
Englefield Road	N1 p. 23	PS	
Ennismore Gardens	SW7 p. 31	DQ	
Essex Road	N1 p. 23	OS	
Essex Street	WC2 p. 33	EX	
Estcourt Road	SW6 p. 24	EZ	
Eton Avenue	NW3 p. 21	GS	
Euston Road	NW1 p. 22	LT	
Evelyn Gardens	SW7 p. 30	CU	
Eversholt Street	NW1 p. 22	KT	
Exeter Street	WC2 p. 33	DX	
Exhibition Road	SW7 p. 30	CQ	
Fairfax Road	NW6 p. 20	FS	
Fairhazel Gardens	NW6 p. 20	FS	
Falmouth Road	SE1 p. 27	OY	
Farm Street MAYFAIR	W1 p. 28	BM	
Fann Street	W1 p. 23	OU	166
Farringdon Road	EC1 p. 23	NU	
Farringdon Street	EC4 p. 23	NU	168
Fenchurch Street	EC3 p. 23	PV	
Fentiman Road	SW8 p. 26	LZ	
Fernhead Road	W9 p. 20	ET	
Fetter Lane	EC4 p. 23	NU	169
Fifth Avenue	W10 p. 20	ET	
Filmer Road	SW6 p. 24	EZ	
Finborough Road	SW10 p. 30	AU	
Finchley Road	NW8, NW3 NW2, NW11 p. 21	GS	
Fitzalan Street	SE11 p. 26	MZ	
Fitzjohn's Avenue	NW3 p. 21	GS	
Fitzroy Square	W1 p. 22	KU	
Fleet Road	NW3 p. 20	ES	
Fleet Street	EC4 p. 22	MV	
Flint Street	SE17 p. 27	PZ	
Flood Street	SW3 p. 31	EU	
Floral Street	WC2 p. 33	DX	
Foulis Terrace	SW7 p. 30	CT	170
Foxley Road	SW9 p. 27	NZ	
Frampton Street	NW8 p. 21	GT	
Francis Street	SW1 p. 32	CY	
Franklin's Row	SW3 p. 31	FU	
Frith Street	W1 p. 29	FK	
Frognal	NW3 p. 20	ES	
Frognal Rise	NW3 p. 20	ES	171
Fulham Road	SW3, SW10, SW6 p. 24	EZ	
Garden Row	SE1 p. 27	NY	173
Garrick Street	WC2 p. 33	DX	
Garway Road	W2 p. 32	BZ	
Gayton Road	NW3 p. 20	ES	
George Street	W1 p. 28	AJ	
Gerrard Street	W1 p. 29	GL	174
Gilbert Street	W1 p. 28	BL	175
Gillingham Street	SW1 p. 32	BY	
Gilston Road	SW10 p. 30	BU	
Giltspur Street	EC1 p. 23	OU	178
Glasshouse Street	W1 p. 29	EM	179
Glendower Place	SW7 p. 30	CS	180
Gliddon Road	W14 p. 24	EZ	182
Gloucester Avenue	NW1 p. 21	IS	
Gloucester Place	W1, NW1 p. 21	HU	
Gloucester Road	SW7 p. 30	BR	
Gloucester Square	W2 p. 33	EZ	
Gloucester Street	SW1 p. 27	JZ	
Gloucester Terrace	W2 p. 32	CZ	
Golborne Road	W10 p. 20	EU	
Golden Square	W1 p. 29	EL	
Goodge Street	W1 p. 22	KU	184
Goswell Road	EC1 p. 23	OT	
Gower Street	WC1 p. 22	KU	
Gracechurch Street	EC3 p. 23	PV	187
Grafton Street	W1 p. 29	DM	
Grange Road	SE1 p. 27	PY	
Granville Place	W1 p. 28	AK	188
Gray's Inn Road	WC1 p. 22	LT	
Gt. Castle Street	W1 p. 29	DJ	189
Gt. Cumberland Place	W1 p. 33	EZ	191
Gt. Dover Street	SE1 p. 27	PY	
Gt. Eastern Street	EC2 p. 23	PT	192
Gt. George Street	SW1 p. 26	LY	193
Gt. Marlborough Street	W1 p. 29	EK	
Gt. Peter Street	SW1 p. 26	LY	
Gt. Queen Street	WC2 p. 33	DV	
Gt. Russell Street	WC1 p. 22	LU	
Gt. Smith Street	SW1 p. 26	LY	196
Gt. Suffolk Street	SE1 p. 27	OX	
Gt. Tower Street	EC3 p. 23	PV	197
Gt. Western Road	W9, W11 p. 20	EU	
Gt. Windmill Street	W1 p. 29	FM	
Greek Street	W1 p. 29	GK	198
Greencroft Gardens	NW6 p. 20	FS	
Green Street	W1 p. 28	AL	
Grenville Place	SW7 p. 30	BS	
Gresham Street	EC2 p. 23	OU	
Greville Place	NW6 p. 20	FS	
Greycoat Place	SW1 p. 26	KY	200
Greyhound Road	W6, W14 p. 24	EZ	
Grosvenor Crescent	SW1 p. 32	AV	
Grosvenor Gardens	SW1 p. 32	BX	
Grosvenor Place	SW1 p. 32	AV	
Grosvenor Road	SW1 p. 26	JZ	
Grosvenor Square	W1 p. 28	BL	
Grosvenor Street	W1 p. 28	BL	
Grove End Road	NW8 p. 21	GT	
Guildhouse Street	SW1 p. 32	BY	201
Guilford Street	WC1 p. 22	LU	
Gunter Grove	SW10 p. 24	FZ	202
Gunterstone Road	W14 p. 24	EZ	203
Hackney Road	E2 p. 23	PT	
Half Moon Street	W1 p. 28	CN	
Halford Road	SW6 p. 24	EZ	
Halkin Street	SW1 p. 32	AV	
Halliford Street	N1 p. 23	OS	
Hall Road	NW8 p. 20	FT	
Hamilton Place	W1 p. 28	BP	205
Hamilton Terrace	NW8 p. 20	FT	
Hammersmith Road	W14, W6 p. 24	EZ	207
Hampstead Grove	NW3 p. 20	ES	208
Hampstead High Street	NW3 p. 20	ES	209
Hampstead Road	NW1 p. 22	KT	
Hanover Square	W1 p. 28	CK	210
Hanover Street	W1 p. 29	DK	
Hans Crescent	SW1 p. 31	ER	
Hans Place	SW1 p. 31	ER	
Hans Road	SW3 p. 31	ER	
Harcourt Terrace	SW10 p. 30	AU	
Harley Street WESTMINSTER	W1 p. 28	CH	
Harleyford Road	SE11 p. 26	LZ	
Harleyford Street	SE11 p. 26	MZ	211
Harper Road	SE1 p. 27	OY	
Harriet Street	SW1 p. 31	FQ	214
Harrington Gardens	SW7 p. 30	BT	
Harrington Road	SW7 p. 30	CS	215
Harrow Road	W2, W9 W10, NW10 p. 20	FU	
Harwood Road	SW6 p. 24	FZ	
Hasker Street	SW3 p. 31	ES	
Haverstock Hill	NW3 p. 21	HS	
Haymarket	SW1 p. 29	FM	
Hay's Mews	W1 p. 28	BN	
Heath Street	NW3 p. 20	ES	
Hemingford Road	N1 p. 22	MS	
Henrietta Place	W1 p. 28	BJ	
Henrietta Street	WC2 p. 33	DX	217
Herbrand Street	WC1 p. 22	LT	218
Hercules Road	SE1 p. 26	MY	219
Hereford Road	W2 p. 32	AZ	
Hertford Street	W1 p. 28	BP	220
Heygate Street	SE17 p. 27	OZ	
High Holborn	WC1 p. 22	LU	
Hill Street	W1 p. 28	BN	
Hobart Place	SW1 p. 32	AX	
Holbein Place	SW1 p. 31	FT	
Holbein Mews	SW1 p. 31	FT	223
Holborn	EC1 p. 22	MU	
Holborn Viaduct	EC1 p. 23	NU	
Holland Park	W11 p. 24	EX	
Holland Park Avenue	W11 p. 24	EX	
Holland Park Gardens	W11 p. 24	EX	224
Holland Road	W14 p. 24	EY	
Holland Street	W8 p. 24	EY	
Holland Walk	W8 p. 24	EY	225
Holland Villas Road	W14 p. 24	EY	
Holles Street	W1 p. 28	CJ	
Hollybush Hill	E11 p. 24	ES	227
Hollywood Road	SW10 p. 30	BU	
Horseferry Road	SW1 p. 26	KY	
Horseguards Avenue	SW1 p. 26	LX	228
Hornton Street	W8 p. 24	FY	229

Houndsditch . . . . EC3 p. 23 **PU**
Howick Place . . . . SW1 p. 32 **CX**
Howland Street. . . . . W1 p. 22 **KU** 232
Hoxton Street. . . . . N1 p. 23 **PT**
Hudson's Place. . . . . SW1 p. 32 **BY**
Hugh Street. . . . . SW1 p. 32 **BY**
Hunter Street . . . . WC1 p. 22 **LT** 233
Hyde Park Gardens. . . . . W2 p. 33 **DZ**
Hyde Park Square. . . . . W2 p. 33 **EZ** 234
Hyde Park Street. . . . . W2 p. 33 **EZ**
Hyde Road . . . . N1 p. 23 **PS** 235
Ifield Road . . . . SW10 p. 30 **AU**
Imperial Road . . . . SW6 p. 12 **BQ**
Inverness Terrace . . . . W2 p. 32 **BZ**
Ixworth Place . . . . NW6 p. 31 **DT**
James Street . . . . W1 p. 28 **BJ**
James Street SOHO . . . . WC2 p. 29 **EL**
John Adam Street . . . . WC2 p. 33 **DY**
John Islip Street . . . . SW1 p. 26 **LZ**
John Ruskin Street . . . . SE5 p. 27 **OZ**
Jubilee Place . . . . SW3 p. 31 **ET**
Judd Street . . . . WC1 p. 22 **LT**
Keat's Grove . . . . NW3 p. 20 **ES** 236
Kemble Street. . . . . WC2 p. 33 **EV**
Kendal Street. . . . . W2 p. 33 **EZ**
Kennington Lane . . . . SE11 p. 26 **MZ**
Kennington Oval . . . . SE11 p. 26 **MZ**
Kennington Park Road. . . . . SE11 p. 27 **NZ**
Kennington Road . . . . SE1, SE11 p. 26 **MZ**
Kensal Road. . . . . W10 p. 20 **ET**
Kensington Church Street. . . . . . . W8 p. 32 **AZ** 238
Kensington Court . . . . W8 p. 30 **AQ** 241
Kensington Court Place. . . . . W8 p. 30 **AR** 242
Kensington Gardens Square . . . . W2 p. 32 **BZ** 243
Kensington Gore. . . . . SW7 p. 30 **CQ**
Kensington Palace Gardens . . . . W8 p. 24 **FX**
Kensington Park Road . . . . W11 p. 20 **EV**
Kensington Place . . . . W8 p. 32 **AZ**
Kensington Road . . . . W8, SW7 p. 30 **BQ**
Kensington Square . . . . W8 p. 30 **AQ**
Kentish Town Road . . . . . NW1, NW5 p. 22 **JS**
Kerway Road . . . . SW5 p. 24 **FZ** 245
Kilburn Lane . . . . W10, W9 p. 20 **ET**
Kilburn Park Road. . . . . NW6 p. 20 **ET**
King Edward Street . . . . EC1 p. 23 **OU** 247
Kingly Street . . . . W1 p. 29 **DK**
King's Cross Road . . . . WC1 p. 22 **LT**
Kingsland Road . . . . E2, E8 p. 23 **PT**
King Street ST. JAMES'S . . . . . SW1 p. 29 **EN**
King Street STRAND . . . . WC2 p. 33 **DX**
Kingsway. . . . . WC2 p. 33 **EV**
King William Street . . . . EC4 p. 23 **PV** 250
Knaresborough Place. . . . . SW5 p. 30 **AS**
Lacbroke Grove . . . . W10, W11 p. 20 **LY**
Lambeth Bridge. . . . . SW1, SE1 p. 26 **MY**
Lambeth Palace Road . . . . SE1 p. 26 **MY**
Lambeth Road . . . . SE1 p. 26 **MZ**
Lambeth Walk . . . . SE11 p. 26 **MZ**
Lancaster Gate . . . . W2 p. 32 **CDZ** 256
Lancaster Grove . . . . NW3 p. 21 **GS**
Lancaster Place . . . . SW19 p. 33 **EX**
Lancaster Terrace . . . . W2 p. 33 **DZ** 257
Lansdowne Walk . . . . W9 p. 20 **FT**
Lauderdale Road . . . . W8 p. 30 **BR** 259
Launceston Place . . . . NW3 p. 20 **ES**
Lavn Road . . . . NW3 p. 20 **ES**
Leadenhall Street. . . . . EC3 p. 23 **PV** 260
Lees Place . . . . W1 p. 28 **AL**
Leicester Square . . . . WC2 p. 29 **GM** 261
Leinster Gardens . . . . W2 p. 32 **CZ**
Leinster Square. . . . . W2 p. 32 **AZ**
Leinster Terrace . . . . W2 p. 32 **CZ**
Lennox Gardens. . . . . NW10 p. 31 **ES**
Lennox Gardens Mews. . . . . SW3 p. 31 **ES** 263
Lever Street . . . . EC1 p. 23 **OT**
Lexham Gardens. . . . . W8 p. 30 **AS**
Lexington Street. . . . . W1 p. 29 **EL**
Lillie Road . . . . SW6 p. 24 **EZ**
Lincoln's Inn Fields . . . . WC2 p. 33 **EV**
Lisle Street . . . . WC2 p. 29 **GL**
Lisson Grove . . . . NW1, NW8 p. 21 **GT**
Little Boltons (The). . . . . SW10 p. 30 **BU**
Little Britain . . . . EC1 p. 23 **OU** 264
Liverpool Road . . . . N1, N7 p. 22 **MS**
Liverpool Street . . . . EC2 p. 23 **PU**
Lloyd Baker Street . . . . WC1 p. 22 **MT** 265
Lombard Street . . . . EC3 p. 23 **PV** 268
London Bridge . . . . SE1, EC4 p. 27 **PX**
London Road . . . . SE1 p. 27 **NY**
London Street . . . . W2 p. 33 **DZ**
London Wall . . . . EC2 p. 23 **OU**
Long Acre . . . . WC2 p. 33 **DX**
Long Lane CITY . . . . EC1 p. 23 **OU** 270

Long Lane SOUTHWARK. . . . . . SE1 p. 27 **PY**
Lothbury . . . . EC2 p. 23 **PU** 273
Lots Road . . . . SW10 p. 24 **FZ**
Loudoun Road . . . . NW8 p. 20 **FS**
Lower Belgrave Street . . . . SW1 p. 32 **AX**
Lower Grosvenor Place . . . . SW1 p. 32 **BX** 274
Lower Marsh . . . . SE1 p. 26 **MY** 277
Lower Sloane Street . . . . SW1 p. 31 **FT**
Lower Terrace . . . . NW3 p. 20 **ES**
Lower Thames Street. . . . . EC3 p. 23 **PV** 278
Lowndes Square . . . . SW1 p. 31 **FQ**
Lowndes Street . . . . SW1 p. 31 **FR**
Luke Street. . . . . EC2 p. 23 **PT**
Lupus Street . . . . SW1 p. 26 **JZ**
Lyall Street . . . . SW1 p. 31 **FR**
Lyndhurst Road . . . . NW3 p. 20 **ES**
Macklin Street . . . . WC2 p. 33 **DV**
Maddox Street . . . . W1 p. 29 **DK**
Maida Avenue. . . . . W2 p. 20 **FU**
Maida Vale. . . . . W9 p. 20 **FT**
Maiden Lane. . . . . WC2 p. 33 **DY**
Mall (The) . . . . SW1 p. 29 **FP**
Malvern Road. . . . . NW6 p. 20 **ET**
Manchester Square . . . . W1 p. 28 **AJ** 281
Manchester Street. . . . . W1 p. 28 **AH**
Manor Place . . . . SE17 p. 27 **OZ**
Manresa Road . . . . SW3 p. 31 **ET**
Mansell Street . . . . E1 p. 23 **PV** 282
Marble Arch. . . . . W1 p. 33 **EZ**
Margaret Street . . . . W1 p. 29 **DJ**
Market Place . . . . W1 p. 29 **DJ** 286
Market Road. . . . . N7 p. 22 **LS**
Markham Street . . . . SW3 p. 31 **ET**
Marlborough Place . . . . NW8 p. 20 **FT**
Marloes Road . . . . W8 p. 24 **FY**
Marshall Street . . . . W1 p. 29 **EK**
Marsham Street . . . . SW1 p. 26 **LY**
Marylebone High Street . . . . W1 p. 21 **IU**
Marylebone Lane . . . . W1 p. 28 **BJ** 287
Marylebone Road . . . . NW1 p. 21 **HU**
Melbury Road . . . . W14 p. 24 **EY**
Merrick Square . . . . SE1 p. 27 **OY**
Merton Rise . . . . NW3 p. 21 **HS**
Midland Road . . . . NW1 p. 22 **LT**
Miles Street . . . . SW8 p. 26 **LZ** 290
Millbank. SW1 p. 26 **LY**
Milner Street. . . . . SW3 p. 31 **ES**
Minories . . . . EC3 p. 23 **PV**
Monmouth Street . . . . WC2 p. 33 **DX**
Montague St. . . . . EC1 p. 23 **OU** 291
Montagu Square. . . . . W1 p. 28 **AH**
Montagu Street. . . . . W1 p. 28 **AH**
Montpelier Square . . . . SW7 p. 31 **EQ**
Montpelier Street. . . . . SW7 p. 31 **ER**
Montpelier Walk. . . . . SW7 p. 31 **DR**
Moore Street . . . . SW3 p. 31 **ES**
Moorgate . . . . EC2 p. 23 **PU**
Moreland Street . . . . EC1 p. 23 **OT** 293
Mortimer Street . . . . W1 p. 22 **KU**
Moscow Road . . . . W2 p. 32 **BZ**
Mossop Street . . . . SW3 p. 31 **ES**
Mount Row . . . . W1 p. 28 **BM**
Mount Street. . . . . W1 p. 28 **BM**
Munster Road . . . . SW6 p. 24 **EZ**
*Musard Road . . . . W6 p. 24 **EZ**
Museum Street . . . . WC1 p. 33 **DV** 294
Myddelton Street . . . . EC1 p. 23 **NT** 296
Nassington Road . . . . NW3 p. 20 **ES** 297
Neal Street . . . . WC2 p. 33 **DV**
Neate Street . . . . SE5 p. 27 **PZ**
Netherhall Gardens . . . . NW3 p. 20 **ES**
Nevern Place . . . . SW5 p. 24 **EZ** 298
Nevern Square . . . . SW5 p. 24 **EZ** 299
Neville Terrace . . . . SW7 p. 30 **CT** 300
New Bridge Street . . . . EC4 p. 23 **NV** 301
Newburn Street. . . . . SE11 p. 26 **MZ**
New Cavendish Street . . . . W1 p. 28 **BH**
New Change . . . . EC4 p. 23 **OV** 304
New Church Road . . . . SE5 p. 27 **PZ**
Newcomen Street. . . . . SE1 p. 27 **PX**
New End Square . . . . NW3 p. 20 **ES** 305
Newgate Street . . . . EC1 p. 23 **OU**
Newington Butts . . . . SE1, SE11 p. 27 **OZ** 306
Newington Causeway . . . . SE1 p. 27 **OY** 307
New Kent Road . . . . SE1 p. 27 **OY**
Newman Street . . . . W1 p. 22 **KU**
New North Road . . . . N1 p. 23 **OS**
New Oxford Street . . . . WC1 p. 33 **DV** 308
New Row . . . . WC2 p. 33 **DX**
New Square . . . . WC2 p. 33 **EV**
Newton Road . . . . W2 p. 32 **BZ**
Newton Street . . . . WC2 p. 33 **DV** 309
Nine Elms Lane . . . . SW8 p. 26 **KZ**
Noel Street . . . . W1 p. 29 **EJ**

Norfolk Crescent . . . . W2 p. 33 **EZ** 310
Norfolk Square . . . . W2 p. 33 **DZ** 313
North Audley Street. . . . . W1 p. 28 **AK** 314
North Carriage Drive . . . . W2 p. 33 **EZ**
North End Road . . . . W14, W6 p. 24 **EZ**
North Row . . . . W1 p. 28 **AL**
Northumberland Avenue . . . . . . WC2 p. 26 **LX** 317
Notting Hill Gate. . . . . W11 p. 32 **AZ**
Nutley Terrace . . . . NW3 p. 20 **ES**
Nuttall Street . . . . N1 p. 23 **PS**
Oakley Street . . . . SW3 p. 31 **DU**
Offord Road . . . . N1 p. 22 **MS**
Old Bailey . . . . EC4 p. 23 **NV** 318
Old Broad Street . . . . EC2 p. 23 **PU** 319
Old Brompton Road . . . . . . SW7, SW5 p. 30 **BT**
Old Burlington Street. . . . . W1 p. 29 **DM** 322
Old Church Street . . . . SW3 p. 30 **CU**
Old Compton Street. . . . . W1 p. 29 **GK** 323
Old Kent Road . . . . SE1, SE15 p. 27 **PZ**
Old Marylebone Road. . . . . NW1 p. 21 **HU** 324
Old Park Lane . . . . W1 p. 28 **BP**
Old Street. . . . . EC1 p. 23 **OT**
Olympia Way. . . . . W14 p. 24 **EY** 326
Onslow Gardens . . . . SW7 p. 30 **CT**
Onslow Square. . . . . SW7 p. 30 **CT**
Orange Street. . . . . WC2 p. 29 **GM**
Orchard Street . . . . W1 p. 28 **AK**
Ordnance Hill . . . . NW8 p. 21 **GS**
Orme Court . . . . W2 p. 32 **BZ** 328
Ormonde Gate . . . . SW3 p. 31 **FU** 329
Ornan Road . . . . NW3 p. 20 **ES** 331
Ossulton Street . . . . NW1 p. 22 **LT**
Outer Circle . . . . NW1 p. 21 **HT**
Oxford Circus . . . . W1 p. 29 **DJ**
Oxford Square. . . . . W2 p. 33 **EZ** 332
Paddington Street . . . . W1 p. 21 **IU** 333
Page Street . . . . SW1 p. 26 **DY**
Page's Walk . . . . SE1 p. 27 **PY**
Palace Court . . . . W2 p. 32 **BZ**
Palace Gardens Terrace. . . . . W8 p. 32 **AZ** 335
Palace Gate . . . . W8 p. 30 **BQ**
Palace Street . . . . SW1 p. 32 **BX**
Pall Mall . . . . SW1 p. 29 **FN**
Palmer Gardens . . . . SW1 p. 32 **CV**
Pancras Road . . . . NW1 p. 22 **KS**
Panton Street . . . . SW1 p. 29 **FM** 336
Parade (The) . . . . SW11 p. 25 **HZ**
Park Crescent . . . . W1 p. 21 **IU** 337
Parker Street . . . . WC2 p. 33 **DV**
Parkgate Road . . . . SW11 p. 25 **HZ**
Park Lane . . . . W1 p. 28 **AM**
Park Road . . . . NW1, NW8 p. 21 **HT**
Park Street. . . . . W1 p. 28 **AL**
Park Village East . . . . NW1 p. 21 **JS**
Park Walk . . . . SW10 p. 30 **CU**
Parkway . . . . NW1 p. 21 **JS**
Parliament Hill . . . . NW3 p. 20 **ES**
Parliament Street. . . . . SW1 p. 26 **LY** 340
Parry Street. . . . . SW8 p. 26 **LZ** 341
Paul Street . . . . EC2 p. 23 **PT**
Pelham Street . . . . SW7 p. 31 **DS**
Pembridge Gardens . . . . W2 p. 32 **AZ**
Pembridge Road. . . . . W11 p. 32 **AZ**
Pembridge Square . . . . W2 p. 32 **AZ**
Pembridge Villas. . . . . W11 p. 32 **AZ**
Pembrocke Gardens . . . . W8 p. 24 **EY** 342
Pembrocke Road . . . . W8 p. 24 **EZ**
Penn Street . . . . N1 p. 23 **PS** 343
Penton Place . . . . WC1 p. 27 **OS**
Penton Rise . . . . WC1 p. 22 **MT** 344
Penton Street . . . . N1 p. 22 **MT** 345
Pentonville Road . . . . N1 p. 22 **LT**
Penywern Road . . . . SW5 p. 24 **FZ** 347
Percival Street . . . . EC1 p. 23 **NT**
Petty France . . . . SW1 p. 32 **CV**
Philbeach Gardens . . . . SW5 p. 24 **EZ** 348
Piccadilly Circus . . . . W1 p. 29 **FM**
Pilgrimage Street . . . . SE1 p. 27 **PY** 349
Pimlico Road . . . . SW1 p. 25 **IZ**
Pitfield Street . . . . N1 p. 23 **PT**
Poland Street . . . . W1 p. 29 **EJ**
Pond Street . . . . NW3 p. 20 **ES**
Pont Street . . . . SW1 p. 31 **ER**
Poole Street . . . . N1 p. 23 **PS** 350
Porchester Gardens . . . . W2 p. 32 **BZ**
Porchester Road . . . . W2 p. 20 **FU** 351
Porchester Terrace . . . . W2 p. 32 **CZ**
Portland Place . . . . W1 p. 21 **JU**
Portland Street. . . . . SE17 p. 27 **PZ**
Portman Square . . . . W1 p. 28 **AJ**
Potman Street. . . . . W1 p. 28 **AK**
Portugal Street . . . . WC2 p. 33 **EV**
Poultry. EC2 p. 23 **OV** 352

Praed Street . . . . W2 p. 21 **GV**
Pratt Street. . . . . NW1 p. 22 **KS**
Primrose Hill Road . . . . NW3 p. 21 **HS**
Prince Albert Road . . . . . NW1, NW8 p. 21 **HS**
Prince Consort Road . . . . SW7 p. 30 **CR**
Prince's Gardens . . . . SW7 p. 30 **CR** 356
Prince's Street . . . . W1 p. 29 **DK**
Princes Street . . . . EC2 p. 23 **PV** 357
Queen Anne's Gate. . . . . SW1 p. 26 **KY**
Queen Anne Street . . . . W1 p. 28 **BH**
Queensberry Place . . . . SW7 p. 30 **CS** 360
Queensborough Terrace . . . . W2 p. 32 **CZ**
Queen's Circus. . . . . SW8 p. 25 **IZ** 361
Queen's Gardens . . . . W2 p. 32 **CZ** 362
Queen's Gate . . . . SW7 p. 30 **BQ**
Queen's Gate Gardens . . . . SW7 p. 30 **BR**
Queen's Gate Place . . . . SW7 p. 30 **BR** 363
Queen's Gate Terrace . . . . SW7 p. 30 **BR**
Queen's Grove . . . . NW8 p. 21 **GS**
Queen Street . . . . EC4 p. 23 **OV** 365
Queen's Walk . . . . SW1 p. 29 **DN**
Queensway . . . . W2 p. 32 **BZ**
Queen Victoria Street . . . . EC4 p. 23 **OV**
Radnor Place . . . . W2 p. 33 **DZ**
Radnor Walk . . . . SW3 p. 31 **EU**
Randolph Avenue . . . . W9 p. 20 **FT**
Randolph Street. . . . . NW1 p. 22 **KS** 366
Rawlings Street . . . . SW3 p. 31 **ES**
Redcliffe Gardens . . . . SW10 p. 30 **AU**
Redcliffe Square . . . . SW10 p. 30 **AU**
Redesdale Street . . . . SW3 p. 31 **EU** 367
Red Lion Street . . . . WC1 p. 22 **MU**
Reeves Mews. . . . . W1 p. 28 **AM**
Regency Street . . . . SW1 p. 26 **KZ**
Regent's Park Road . . . . NW1 p. 21 **HS**
Richmond Avenue . . . . N1 p. 22 **MS**
Robert Street . . . . NW1 p. 22 **JT**
Rochester Row . . . . SW1 p. 32 **CY**
Rodney Road . . . . N1 p. 27 **OZ**
Roland Gardens . . . . SW7 p. 30 **BT**
Roman Way . . . . N7 p. 22 **MS**
Romilly Street . . . . W1 p. 29 **GL** 368
Rosebery Avenue . . . . EC1 p. 22 **MT**
Rosslyn Hill . . . . NW3 p. 20 **ES**
Rossmore Road . . . . NW1 p. 21 **HT** 369
Royal College Street . . . . NW1 p. 22 **KS**
Royal Crescent . . . . W11 p. 24 **EX** 371
Royal Hospital Road . . . . SW3 p. 31 **FU**
Rupert Street . . . . W1 p. 29 **FL**
Russell Square . . . . WC1 p. 22 **LU**
Russell Street. . . . . WC2 p. 33 **DX**
Rutland Gate . . . . SW7 p. 31 **DQ**
Rylston Road . . . . SW6 p. 24 **EZ**
Sackville Street . . . . W1 p. 29 **EM**
St. Albans Grove . . . . W8 p. 28 **AR**
St. Andrews Street . . . . EC4 p. 23 **NU** 372
St. Bride Street . . . . EC4 p. 23 **NV** 376
St. George's Drive . . . . SW1 p. 26 **KZ**
St. George's Road . . . . SE1 p. 27 **NY**
St. George's Square . . . . SW1 p. 26 **KZ**
St. George Street . . . . W1 p. 29 **DL**
St. Giles Circus . . . . . . W1, WC1, WC2 p. 29 **GJ**
St. Giles High Street . . . . WC2 p. 33 **DV** 377
St. James's Place . . . . SW1 p. 29 **EN**
St. James's Square . . . . SW1 p. 29 **FN**
St. James's Street . . . . SW1 p. 29 **EN**
St. James Street . . . . E17 p. 33 **DX**
St. John Street. . . . . EC1 p. 23 **NT**
St. John's Wood High Street. . . . . NW8 p. 21 **GT** 378
St. John's Wood Park . . . . NW8 p. 21 **GS** 379
St. John's Wood Road . . . . NW8 p. 21 **GT**
St. Leonard's Terrace . . . . SW3 p. 31 **FU**
St. Martin's Lane . . . . WC2 p. 33 **DY**
St. Martin's-le-Grand. . . . . EC1 p. 23 **OU** 380
St. Pancras Way . . . . NW1 p. 22 **KS**
St. Paul's Road . . . . N1 p. 23 **OS**
St. Petersburgh Place . . . . W2 p. 32 **BZ**
St. Peter's Street . . . . N1 p. 23 **OS**
St. Thomas Street . . . . SE1 p. 27 **PX**
Sardinia Street . . . . WC2 p. 33 **EV** 381
Savile Row . . . . W1 p. 29 **DM**
Savoy Place . . . . WC2 p. 33 **DY**
Savoy Street. . . . . WC2 p. 33 **EX**
Scarsdale Villas . . . . W8 p. 24 **EY**
Seagrave Road . . . . SW6 p. 24 **EZ**
Serle Street. . . . . WC2 p. 33 **EV**
Serpentine Road . . . . W2 p. 28 **AP**
Seymour Street . . . . W1, W2 p. 28 **AK**
Shaftesbury Avenue . . . . W1, WC2 p. 29 **FL**
Sheffield Terrace. . . . . W8 p. 24 **EX**
Shelton Street . . . . WC2 p. 33 **DX**
Shepherdess Walk . . . . N1 p. 23 **OT**
Shepherd Market . . . . W1 p. 28 **CN**

Shepherd Street	W1 p. 28	**BP**		
Shirland Road	W9 p. 20	**ET**		
Shoreditch High Street	E1 p. 23	**PT**	384	
Shorts Gardens	WC2 p. 33	**DV**		
Sidmouth Street	WC1 p. 22	**LT**	385	
Sinclair Road	W14 p. 24	**EY**		
Sloane Avenue	SW3 p. 31	**ET**		
Sloane Square	SW1 p. 31	**FT**		
Smith Street	SW3 p. 31	**EU**		
Snows Fields	SE1 p. 27	**PX**	386	
Soho Square	W1 p. 29	**FJ**		
Southampton Row	WC1 p. 22	**LU**	387	
Southampton Street	WC2 p. 33	**DX**	388	
South Audley Street	W1 p. 28	**BM**		
South Eaton Place	SW1 p. 32	**AY**	389	
South End Road	NW3 p. 20	**ES**		
South Hill	NW3 p. 20	**ES**	390	
South Lambeth Road	SW8 p. 26	**LZ**		
South Molton Street	W1 p. 28	**BK**		
South Parade	SW3 p. 30	**CU**		
South Place	EC2 p. 23	**PU**	391	
South Street	W1 p. 28	**BN**		
South Terrace	SW3 p. 31	**DS**		
Southwark Bridge	SE1, EC4 p. 27	**OV**	395	
Southwark Bridge Road	SE1 p. 27	**OY**		
Southwark Street	SE1 p. 27	**OX**		
Southwick Street	W2 p. 33	**EZ**		
Spa road	SE16 p. 27	**PY**		
Spencer Street	EC1 p. 23	**NT**	398	
Spital Square	E1 p. 23	**PU**	399	
Spring Street	W2 p. 33	**DZ**		
Stamford Street	SE1 p. 26	**MX**		
Stanhope Gardens	SW7 p. 30	**BS**		
Stanhope Place	W2 p. 33	**EZ**	400	
Stanhope Terrace	W2 p. 33	**DZ**		
Star Road	W14 p. 24	**EZ**		
Storeys Gate	SW1 p. 26	**LY**	402	
Strand	WC2 p. 33	**DY**		
Stratton Street	W1 p. 29	**DN**		
Sumner Place	SW7 p. 30	**CT**		
Sumner Street	SE1 p. 27	**OX**		
Sun Street	EC2 p. 23	**PU**		
Surrey Street	WC2 p. 33	**EX**		
Sussex Gardens	W2 p. 33	**DZ**		
Sussex Place	W2 p. 33	**DZ**		
Sussex Square	W2 p. 33	**DZ**	404	
Sutherland Avenue	W9 p. 20	**FU**		
Sutherland Street	SW1 p. 25	**JZ**		
Swinton Street	WC1 p. 22	**LT**		
Sydney Place	SW7 p. 31	**DT**	405	
Sydney Street	SW3 p. 31	**DT**		
Symons Street	SW3 p. 31	**FT**	407	
Tabard Street	SE1 p. 27	**OY**	408	
Tachbrook Street	SW1 p. 26	**KZ**		
Talgarth Road	W14, W6 p. 24	**EZ**		
Tavistock Place	WC1 p. 22	**LT**		
Tavistock Square	WC1 p. 22	**LT**	409	
Tavistock Street	WC2 p. 33	**DX**		
Tedworth Square	SW3 p. 31	**EU**		
Temple Place	WC2 p. 33	**EX**		
Templeton Place	SW5 p. 24	**EZ**	410	
Terminus Place	SW1 p. 32	**BX**	412	
Thayer Street	W1 p. 28	**BJ**	413	
Theobald's Road	WC1 p. 22	**LU**		
Thirleby Road	SW1 p. 32	**MS**		
Thornhill Road	N1 p. 22	**MS**		
Threadneedle Street	EC2 p. 23	**PV**	417	
Throgmorton Street	EC2 p. 23	**PU**	418	
Thurloe Place	SW7 p. 30	**CS**	420	
Thurloe Square	SW7 p. 31	**DS**		
Thurlow Street	SE17 p. 27	**PZ**		
Tiney Street	W1 p. 28	**BN**	421	
Tite Street	SW3 p. 31	**EU**		
Tooley Street	SE1 p. 27	**BX**		
Tothill Street	SW1 p. 26	**KY**		
Tottenham Court Road	W1 p. 22	**KU**		
Tower Bridge	E1 p. 27	**PX**		
Tower Bridge Road	SE1 p. 27	**PY**		
Tower Hill	EC3 p. 23	**PV**	425	
Trafalgar Avenue	SE15 p. 27	**PZ**		
Trafalgar Square	WC2, SW1 p. 33	**DY**		
Trebovir Road	SW5 p. 24	**FZ**	426	
Tregunter Road	SW10 p. 30	**BU**		
Trevor Place	SW7 p. 31	**EQ**		
Trevor Square	SW7 p. 31	**ER**		
Trinity Church Square	SE1 p. 27	**OY**		
Trinity Street	SE1 p. 27	**OY**		
Tyers Street	SE11 p. 26	**MZ**		
Union Street	SE1 p. 27	**NX**		
Upper Belgrave Street	SW1 p. 32	**AX**		
Upper Berkeley Street	W1 p. 33	**EZ**		
Upper Brook Street	W1 p. 28	**AM**		
Upper Grosvenor Street	W1 p. 28	**AM**		
Upper Ground	SE1 p. 27	**NX**	428	
Upper St. Martin's Lane	WC2 p. 33	**DX**	430	
Upper Street	N1 p. 23	**NS**		
Upper Thames Street	EC4 p. 23	**OV**	431	
Upper Woburn Place	WC1 p. 22	**LT**	432	
Vale (The)	SW3 p. 30	**CU**		
Vanston Place	SW6 p. 24	**EZ**		
Vassal Road	SW9 p. 27	**NZ**		
Vauxhall Bridge	SW1, SE1 p. 26	**LZ**		
Vauxhall Bridge Road	SW1 p. 32	**BY**		
Vauxhall Street	SE11 p. 26	**MZ**		
Vauxhall Walk	SE11 p. 26	**LZ**		
Vere Street	W1 p. 28	**BJ**		
Victoria Embankment	SW1			
	WC2, EC4 p. 33	**DY**		
Victoria Grove	W8 p. 30	**BR**		
Victoria Road				
KENSINGTON	W8 p. 30	**BQ**		
Victoria Street	SW1 p. 32	**BX**		
Vigo Street	W1 p. 29	**EM**		
Villiers Street	WC2 p. 33	**DY**		
Vincent Square	SW1 p. 26	**KZ**		
Vincent Street	SW1 p. 26	**LZ**	436	
Virginia Road	E2 p. 23	**PT**		
Walterton Road	W9 p. 20	**ET**		
Walton Street	SW3 p. 31	**ES**		
Walworth Road	SE17 p. 27	**OZ**		
Wandsworth Road	SW8 p. 26	**LZ**		
Wardour Street	W1 p. 29	**FJ**		
Warrington Crescent	W9 p. 20	**FT**		
Warwick Avenue	W2, W9 p. 20	**FU**	441	
Warwick Road	SW5, W14 p. 24	**EZ**		
Warwick Street	W1 p. 29	**EM**	444	
Warwick Way	SW1 p. 25	**JZ**		
Waterloo Bridge	WC2, SE1 p. 33	**EY**		
Waterloo Place	SW1 p. 29	**FN**		
Waterloo Road	SE1 p. 27	**NY**		
Waverton Street	W1 p. 28	**BN**		
Webber Street	SE1 p. 27	**NY**		
Weighhouse Street	W1 p. 28	**BK**		
Welbeck Street	W1 p. 28	**BH**		
Wellington Road	NW8 p. 21	**GT**		
Wellington Street	WC2 p. 33	**DX**		
Wells Street	W1 p. 29	**EJ**		
Wells Way	SE5 p. 27	**PZ**		
Well Walk	NW3 p. 20	**ES**		
Westbourne Crescent	W2 p. 33	**DZ**	448	
Westbourne Grove	W2, W11 p. 20	**AZ**		
Westbourne Park Road	W2, W11 p. 20	**EU**		
Westbourne Park Villas	W2 p. 20	**FU**	449	
Westbourne Street	W2 p. 33	**DZ**	450	
Westbourne Terrace	W2 p. 33	**DZ**		
Westbourne Road	N7 p. 22	**MS**		
Westbourne Terrace Road	W2 p. 20	**FU**	452	
West Cromwell Road	SW5, W14 p. 24	**EZ**		
West Halkin Street	SW1 p. 31	**FR**		
Westminster Bridge	SW1, SE1 p. 26	**LY**		
Westminster Bridge Road	SE1 p. 26	**MY**		
Weston Street	SE1 p. 27	**PY**		
West Smithfield	EC1 p. 23	**NU**	454	
Westway	N18 p. 20	**EU**		
Wetherby Gardens	SW5 p. 30	**BT**		
Wharfdale Road	N1 p. 22	**LS**	455	
Wharf Road	N1 p. 23	**OT**		
Whiston Road	E2 p. 23	**PS**		
Whitcomb Street	WC2 p. 29	**GM**		
Whitechapel High Street	E1 p. 23	**PU**	456	
Whitecross Street	EC1, EC2 p. 23	**OT**		
Whitehall	SW1 p. 26	**LX**		
Whitehall Court	SW1 p. 26	**LX**	460	
Whitehall Place	SW1 p. 26	**LX**	462	
Whitehead's Grove	SW3 p. 31	**ET**	463	
Whitmore Road	N1 p. 23	**PS**	464	
Wigmore Street	W1 p. 28	**BJ**		
Wild Street	WC2 p. 33	**DV**		
William IV Street	WC2 p. 33	**DY**	467	
William Street	SW1 p. 31	**FQ**	468	
Willoughby Road	NW3 p. 20	**ES**	470	
Willow Road	NW3 p. 20	**ES**		
Willow Walk	SE1 p. 27	**PY**		
Wilson Street	EC2 p. 23	**PU**		
Wilton Place	SW1 p. 31	**FQ**		
Wilton Road	SW1 p. 32	**BY**		
Wilton Street	SW1 p. 32	**AX**		
Wimpole Street	W1 p. 28	**BH**		
Woburn Place	WC1 p. 22	**LT**		
Woods Mews	W1 p. 28	**AL**		
Wormwood Street	EC2 p. 23	**PU**	472	
Worship Street	EC2 p. 23	**PU**		
Wyndham Road	SE5 p. 27	**OZ**		
York Road	SE1 p. 27	**MY**		
York Way	N1, N7 p. 22	**LS**		
Young Street	W8 p. 30	**AQ**		

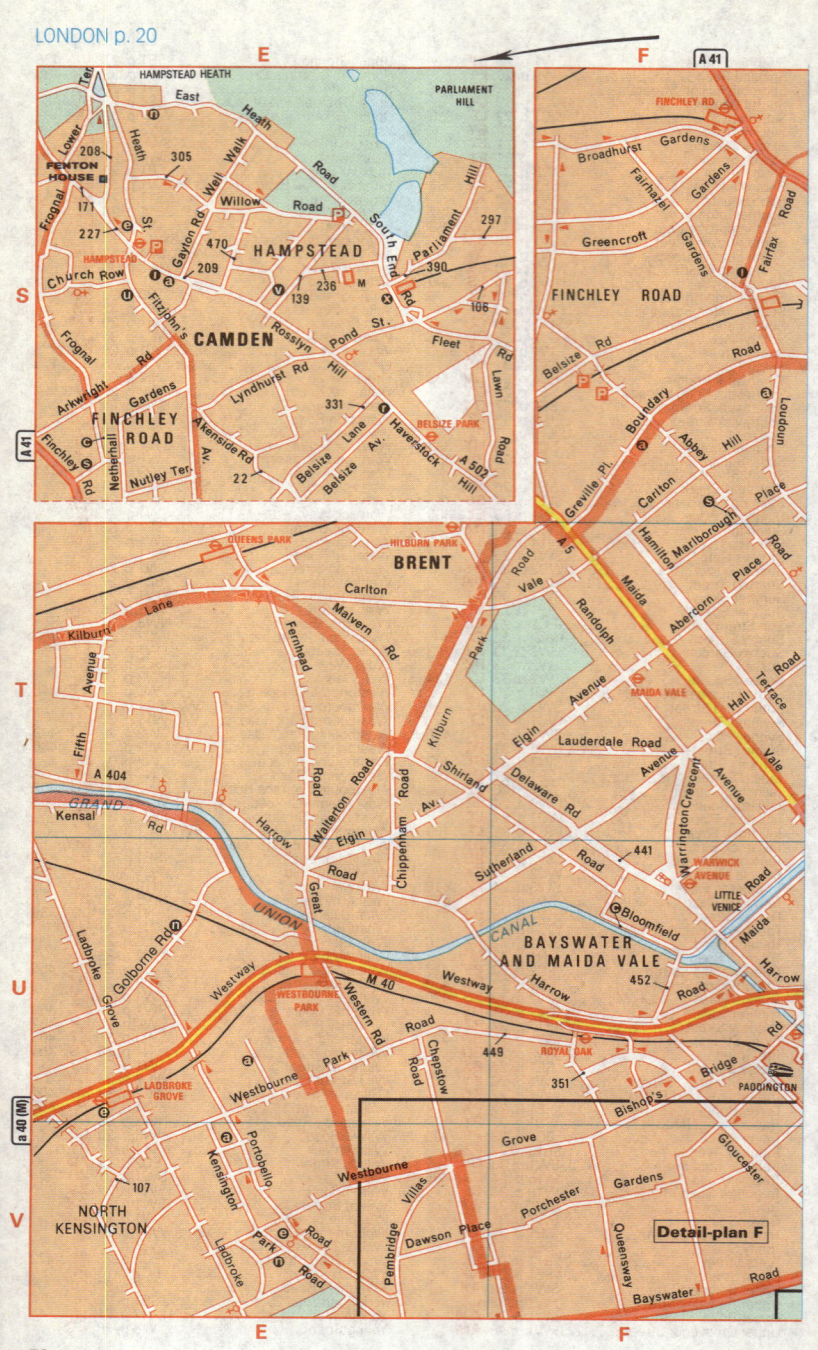

E   F   A 41

HAMPSTEAD HEATH

East

Heath   PARLIAMENT
HILL

Lower   208
FENTON   Heath
HOUSE   305

FINCHLEY RD

171   Willow   Road   Broadhurst   Gardens
227   Road   Fairhazel   Gardens
HAMPSTEAD   297   Greencroft   Gardens   Fairfax   Road
Church Row   470   236   M   390   FINCHLEY   ROAD
209   139   106
CAMDEN   Rosslyn   Pond   St.   Belsize   Rd   Boundary   Loudoun
Fleet   Road   Road   Place
FINCHLEY   Lyndhurst Rd   331   Lawn   Abbey   Hill
ROAD   Akenside Rd   BELSIZE PARK   Greville Pl.   Carlton
Arkwright   Gardens   Haverstock   Carlton   Hamilton   Marlborough   Road
22   Belsize Lane   A 502   Hill   Randolph   Abercorn   Place
Netherhall   Nutley Ter.   Belsize Av.   Hill   MAIDA VALE
Finchley   Rd

HILBURN PARK
QUEENS PARK   BRENT
Carlton   Road   Vale   Maida   Hall
Kilburn   Lane   Malvern   Rd   Park   Randolph   Avenue   Terrace
Fernhead   Kilburn   Elgin   Avenue   Vale
Fifth   A 404   Road   Shirland   Lauderdale   Road
GRAND   Road   Chippenham   Delaware   Rd   Avenue   Warrington Crescent
Kensal   Rd   Harrow   Elgin   Av.   Sutherland   Road   441   WARWICK
Great   Road   Bloomfield   AVENUE
UNION   CANAL   LITTLE   Maida
Westway   BAYSWATER   VENICE
Ladbroke Grove   Golborne Rd   WESTBOURNE   AND MAIDA VALE   Harrow
Grove   PARK   M 40   Westway   Harrow   452   Road   Rd
Western Rd   ROYAL OAK   PADDINGTON
LADBROKE   Westbourne   Park   Road   449   351   Bishop's   Bridge
GROVE   Chepstow
Kensington   Portobello   Grove   Gloucester
107   Westbourne   Gardens
NORTH   Villas   Porchester   Detail-plan F
KENSINGTON   Pembridge   Dawson Place   Queensway
Ladbroke   Park   Road   Bayswater   Road

E   F

LONDON CENTRE

NORTH-WEST

0   300 m
0   300 yards

HAMPSTEAD

Fitzjohn's Av.
Belsize Park
Belsize Park Gardens
A 502
Haverstock Hill
Lancaster Grove
Eton Avenue
Merton
Primrose Hill
England's
CHALK FARM
Chalk Farm Road
Adelaide Road
SWISS COTTAGE
Gloucester Av.
CAMDEN
CAMDEN TOWN
Kentish Town Rd.
Camden Road
Camden St.
Delancey St.
Parkway
Albany St.
Park Village East

SWISS COTTAGE
Elsworthy Rd.
379
Finchley Rd
Queen's Grove
Ordnance Hill
ST. JOHN'S WOOD
Acacia Road
Allitsen Rd
79
378
Wellington Road
Circus Road
Grove End Road
Wood Road

PRIMROSE HILL

REGENT'S PARK

Albert Road
Circle
ZOO
Outer Circle
Prince
Outer

REGENT'S PARK

LORDS CRICKET GROUND
St. John's
Lisson Grove
REGENT'S PARK AND MARYLEBONE
TERRACES
369
Frampton St.
Edgware Road
Church St.
Broadley St.

CITY OF WESTMINSTER
324
116
Marylebone Road
EDGWARE ROAD
Bryanston Square
Gardens
George St.

Gloucester Place
MARYLEBONE Rd.
Baker St.
4
Marylebone Road
Baker Street
Crawford St.
333
High St.
Devonshire St.
Marylebone
New Cavendish St.
Cavendish Place
Portland Place
GT. PORTLAND ST.
337

Robert St.
REGENT'S PARK TERRACES
POL.
Chester Rd
Queen Mary's Gardens
TERRACES
Outer
Circle
REGENT'S PARK

WALLACE COLLECTION
Wigmore Street
Seymour St.
Kendal St.
Oxford Street
Brook St.
Praed St.
Sussex
Bayswater Road
Marble Arch
Park Lane
Up. Brook St.
MAYFAIR
Bruton St.

HYDE PARK

73

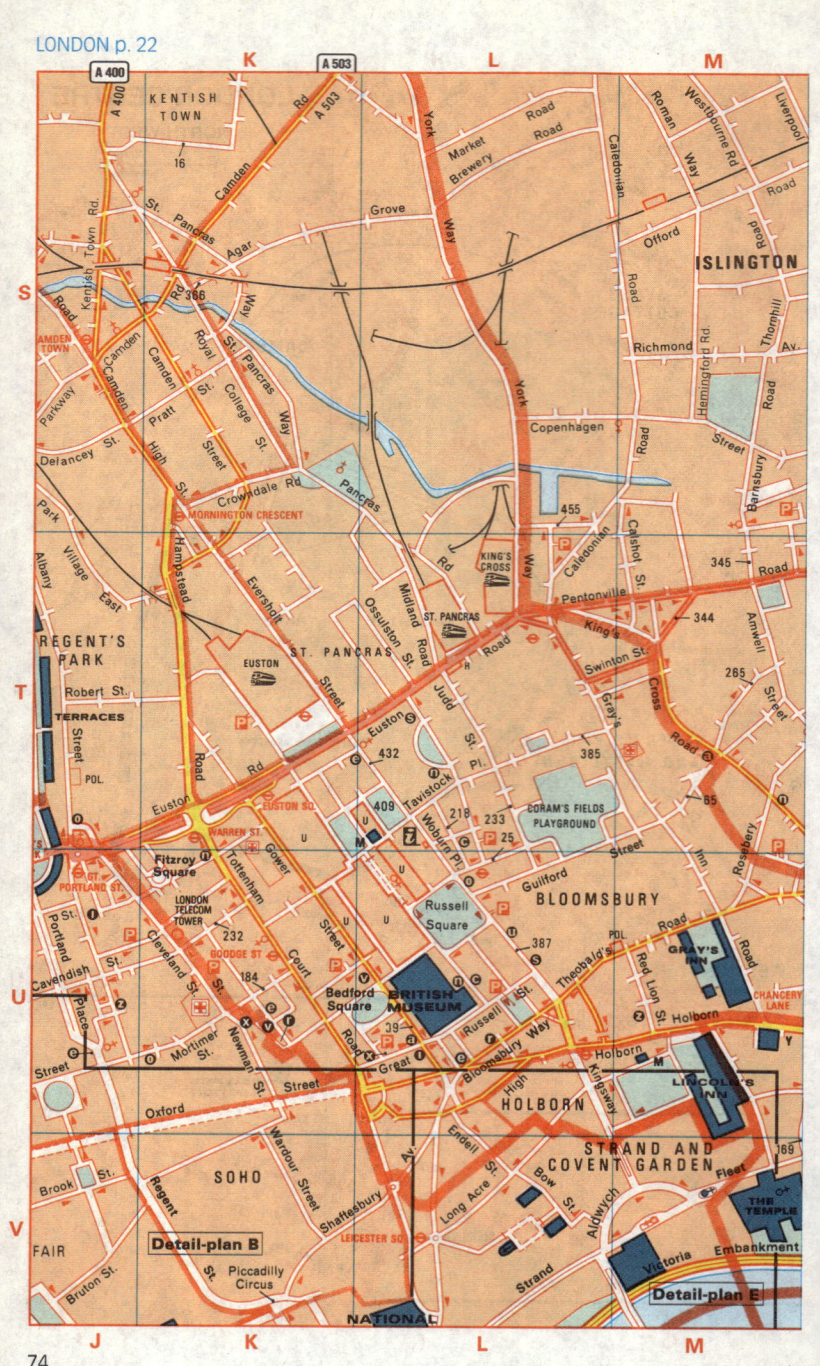

LONDON CENTRE
NORTH-EAST

0 — 300 m
0 — 300 yards

A1 N O P S

HIGHBURY and ISLINGTON

Canonbury Square

Upper St.

Canonbury Road

St. Paul's Road

Essex St.

Halliford St.

Englefield Road

De Beauvoir Road

DALSTON

A 10

Downham Rd.

Barnsbury

St. POL St.

Essex Rd.

New North Rd.

Road

Whiston Rd

Nuttall St.

Kingsland Road

ISLINGTON

Liverpool

Upper St.

St. Peter's

70

n

78

Eagle Wharf Road

Shepherdess

New North Rd

Pitfield St.

Hoxton St.

343

350

235

464

M

ANGEL

City

Wharf Rd

St. John

Av.

296

293

398

Goswell

Central

Road

Lever

Street

St.

Bath Street

City

Road

OLD ST.

Old Street

HACKNEY

Virginia Rd

TOWER HAMLETS

Whitney Rd

16

126

384

32

FINSBURY

110

43

Percival St.

Road

Street

Old

Whitecross

Bunhill Row

141

Road

A 501

Paul Street

192

Luke St.

Worship St.

5

Commercial

Clerkenwell Rd.

A 5201

CHARTERHOUSE

113

83

454

FARRINGDON

Aldersgate

168

81

Beech

St.

Chiswell Street

270

BARBICAN

391

Wilson St.

Sun St.

BROADGATE

Liverpool Street

399

Brushfield St.

BARBICAN CENTRE

K

264

M

BARBICAN

Moorgate

MOORGATE

Liverpool St.

36

Middlesex St.

Holborn Viaduct

291

London Wall

GUILDHALL

380

Gresham St.

London Wall

319

472

71

Houndsditch

ALDGATE EAST

A11 A13

372

168

A 40

178

247

Newgate St.

M

D

ST. PAUL'S

273

418

34

456

A

168

A

Street

376

318

Cheapside

G

352

BANK OF ENGLAND

357

250

STOCK EXCHANGE

417

260

145

ALDGATE

Aldgate High St.

J

ST. PAUL'S CATHEDRAL

301

304

365

Cannon

187

268

Fenchurch St.

154

282

Minories

CITY OF LONDON

BLACKFRIARS

Queen Victoria

MANSION HOUSE

431

CANNON STREET

MONUMENT

197

TOWER HILL

38

THAMES

395

431

278

62

425

TOWER OF LONDON

75

LONDON CENTRE

SOUTH-WEST

0   300 m
0   300 yards

V

Praed St.
Sussex
Kendal St.
Seymour St.
Oxford
Ter.
Bayswater
Road
Marble Arch
Park
Up. Brook St.
Bruton St.
Berkeley St.

HYDE   **PARK**

Lane

X

The Long Water

CITY OF WESTMINSTER

Serpentine

The
Serpentine

Road

Park

South
Audley
St.

Curzon

Piccadilly

GARDENS

HYDE PARK AND KNIGHTSBRIDGE

HYDE PARK
CORNER

GREEN PARK

Constitution
Hill

Kensington

Road

Knightsbridge

Grosvenor

Y

Exhibition

Road

Road

Sloane

Chapel St.

Belgrave
Square

Pl.

Detail-plan D

**VICTORIA
AND
ALBERT
MUSEUM**

Brompton

Pont

Street

BELGRAVIA

Lyall
St.

Road

VICTORIA

**SCIENCE
MUSEUM**

Walton

Street

Cadogan Sq.

Street

King's

Street

Buckingham Palace Rd.

Belgrave

Road

Pelham Street

Sloane

Cadogan Gdns.

St.

Saint

Onslow
Gdns.

Rd.

Sydney

Cale

Avenue

Street

Ebury

158

Warwick St.

Detail-plan C

Fulham

Old

Street

CHELSEA

Road

Pimlico

Rd

Sutherland St.

Gloucester

Road

Church

King's

Oakley

Flood

Smith Street

Royal

Hospital

Chelsea

Bridge

Road

Ebury Bridge Rd.

Lupus

Beaufort

Street

Street

Street

**ROYAL
HOSPITAL
CHELSEA**

14 9

Grosvenor

Z

Chelsea

Embankment

Chelsea
Bridge

Walk

Cheyne

Walk

Chelsea

Parade

75

Queenstown

Walk

Cheyne

Battersea
Bridge

Albert
Bridge

Bridge

Battersea
Bridge Rd.

Parkgate
Rd.

Albert Bridge Rd.

The

75

BATTERSEA PARK

Carriage

Drive

East

Road

361

19

WANDSWORTH

STRAND AND
COVENT GARDEN

SOHO

Brook St.

Regent Street

Wardour Street

Shaftesbury

Long Acre

Bow St.

Aldwych

Fleet

THE
TEMPLE

169

FAIR

Detail-plan B

Bruton St.

Piccadilly
Circus

LEICESTER SQ.

Strand

Victoria

Embankment

Detail-plan E

Berkeley St.

Piccadilly

St. James's St.

NATIONAL
GALLERY

Trafalgar Square

CHARING CROSS

P

G

SOUTH BANK
ARTS CENTRE

Stanford

ST. JAMES'S

Pall Mall

OLD
ADMIRALTY

317

Whitehall

462

480

108

The Mall

HORSE GUARDS

228

23

P

WATERLOO

GREEN PARK

ST. JAMES'S
PARK

BANQUETING
HOUSE

WATERLOO

Constitution
Hill

BUCKINGHAM
PALACE

Birdcage Walk

Queen
Anne's Gate

340

WESTMINSTER

193

COUNTY
HALL

York

Road

WATERLOO

277

France

402

52

A

WESTMINSTER
BRIDGE

M

Westminster

Bridge Rd.

Baal's Rd.

Buckingham Gate

Petty

Tothill

St.

ST. JAMES'S
PARK

WESTMINSTER
ABBEY

PALACE OF
WESTMINSTER

Palace

Rd.

LAMBETH
NORTH

POL.

Victoria

H

NEW
SCOTLAND YARD

196

Lambeth

219

LAMBETH

Great

Peter Street

200

Millbank

LAMBETH PALACE

Lambeth

Walk

Rd.

VICTORIA

Horseferry

Marsham

Lambeth

Bridge

Fitzalan

St.

Balgrave

Francis

Rochester

Row

Vincent Sq.

Page St.

Rd.

Islip

St.

THAMES

Embankment

Vauxhall Walk

LAMBETH

Black Prince Road

Wilton Rd.

VICTORIA

Tachbrook

Regency

St.

436

TATE
GALLERY

John

Islip

St.

Vauxhall

Lambeth

St.

Tyers

Newburn

Kennington

Warwick Way

George's

Denbigh St.

Street

Millbank

Rd.

30

PIMLICO

Bridge

49

Albert

VAUXHALL

Kennington

Lane

Clayton St.

Sutherland St.

Gloucester

Drive

Claverton St.

St.George's
Square

Rd.

VAUXHALL

341

Harleyford

Road

150

Kennington
Oval

THE OVAL

Lupus

Grosvenor

Z

290

Rd.

SOUTH LAMBETH

Fentiman

Road

211
OVAL

Elms

Lane

Wandsworth Road

Lambeth

South

Dorset

Rd.

Clapham Road

Brixton

Rd.

Nine

NEW COVENT
GARDEN MARKET

61

19

A 3   A 23

J   K   L   M

LONDON CENTRE
SOUTH-EAST

0   300 m
0   300 yards

ST. PAUL'S CATHEDRAL

CITY OF LONDON

BLACKFRIARS

ENGLAND

BANK

Cannon St.

Queen Victoria

MANSION HOUSE

CANNON STREET

MONUMENT

TOWER HILL

TOWER OF LONDON

THAMES

LONDON BRIDGE

TOWER BRIDGE

Sumner St.

Southwark Street

Great Suffolk Street

SOUTHWARK CATHEDRAL

Tooley

LONDON BRIDGE

SOUTHWARK

Blackfriars Road

The Cut

Union

Webber Street

Waterloo Rd

Bridge Rd

London Road

St. George's Road

IMPERIAL WAR MUSEUM

Brook Drive

Borough Road

Borough High Street

Trinity St.

Trinity Church Square

Merrick Square

Harper Rd

GEORGE INN

Newcomen St.

St. Thomas

Long Lane

Weston

Bermondsey Street

Druid St.

A 200

Grange Road

Abbey St.

Spa Rd

Willow Walk

Page's Walk

Tower Bridge Road

Dover Street

Great Dover Street

Falmouth Rd

Elephant and Castle

New Kent Road

Heygate St.

Rodney Rd

Walworth Road

WALWORTH

Old Kent Road

Dunton Road

Kennington Lane

Penton Pl.

Manor Pl.

KENNINGTON

Braganza St.

Chapter Rd

Ruskin St.

KENNINGTON PARK

Flint St.

East Street

Portland St.

Thurlow St.

Albany Rd

Neate St.

Wells

Church Rd

Camberwell Road

New Church Road

Southampton Way

Way

Trafalgar Av.

A2

Camberwell New Road

John Ruskin St.

Foxley Rd

Vassal Rd

Wyndham Road

A 202

A 202

B

Dorset St.
Manchester
Aybrook St.
New
Cavendish St.
Portland Place

H
Montagu
Gloucester
Baker
St.
Walbeck
Wimpole
Harley Street
Chandos
Street
Square
Place
Blandford
287
Queen
Anne
Wallace
Street
WALLACE COLLECTION
413
Street
REGENT'S PARK AND MARYLEBONE
George
281
287
Street
Cavendish Sq.

J
Portman Square
Wigmore
James
Henrietta
Holles St.
Vere St.
Pl.

Seymour St.
POL.
Portman Street
Orchard Street
188
Oxford
Duke
Street
Street
BOND ST.
South Molton Street
New
Bond
K
Bryanston St.
35
175
210

Row
314
Weighhouse St.
175
Davies
St.
L
MARBLE ARCH
North
Park
Street
35
12
Green
Brook
Brook's Mews
Street
CITY OF WESTMINSTER
149
Lees Pl.
Street
Grosvenor Square
Grosvenor
Woods Mews
Upper Brook
St.
Carlos Pl.
Mount Row
Street
Culross
St.
Bruton
M
Upper
Grosvenor
South
Adam's Row
St.
MAYFAIR
Berkeley Square
Reeves Mews
Mount
Farm
St.
Park
Aldford
St.
Street
Hay's
Charles Street
Curzon
Bolton St.
South Street
Waverton St.
Mews
N
132
Hill
Hall
Moon St.
421
Curzon
Street
Shepherd Market
HYDE PARK
Curzon
Shepherd
Street
HYDE PARK AND KNIGHTSBRIDGE
220
Brick
Street
Serpentine
Road
Old Park Lane
P
205
Piccadilly
GREEN PARK

0   200 m
0   200 yards
APSLEY HOUSE
WELLINGTON MUSEUM

A   B   C

Arlington Street	**DN**	6
Avery Row	**CL**	12
Bateman Street	**FK**	18
Berwick Street	**FK**	26
Binney Street	**BL**	35
Carlton Gardens	**FP**	74
Deanery Street	**BN**	132
Derman Street	**FM**	133
Denmark Street	**GJ**	134
Duke of York Street	**EN**	143
Duke Street ST. JAMES	**EN**	146
Dunraven Street	**AL**	149
Gerrard Street	**GL**	174
Gilbert Street	**BL**	175
Glasshouse Street	**EM**	179
Granville Place	**AK**	188
Great Castle Street	**DJ**	189
Greek Street	**GK**	198
Hamilton Place	**BP**	205
Hanover Square	**CK**	210
Hertford Street	**BP**	220
Leicester Square	**GM**	261
Manchester Square	**AJ**	281
Market Place	**DJ**	286
Marylebone Lane	**BJ**	287
North Audley Street	**AK**	314
Old Burlington Street	**DM**	322
Old Compton Street	**GK**	323
Panton Street	**FM**	336
Romilly Street	**GL**	368
Thayer Street	**BJ**	413
Tilney Street	**BN**	421
Warwick Street	**EM**	444

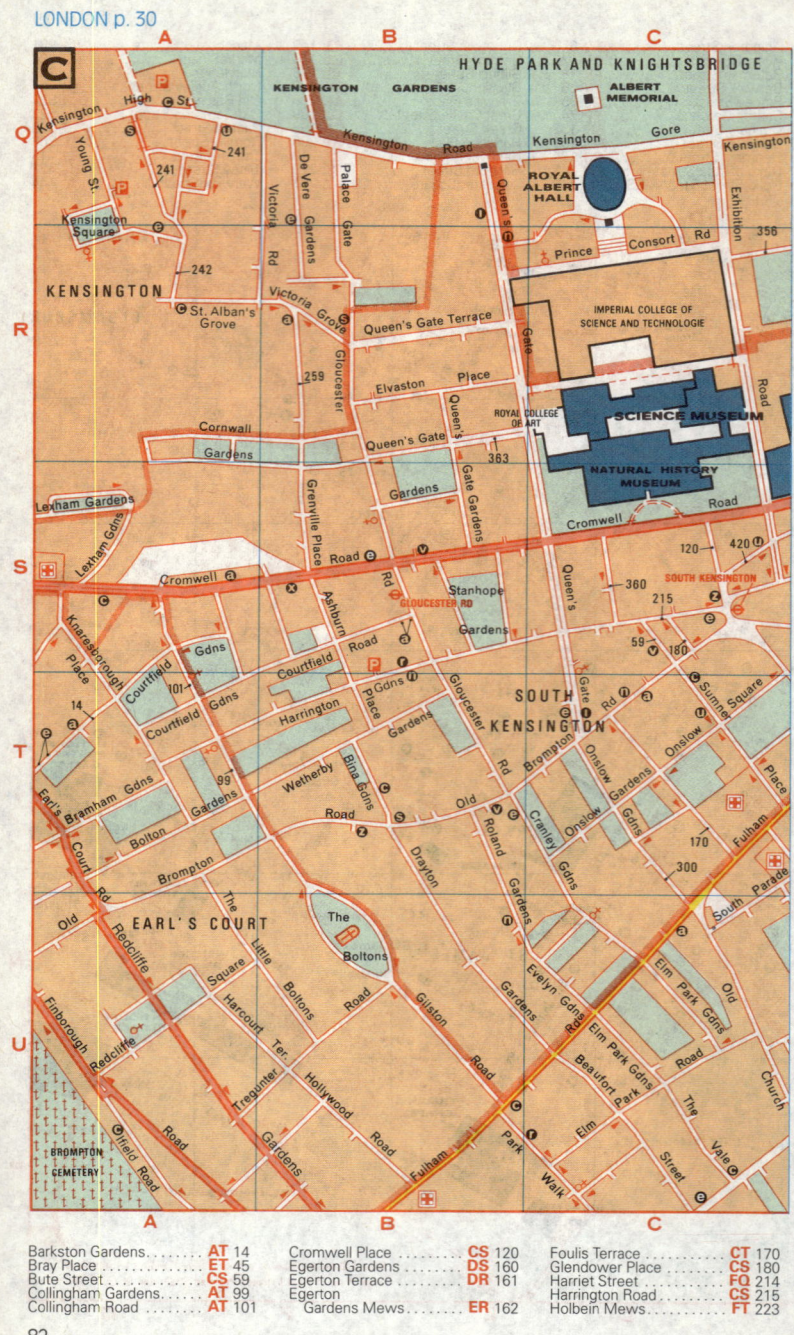

HYDE PARK AND KNIGHTSBRIDGE

Barkston Gardens	AT 14	Cromwell Place	CS 120	Foulis Terrace	CT 170
Bray Place	ET 45	Egerton Gardens	DS 160	Glendower Place	CS 180
Bute Street	CS 59	Egerton Terrace	DR 161	Harriet Street	FQ 214
Collingham Gardens	AT 99	Egerton		Harrington Road	CS 215
Collingham Road	AT 101	Gardens Mews	ER 162	Holbein Mews	FT 223

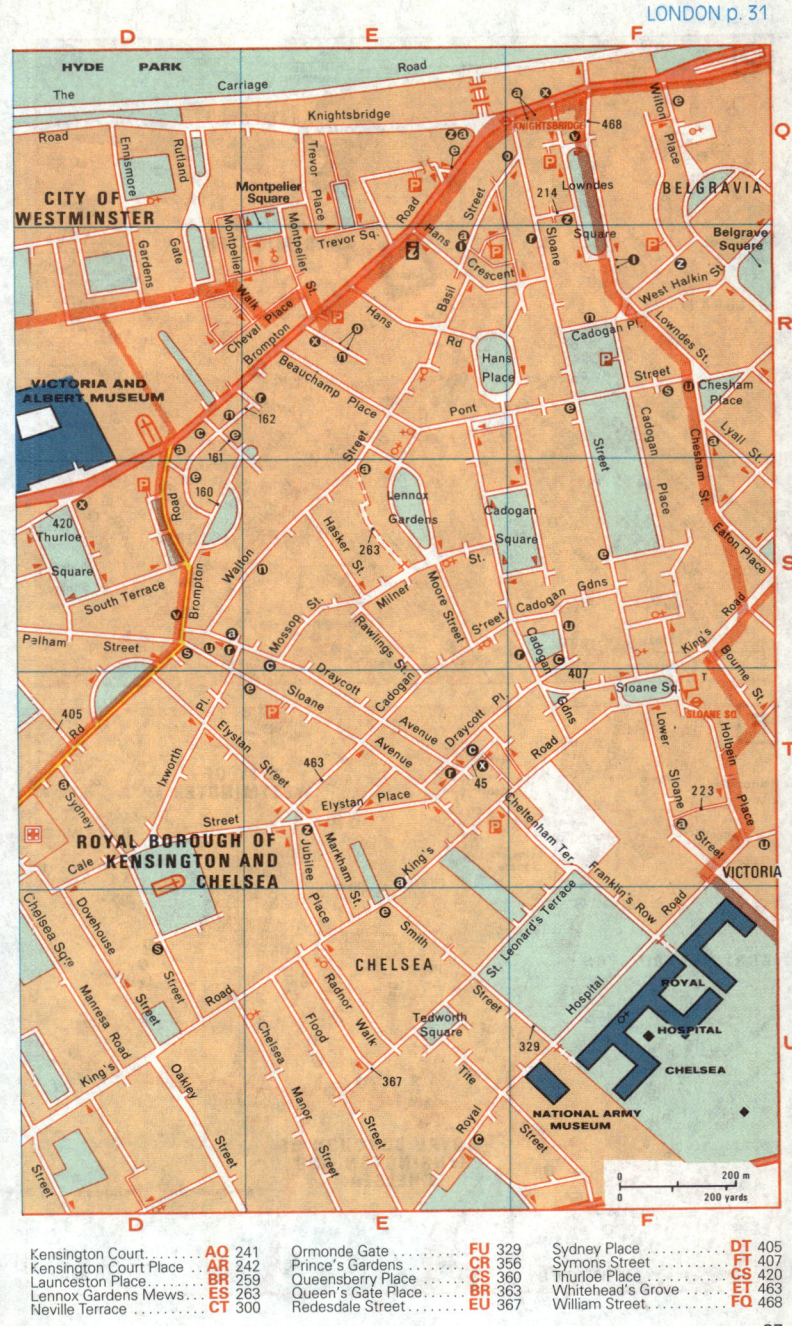

Kensington Court........ **AQ** 241	Ormonde Gate .... **FU** 329	Sydney Place .... **DT** 405
Kensington Court Place .. **AR** 242	Prince's Gardens .... **CR** 356	Symons Street .... **FT** 407
Launceston Place........ **BR** 259	Queensberry Place ..... **CS** 360	Thurloe Place .... **CS** 420
Lennox Gardens Mews... **ES** 263	Queen's Gate Place..... **BR** 363	Whitehead's Grove ..... **ET** 463
Neville Terrace .... **CT** 300	Redesdale Street .... **EU** 367	William Street .... **FQ** 468

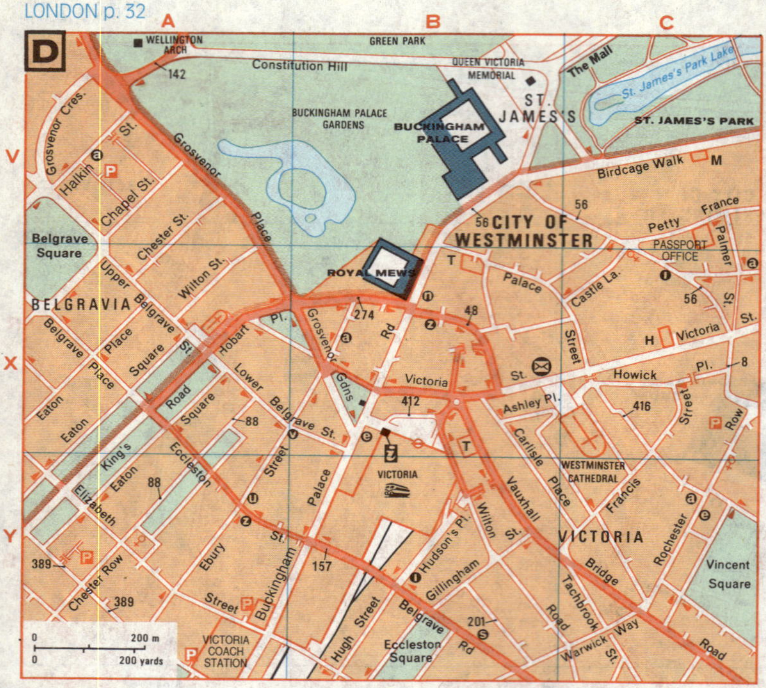

D

A   B   C

WELLINGTON ARCH
142
GREEN PARK
Constitution Hill
QUEEN VICTORIA MEMORIAL
The Mall
St. James's Park Lake
ST. JAMES'S
St. James's Park
Grosvenor Cres.
Halkin St.
Chapel St.
Grosvenor Place
BUCKINGHAM PALACE GARDENS
BUCKINGHAM PALACE
Birdcage Walk
M
Chester St.
Wilton St.
Upper Belgrave St.
CITY OF WESTMINSTER
56
56
Petty France
Palmer
PASSPORT OFFICE
Belgrave Square
BELGRAVIA
ROYAL MEWS
274
Palace Street
Castle La.
56
St.
Belgrave Place
Belgrave Square
Hobart Pl.
Grosvenor Gdns.
48
Victoria St.
H
Victoria
Eaton Place
Lower Belgrave St.
Victoria
412
St.
Howick Pl.
8
Eaton Square
King's Road
Eccleston Street
88
Ashley Pl.
416
Street
Row
Elizabeth
Eaton
88
Palace Street
WESTMINSTER CATHEDRAL
Rochester
Vincent Square
389
Chester Row
Ebury Street
Buckingham
157
VICTORIA
Hudson's Pl.
Wilton
Francis
389
Hugh Street
Belgrave Rd.
Gillingham
Vauxhall
Bridge
Tachbrook
Road
Warwick Way
Road
VICTORIA COACH STATION
Eccleston Square
201
V
X
Y
200 m
200 yards

F

A   B   C

Artesian Road
Chepstow Rd.
Hereford Road
Newton Road
Grove
Garway Road
Bishop's Bridge Rd.
Queensway
Inverness
CITY OF WESTMINSTER
Cleveland Ter.
Gloucester
84
90
Cleveland
BAYSWATER
Westbourne
Chepstow Villas
Leinster Square
Pembridge Road
Porchester
Leinster Gdns
Square
136
84
243
Queensborough Terrace
Porchester Terrace
362
NORTH KENSINGTON
Moscow Road
Bark Pl.
BAYSWATER
Craven Hill
Dawson Place
Pembridge Place
St. Petersburgh Place
256
Portobello Rd.
Pembridge Square
Court
328
Bayswater
Leinster Ter.
V
Road
Kensington Park Rd.
Pembridge Gdns
Gate
QUEENSWAY
ROYAL BOROUGH OF KENSINGTON AND CHELSEA
KENSINGTON GARDENS
Notting Hill Gate
NOTTING HILL GATE
Kensington Palace Gardens
Broad Walk
Kensington Place
238
335
KENSINGTON
Z
200 m
200 yards

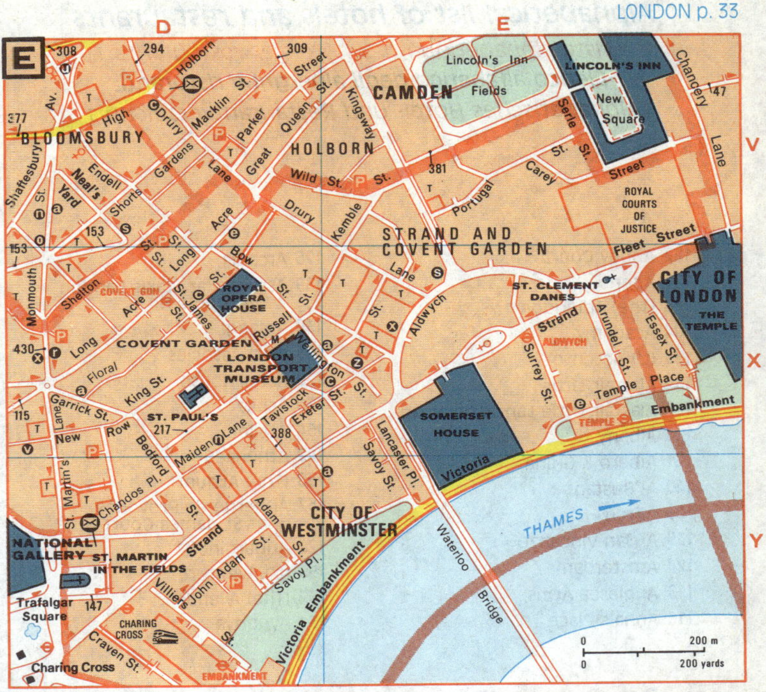

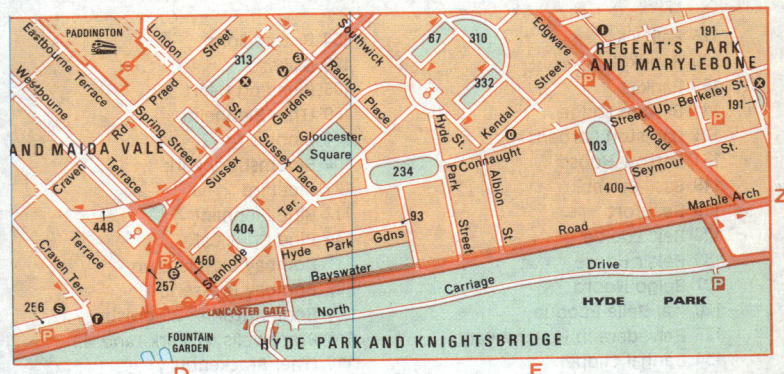

Artillery Row	CVX	8
Bream's Buildings	EV	47
Bressenden Place	BX	48
Buckingham Gate	CV	56
Cambridge Square	EZ	67
Chepstow Crescent	AZ	84
Chester Square	AX	88
Chilworth Street	CZ	90
Clarendon Place	EZ	93
Cleveland Gardens	CZ	94
Connaught Square	EZ	103
Cranbourn Street	DX	115
Devonshire Terrace	CZ	136
Duke of Wellington Place	AV	142
Duncannon Street	DY	147
Earlham Street	DV	153
Eccleston Bridge	BY	157
Great Cumberland Place	EZ	191
Guildhouse Street	BY	201
Henrietta Street	DX	217
Hyde Park Square	EZ	234
Kensington Church Street	AZ	238
Kensington Gardens Square	BZ	243
Lancaster Gate	CDZ	256
Lancaster Terrace	DZ	257
Lower Grosvenor Place	BX	284
Museum Street	DV	294
New Oxford Street	DV	308
Newton Street	DV	309
Norfolk Crescent	EZ	310
Norfolk Square	DZ	313
Orme Court	BZ	328
Oxford Square	EZ	332
Palace Gardens Terrace	AZ	335
Queen's Gardens	CZ	362
St. Giles High Street	DV	377
Sardinia Street	EV	381
Southampton Street	DX	388
South Eaton Place	AY	389
Stanhope Place	EZ	400
Sussex Square	DZ	404
Terminus Place	BX	412
Thirleby Road	CX	416
Upper St. Martin's Lane	DX	430
Westbourne Crescent	DZ	448
Westbourne Street	DZ	450
William IV Street	DY	467

Alphabetical list of hotels and restaurants
Liste alphabétique des hôtels et restaurants
Elenco alfabetico degli alberghi e ristoranti
Alphabetisches Hotel- und Restaurantverzeichnis

A

127 Abbey Court
102 Abeno
126 (The) Abingdon
104 Academy
139 (L') Accento
154 Alastair Little
127 Alastair Little Lancaster Road
123 Albany
121 Albero & Grana
140 Al Bustan
105 Alfred
139 Al San Vincenzo
124 Amsterdam
113 Anglesea Arms
116 Anna's Place

125 Arcadia
139 Aspects (at Stakis London Metropole H.)
139 Assaggi
113 (Les) Associés
129 Aster House
150 Asuka
154 Atelier
142 Athenaeum
158 (The) Atrium
157 Auberge de Provence (at St. James Court H.)
120 Aubergine
150 (L') Aventure
152 (The) Avenue
131 Ayudhya

B

128 Bailey's
130 Bangkok
155 Bank
111 Bardon Lodge
123 Barkston Gardens
131 Barrow House
119 Basil Street
119 Beaufort
122 Beit Eddine
135 Belair House
107 Belgo Noord
120 (La) Belle Époque
125 Belvedere in Holland Park
134 Bengal Clipper
106 Benihana
121 Benihana
146 Benihana
146 Bentley's
140 (The) Berkeley
148 Berkshire
148 Berners
150 Bertorelli's
156 Bertorelli's
120 Bibendum

154 Bistrot Soho
128 Blakes
105 Bleeding Heart
150 (The) Blenheim
104 Blooms
104 Bloomsbury Park
121 Bluebird
112 Blue Elephant
134 Blue Print Café
137 Bombay Bicycle Club
129 Bombay Brasserie
104 Bonnington in Bloomsbury
145 Bracewells (at Park Lane H.)
112 (The) Brackenbury
107 Bradley's
108 Brasserie Rocque
121 Brasserie St. Quentin
142 Britannia
102 Bromley Court
142 Brown's
122 Busabong Too
134 Butlers Wharf Chop House
138 Byron
106 Byron's

C

118 Cadogan
146 (The) Café (at Sotheby's)
135 Café dell'Ugo
106 Café des Arts
156 (Le) Café du Jardin
130 Café Lazeez
123 Cafe O
153 The Café Royal Grill Room
136 Cafe Spice Namaste
149 Caldesi
130 Cambio De Tercio
132 Cannizaro House
120 (The) Canteen
134 Cantina Del Ponte
118 Capital
152 (Le) Caprice
122 Caraffini
152 Cave (at Caviar House)
151 Cavendish
136 Chada
103 Chapter One
106 Charles Bernard
133 Chase Lodge
121 Chavot
119 Chelsea
123 Chelsea Ram
143 Chesterfield
137 Chez Bruce
124 Chezmax
127 Chez Moi
144 Chez Nico at Ninety Park Lane
113 Chinon

116 (The) Chiswick
146 Chor Bizarre
155 Christopher's
147 Churchill Inter-Continental
121 Chutney Mary
126 Cibo
121 (La) Ciboulette
108 City Rhodes
141 Claridge's
125 Clarke's
119 Claverley
148 Clifton Ford
118 Cliveden Town House
122 (The) Collection
139 Comfort Inn
125 Comfort Inn Kensington
142 Connaught
118 Conrad International London
124 Copthorne Tara
109 Coulsdon Manor
132 County H. Epping Forest
104 Covent Garden
129 Cranley
129 Cranley Gardens
149 (The) Crescent (at Montcalm H.)
152 Criterion Brasserie
    Marco Pierre White
133 Crowther's
109 Croydon Park
106 Cucina
113 Cumberland

D

122 Dan's
122 Daphne's
137 Del Buongustaio
130 Delhi Brasserie
154 dell'Ugo
139 Delmere
140 Diplomat
157 Dolphin Square
141 Dorchester

116 (La) Dordogne
148 Dorset Square
129 Downstairs at One Ninety
    (at Gore H.)
123 Drones of Pont Street
107 Drury Lane Moat House
136 Duke of Cambridge
151 Dukes
118 Durley House
148 Durrants

E

119 Egerton House
119 Eleven Cadogan Gardens
121 English Garden
137 Enoteca
153 (L') Escargot

125 (L') Escargot Doré
155 (L') Estaminet
118 Euphorium
105 Euston Plaza
115 Excelsior Heathrow

F

120 Fifth Floor (at Harvey Nichols)
118 Fisk
129 Five Sumner Place
143 Flemings

113 Florians
115 Forte Crest
101 Forte Posthouse Bexley
104 Forte Posthouse Bloomsbury

109 Forte Posthouse Croydon
105 Forte Posthouse Hampstead
115 Forte Posthouse Heathrow
125 Forte Posthouse Kensington
148 Forte Posthouse Regent's Park
142 47 Park Street
128 Forum
123 Foundation (at Harvey Nichols)

134 Four Regions
141 Four Seasons
144 Four Seasons (at Four Seasons H.)
119 Franklin
117 Frederick's
114 Friends
154 Fung Shing

G

144 (Le) Gavroche
154 Gay Hussar
150 Gaylord
110 Gitanjli-Mayfair
108 Gladwins
127 Gloucester
101 Good Earth
122 Good Earth
145 Goode's at Thomas Goode
153 Gopal's
129 Gore
156 Goring
103 Grafton

131 (The) Grafton
117 Granita
130 Gravier's
145 Greenhouse
143 Green Park
139 Gresham
106 Gresslin's
106 (La) Grignote
144 Grill Room (at Dorchester H.)
122 Grill St. Quentin
121 Grissini (at Hyatt Carlton Tower H.)
141 Grosvenor House
157 Grosvenor Thistle

H

124 Halcyon
140 (The) Halkin
152 Hampshire
104 Harlingford
128 Harrington Hall
149 Hart House
112 Havelock Tavern
152 Hazlitt's
138 (The) Hempel
123 Henley House
129 Hilaire
109 Hilton National
124 Hilton National London Olympia
102 Hilton National Wembley
132 Ho-Ho
107 Holborn Imari

135 Holiday Inn
115 Holiday Inn Crowne Plaza
     Heathrow London
101 Holiday Inn Garden Court
128 Holiday Inn Kensington
103 Holiday Inn Kings Cross
157 Holiday Inn London Victoria
143 Holiday Inn Mayfair
135 Holiday Inn at Nelson Dock
125 Holland Court
151 Hospitality Inn Piccadilly
120 (L') Hotel
155 (The) Howard
158 Hunan
118 Hyatt Carlton Tower
138 Hyde Park Towers

I

108 Imari
108 Imperial City
157 (L') Incontro

142 Inter-Continental
149 Interlude
155 Ivy

J

114 Jaflong
110 Jarvis Carnarvan
116 Jarvis International Heathrow
138 Jarvis London Embassy
139 Jason's

156 Joe Allen
129 John Howard
150 Justin de Blank
128 Jury's Kensington

K

140 Kalamaras
123 Kartouche
104 Kenilworth
126 Ken Lo's Memories of China
158 Ken Lo's Memories of China
124 Kensington Park Thistle

126 Kensington Place
130 Khan's of Kensington
104 Kingsley
130 Kingston Lodge
120 Knightsbridge
141 Knightsbridge Green

L

147 Landmark London
140 (The) Lanesborough
146 Langan's Brasserie
149 Langham Court
147 Langham Hilton
106 Langorf
125 Launceston Place
101 Laurent
127 Leith's
147 (The) Leonard
153 Lexington
135 Livebait
131 Lobster Pot

117 Lola's
115 London Heathrow Hilton
142 London Hilton on Park Lane
124 London Kensington Hilton
143 London Marriott
    Grosvenor Square
143 London Mews Hilton
119 (The) London Outpost
    of the Carnegie Club
147 London Regent's Park Hilton
140 Lowndes
135 Luigi's
107 Luna

M

104 Mabledon Court
156 Magno's Brasserie
116 Maison Novelli
126 Malabar
105 Malabar Junction
126 Mandarin
141 Mandarin Oriental Hyde Park
112 Mao Tai
148 Marble Arch Marriott
109 Mario
103 Marlborough
146 Marquis
152 Matsuri
110 Maxim
142 May Fair Inter-Continental
130 Memories of India
141 (Le) Meridien Piccadilly
155 (Le) Meridien Waldorf
111 Mesclun
143 (The) Metropolitan

153 Mezzo
124 (The) Milestone
133 Mitre
108 Miyama
146 Momo
123 Monkey's
105 Mon Plaisir
133 Monsieur Max
103 Montague
148 Montcalm
138 Mornington
117 Moro
103 Mountbatten
136 MPW
141 Mr Chow
114 Mr Tang's Mandarin
146 Mulligans
150 (Le) Muscadet
105 Museum Street Cafe

N

105 Neal Street
149 Nico Central
146 Nicole's
134 Nightingales (at Petersham H.)
139 Nipa (at Royal Lancaster H.)
145 Nobu (at The Metropolitan H.)

139 Norfolk Plaza
110 Noughts 'n' Crosses
117 Novelli EC1
126 Novelli W8
131 Novotel London Waterloo
129 Number Sixteen

O

143 (The) Oak Room Marco Pierre White
149 Oceana
145 (L') Odéon
107 Odette's
137 Oh Boy
153 Olivo
127 192
145 Opus 70
    (at May Fair Inter-Continental H.)

152 (L') Oranger
144 Oriental (at Dorchester H.)
120 (L') Oriental (at La Belle Epoque)
149 Orrery
127 Orsino
125 Osteria del Parco
122 Osteria Le Fate
135 Oxo Tower

P

114 Palms
119 Parkes
142 Park Lane
151 Pastoria
141 Pearl of Knightsbridge
117 Peasant
102 Peking Diner
128 Pelham
126 Pembridge Court
131 People's Palace
114 Percy's
107 Peter's Chateaubriand
133 Petersham
126 Phoenicia

137 (The) Phoenix
104 Pied à Terre
138 Plaza on Hyde Park
121 Poissonnerie de l'Avenue
125 (La) Pomme d'Amour
134 (Le) Pont de la Tour
139 Poons
154 Poons
149 (La) Porte des Indes
127 Portobello
158 (La) Poule au Pot
145 Princess Garden
137 Putney Bridge

Q - R

151 Quaglino's
108 (Le) Quai
117 Quality Chop House
107 (The) Queens
101 Quincy's
153 Quo Vadis
115 Radisson Edwardian
147 Radisson SAS Portman
115 Ramada H. Heathrow
136 Ransome's Dock
148 Rathbone
153 Red Fort
133 Redmond's
122 Red of Knightsbridge
128 Regency
107 Regents Park Marriott
128 Rembrandt
112 (La) Reserve
151 (The) Restaurant (at Ritz H.)
153 Richard Corrigan at Lindsay House
134 Richmond Gate

134 Richmond Hill
151 Ritz
133 Riva
112 River Café
116 Roberto's
157 Rochester
125 (The) Room (at Halycon H.)
134 Rose of York
111 Royal Chase
137 Royal China
139 Royal China
124 Royal Garden
156 Royal Horseguards Thistle
138 Royal Lancaster
151 Royal Trafalgar Thistle
157 Royal Westminster Thistle
131 RSJ
157 Rubens
155 Rules
124 Rushmore
103 Russell

S

102 Sabras
154 Saigon
148 St. George's
156 St. James Court
117 St. John

106 Sandringham
157 Santini
144 (Les) Saveurs de Jean-Christophe
    Novelli W1
155 (The) Savoy

149 Savoy Court
145 Scotts
147 Selfridge
110 Selsdon Park
112 755
129 Shaw's
155 Sheekey's
158 Shepherd's
140 Sheraton Belgravia
115 Sheraton Heathrow
118 Sheraton Park Tower
115 Sheraton Skyline
146 Shogun (at Britannia H.)
158 Simply Nico
119 Sloane
112 Snows on the Green
153 Soho Soho
154 Soho Spice
133 Sonny's
145 (Le) Soufflé
      (at Inter-Continental H.)
111 Soulard

111 Spread Eagle
144 (The) Square
154 Sri Siam
108 Sri Siam City
151 Stafford
138 Stakis London Coburg
149 Stakis London Harewood
117 Stakis London Islington
138 Stakis London Metropole
156 Stakis London St. Ermin's
130 Star of India
150 Stephen Bull
117 Stephen Bull's Bistro
156 Stephen Bull St. Martin's Lane
136 (The) Stepping Stone
127 Sugar Club
152 Suntory
102 Swallow
128 Swallow International
105 Swiss Cottage
119 Sydney House

T

137 Tabaq
110 Tai Tung
145 Tamarind
112 Tandoori Nights
120 (La) Tante Claire
113 Taste of China
158 Tate Gallery
103 Tatsuso
108 Thai Pepper
136 Thatched House
123 Thierry's
152 33
122 Toto's
113 Trattoria Sorrentina
109 Travel Inn

113 Travel Inn
114 Travel Inn
114 Travel Inn
130 Travel Inn
132 Travel Inn
112 Travel Inn Capital
116 Travelodge
132 Travelodge
132 Travelodge
136 Travelodge
111 Treasure of China
123 T'Su
130 Tui
121 Turner's
151 22 Jermyn Street

U - V - W

150 Union Café
122 Vama
128 Vanderbilt
146 Veeraswamy
106 Vegetarian Cottage
135 (La) Veranda
140 Vong (at The Berkeley H.)
143 Washington
110 Wellmeadow Lodge
143 Westbury
111 West Lodge Park

155 West ZENders
107 White House
138 Whites
109 Willow
113 Wilsons
157 Winchester
131 Windmill on the Common
144 Windows (at London
      Hilton on Park Lane)
109 Windsor Castle Toby
126 Wódka
127 Woz

X - Y - Z

103 Xian
140 Zafferano
106 ZeNW3

147 Zinc Bar & Grill
150 Zoe

Alphabetical list of areas included
Liste alphabétique des quartiers cités
Elenco alfabetico dei quartieri citati
Liste der erwähnten Bezirke

109 Addington	116 Heston Service Area
133 Barnes	107 Holborn
136 Battersea	114 Hornchurch
138 Bayswater & Maida Vale	141 Hyde Park & Knightsbridge
140 Belgravia	116 Ickenham
134 Bermondsey	132 Ilford
101 Bexley	117 Islington
102 Bexleyheath	131 Kennington
111 Blackheath	124 Kensington
103 Bloomsbury	113 Kenton
101 Brent Cross	130 Kingston
102 Bromley	131 Lambeth
136 Canary Wharf	141 Mayfair
116 Canonbury	101 Mill Hill
135 Carshalton	132 Morden
113 Central Harrow	114 North Harrow
118 Chelsea	126 North Kensington
130 Chessington	103 Orpington
101 Child's Hill	114 Pinner
116 Chiswick	137 Putney
108 City of London	107 Regent's Park
131 Clapham Common	147 Regent's Park & Marylebone
116 Clerkenwell	133 Richmond
102 Colindale	114 Romford
109 Coulsdon	135 Rotherhithe
116 Cranford	151 St. James's
113 Crouch End	110 Sanderstead
109 Croydon	113 Shepherd's Bush
111 Dalston	152 Soho
135 Dulwich	114 South Harrow
110 Ealing	127 South Kensington
123 Earl's Court	135 Southwark
133 East Sheen	132 South Woodford
111 Enfield	114 Stanmore
105 Euston	111 Stoke Newington
103 Farnborough	155 Strand & Covent Garden
117 Finsbury	131 Streatham
112 Fulham	135 Sutton
111 Greenwich	107 Swiss Cottage
111 Hadley Wood	137 Tooting
112 Hammersmith	156 Victoria
105 Hampstead	137 Wandsworth
133 Hampton Court	131 Waterloo
133 Hampton Hill	102 Wembley
133 Hampton Wick	136 Whitechapel
110 Hanwell	102 Willesden Green
114 Hayes	132 Wimbledon
115 Heathrow Airport	132 Woodford

Starred establishments in London
Les établissements à étoiles de Londres
Gli esercizi con stelle a Londra
Die Stern-Restaurants in London

✿ ✿ ✿

143 *Mayfair*	The Oak Room Marco Pierre White (at Le Meridien Piccadilly H.)	144 *Mayfair*	Chez Nico at Ninety Park Lane (at Grosvenor House H.)
		120 *Chelsea*	La Tante Claire

✿ ✿

144 *Mayfair*	Le Gavroche	120 *Chelsea*	Aubergine
144 *Mayfair*	The Square	104 *Bloomsbury*	Pied à Terre

✿

142 *Mayfair*	Connaught	108 *City of London*	City Rhodes
118 *Chelsea*	Capital	153 *Soho*	L'Escargot
140 *Belgravia*	The Halkin	153 *Soho*	Quo Vadis
153 *Soho*	The Café Royal Grill Room	127 *North Kensington*	
144 *Mayfair*	Oriental (at Dorchester H.)	152 *St. James's*	Leith's
144 *Mayfair*	Les Saveurs de Jean Christophe Novelli W1	121 *Chelsea*	L'Oranger
		112 *Hammersmith*	Chavot
		145 *Mayfair*	River Café
120 *Chelsea*	The Canteen		Nobu (at The Metropolitan H.)

"Bib Gourmand"

Good food at moderate prices
Repas soignés à prix modérés
Pasti accurati a prezzi contenuti
Sorgfältig zubereitete, preiswerte Mahlzeiten

 **Meals**

103 *Farnborough*	XXX Chapter One	126 *Kensington*	X Kensington Place
121 *Chelsea*	XXX Chutney Mary	126 *Kensington*	X Novelli W8
153 *Soho*	XXX L'Escargot (Ground Floor)	126 *Kensington*	X Malabar
154 *Soho*	XX Atelier	127 *North Kensington*	X Woz
149 *Regent's Park & Marylebone*		127 *North Kensington*	X Sugar Club
136 *Canary Wharf*	XX Nico Central	127 *North Kensington*	X Alastair Little Lancaster Road
136 *Whitechapel*	XX MPW	139 *Bayswater & Maida Vale*	
158 *Victoria*	XX Cafe Spice Namaste	133 *Richmond*	X L'Accento
137 *Wandsworth*	XX Simply Nico	134 *Bermondsey*	X Monsieur Max
	XX Chez Bruce		X Blue Print Café

Particularly pleasant hotels and restaurants
Hôtels et restaurants agréables
Alberghi e ristoranti ameni
Angenehme Hotels und Restaurants

141	*Mayfair*	Claridge's	155	*Strand & Covent Garden*	The Savoy
141	*Mayfair*	Dorchester			

142	*Mayfair*	Connaught

104	*Bloomsbury*	Covent Garden	128	*South Kensington*	Pelham
118	*Chelsea*	Capital	140	*Belgravia*	The Halkin
118	*Chelsea*	Durley House	151	*St. James's*	22 Jermyn Street
128	*South Kensington*	Blakes	156	*Victoria*	Goring

119	*Chelsea*	Sloane	119	*Chelsea*	Sydney House

143	*Mayfair*	The Oak Room Marco Pierre White (at Le Meridien Piccadilly H.)

144	*Mayfair*	Oriental (at Dorchester H.)

134	*Bermondsey*	Le Pont de la Tour	151	*St. James's*	Quaglino's
145	*Mayfair*	Goode's at Thomas Goode	135	*Southwark*	Oxo Tower
144	*Mayfair*	Grill Room (at Dorchester H.)			

Restaurants classified according to type
Restaurants classés suivant leur genre
Ristoranti classificati secondo il loro genere
Restaurants nach Art und Einrichtung geordnet

Bistros

130	*South Kensington*	✕ Bangkok		
117	*Finsbury*	✕ Stephen Bull's Bistro		

Seafood

145	*Mayfair*	✕✕✕ Scotts	121	*Chelsea* ✕✕ Poissonnerie de l'Avenue
146	*Mayfair*	✕✕ Bentley's	155	*Strand & Covent Garden* ✕✕ Sheekey's
129	*South Kensington*	✕✕ Downstairs at One Ninety	118	*Islington* ✕ Fisk (Scandinavian)
130	*Kingston*	✕✕ Gravier's	131	*Kennington* ✕ Lobster Pot
139	*Bayswater & Maida Vale*	✕✕ Jason's	135	*Southwark* ✕ Livebait

Chinese

144	*Mayfair*	✕✕✕✕ ❀ Oriental (at Dorchester H.)	112	*Fulham* ✕✕ Mao Tai
141	*Hyde Park & Knightsbridge*	✕✕✕ Mr Chow	110	*Ealing* ✕✕ Maxim
141	*Hyde Park & Knightsbridge*	✕✕✕ Pearl of Knightsbridge	114	*Stanmore* ✕✕ Mr Tang's Mandarin
145	*Mayfair*	✕✕✕ Princess Garden	102	*Bromley* ✕✕ Peking Diner
120	*Chelsea*	✕✕✕ L'Oriental (at La Belle Epoque)	139	*Bayswater & Maida Vale* ✕✕ Poons
155	*Strand & Covent Garden*	✕✕✕ West ZENders	122	*Chelsea* ✕✕ Red of Knightsbridge
134	*Richmond*	✕✕ Four Regions	137	*Putney* ✕✕ Royal China
101	*Mill Hill*	✕✕ Good Earth	139	*Bayswater & Maida Vale* ✕✕ Royal China
122	*Chelsea*	✕✕ Good Earth	113	*Central Harrow* ✕✕ Taste of China
132	*South Woodford*	✕✕ Ho-Ho	111	*Greenwich* ✕✕ Treasure of China
158	*Victoria*	✕✕ Hunan	106	*Hampstead* ✕✕ China Vegetarian
108	*City of London*	✕✕ Imperial City	109	*Addington* ✕✕ Willow
126	*Victoria*	✕✕ Ken Lo's Memories of China	103	*Orpington* ✕✕ Xian
158	*Kensington*	✕✕ Ken Lo's Memories of China	106	*Hampstead* ✕✕ ZeNW3
			154	*Soho* ✕ Fung Shing
			126	*Kensington* ✕ Mandarin
			154	*Soho* ✕ Poons
			110	*Croydon* ✕ Tai Tung

English

144	*Mayfair*	✕✕✕ Grill Room (at Dorchester H.)	155	*Strand & Covent Garden* ✕✕ Rules
158	*Victoria*	✕✕✕ Shepherd's	105	*Bloomsbury* ✕ Alfred
121	*Chelsea*	✕✕ English Garden		

French

144	Mayfair	XXXXX ✿✿✿ Chez Nico at Ninety Park Lane
144	Mayfair	XXXX ✿✿ (Le) Gavroche
144	Mayfair	XXXX ✿ (Les) Saveurs de Jean-Christophe Novelli W1
120	Chelsea	XXXX ✿✿✿ (La) Tante Claire
157	Victoria	XXX Auberge de Provence
113	Crouch End	XX (Les) Associés
121	Chelsea	XX Brasserie St. Quentin
121	Chelsea	XX ✿ Chavot
127	North Kensington	XX Chez Moi
121	Chelsea	XX (La) Ciboulette
116	Chiswick	XX (La) Dordogne
125	Kensington	XX (L') Escargot Doré
155	Strand & Covent Garden	XX (L') Estaminet
130	Kingston	XX Gravier's
122	Chelsea	XX Grill St. Quentin
105	Bloomsbury	XX Mon Plaisir
121	Chelsea	XX Poissonnerie de l'Avenue
125	Kensington	XX (La) Pomme d'Amour
108	City of London	XX (Le) Quai
140	Belgravia	XX Vong (French Thai)
150	Regent's Park & Marylebone	X (L') Aventure
106	Hampstead	X (La) Grignote
131	Kennington	X Lobster Pot
156	Strand & Covent Garden	X Magno's Brasserie
133	Hampston Hill	X Monsieur Max
150	Regent's Park & Marylebone	X (Le) Muscadet
158	Victoria	X (La) Poule au Pot
111	Dalston	X Soulard

Greek

140	Bayswater & Maida Vale	X Kalamaras
123	Chelsea	X Cafe O

Hungarian

154	Soho	XX Gay Hussar

Indian & Pakistani

134	Bermondsey	XXX Bengal Clipper
129	South Kensington	XXX Bombay Brasserie
121	Chelsea	XXX Chutney Mary (Anglo-Indian)
130	South Kensington	XX Café Lazeez
136	Whitechapel	XX Cafe Spice Namaste
146	Mayfair	XX Chor Bizarre
130	South Kensington	XX Delhi Brasserie
150	Regent's Park & Marylebone	XX Gaylord
110	Ealing	XX Gitanjli - Mayfair
153	Soho	XX Gopal's
130	South Kensington	XX Khan's of Kensington
105	Bloomsbury	XX Malabar Junction
130	South Kensington	XX Memories of India
149	Regent's Park & Marylebone	XX (La) Porte des Indes
153	Soho	XX Red Fort
137	Wandsworth	XX Tabaq
145	Mayfair	XX Tamarind
112	Hammersmith	XX Tandoori Nights
122	Chelsea	XX Vama
137	Wandsworth	X Bombay Bicycle Club

Indian & Pakistani

114 *South Harrow*	✗ Jaflong	154 *Soho*	✗ Soho Spice
126 *Kensington*	✗ Malabar	130 *South Kensington*	✗ Star of India
102 *Willesden Green*	✗ Sabras (Indian Vegetarian)	146 *Mayfair*	✗ Veeraswamy

Irish

146 *Mayfair*	✗✗ Mulligans		

Italian

140 *Belgravia*	🏛 ✿ (The) Halkin	112 *Hammersmith*	✗✗ ✿ River Café
121 *Chelsea*	✗✗✗ Grissini	122 *Chelsea*	✗✗ Toto's
157 *Victoria*	✗✗✗ (L') Incontro	113 *Central Harrow*	✗✗ Trattoria Sorrentina
157 *Victoria*	✗✗✗ Santini	135 *Carshalton*	✗✗ (La) Veranda
139 *Bayswater & Maida Vale*	✗✗ Al San Vincenzo	140 *Belgravia*	✗✗ Zafferano
150 *Regent's Park & Marylebone*	✗✗ Bertorelli's	139 *Bayswater & Maida Vale*	✗ (L') Accento
156 *Strand & Covent Garden*	✗✗ Bertorelli's	139 *Bayswater & Maida Vale*	✗ Assaggi
149 *Regent's Park & Marylebonne*	✗✗ Caldesi	134 *Bermondsey*	✗ Cantina Del Ponte
122 *Chelsea*	✗✗ Caraffini	126 *Kensington*	✗ Cibo
122 *Chelsea*	✗✗ Daphne's	137 *Putney*	✗ Del Buongustaio
135 *Dulwich*	✗✗ Luigi's	137 *Putney*	✗ Enoteca
127 *North Kensington*	✗✗ Orsino	113 *Crouch End*	✗ Florians
125 *Kensington*	✗✗ Osteria del Parco	109 *Croydon*	✗ Mario
		158 *Victoria*	✗ Olivo
122 *Chelsea*	✗✗ Osteria Le Fate	133 *Barnes*	✗ Riva
		116 *Ickenham*	✗ Roberto's

Japanese

152 *St. James's*	✗✗✗ Suntory	152 *St. James's*	✗✗ Matsuri
108 *City of London*	✗✗✗ Tatsuso	108 *City of London*	✗✗ Miyama
150 *Regent's Park & Marylebone*	✗✗ Asuka	146 *Mayfair*	✗✗ Shogun
106 *Hampstead*	✗✗ Benihana	102 *Colindale*	✗ Abeno
121 *Chelsea*	✗✗ Benihana	107 *Holborn*	✗ Holborn Imari
146 *Mayfair*	✗✗ Benihana	108 *City of London*	✗ Imari
145 *Mayfair*	✗✗ ✿ Nobu	123 *Chelsea*	✗ T'Su

Lebanese

140 *Belgravia*	✗✗ (Al) Bustan	126 *Kensington*	✗✗ Phoenicia
122 *Chelsea*	✗✗ Beit Eddine		

Moroccan

146 *Mayfair*	✗ Momo	

Polish

126 *Kensington* ✗ Wódka

Pubs

113 *Hammersmith* Anglesea Arms
123 *Chelsea* Chelsea Ram
136 *Battersea* Duke of Cambridge

112 *Hammersmith* Havelock Tavern
107 *Regent's Park* (The) Queens

Spanish

121 *Chelsea* ✗✗✗ Albero & Grana

130 *South Kensington* ✗ Cambio De Tercio

Swedish

116 *Canonbury* ✗ Anna's Place

Thai

112 *Fulham* ✗✗ Blue Elephant
122 *Chelsea* ✗✗ Busabong Too
136 *Battersea* ✗✗ Chada
139 *Bayswater & Maida Vale* ✗✗ Nipa
108 *City of London* ✗✗ Sri Siam City
130 *South Kensington* ✗✗ Tui

140 *Belgravia* ✗✗ Vong (French Thai)
131 *Kingston* ✗ Ayudhya
130 *South Kensington* ✗ Bangkok
137 *Tooting* ✗ Oh Boy
154 *Soho* ✗ Sri Siam
108 *Swiss Cottage* ✗ Thai Pepper

Vegetarian

106 *Hampstead* ✗✗ Vegetarian Cottage

102 *Willesden Green* ✗ Sabras (Indian)

Vietnamese

154 *Soho* ✗ Saigon

99

Boroughs and areas

Greater London *is divided, for administrative purposes, into 32 boroughs plus the City: these sub-divide naturally into minor areas, usually grouped around former villages or quarters, which often maintain a distinctive character.*

BARNET *pp. 4 and 5.*

Brent Cross – ✉ NW2.

🏨 **Holiday Inn Garden Court**　　　　　　　　　　　　　　DU n
Tilling Rd, NW2 1LP, ℘ (0181) 201 8686, *Fax (0181) 455 4660*
🛗, ⇔ rm, 🖃 📺 ☎ 🕭 🅿 – 🛗 50. 🆔 🆎 ⑩ *VISA* JCB
Meals (bar lunch)/dinner 12.95 **st.** and a la carte ⓐ 5.25 – ⌒ 10.95 – **153 rm** 119.00 **st.** – SB.

Child's Hill – ✉ NW2.

✗ **Quincy's**　　　　　　　　　　　　　　　　　　　　DU r
675 Finchley Rd, NW2 2JP, ℘ (0171) 794 8499
🖃. 🆎 *VISA*
closed Sunday, Monday and Christmas – **Meals** (booking essential) (dinner only) 25.00 **t.** ⓐ 4.50.

✗ **Laurent**　　　　　　　　　　　　　　　　　　　　　DU o
428 Finchley Rd, NW2 2HY, ℘ (0171) 794 3603
🆔 🆎 *VISA*
closed Sunday, first 3 weeks August and Bank Holidays – **Meals** - Couscous - a la carte approx. 13.95 **t.**

Mill Hill – ✉ NW7.

🏌 *100 Barnet Way, Mill Hill ℘ (0181) 959 2282* CT.

✗✗ **Good Earth**　　　　　　　　　　　　　　　　　　　CT a
143 The Broadway, NW7 4RN, ℘ (0181) 959 7011, *Fax (0181) 959 1464*
🖃. 🆔 🆎 ⑩ *VISA*
closed 24 to 28 December – **Meals** - Chinese - 19.80 **t.** and a la carte ⓐ 8.00.

BEXLEY *pp. 10 and 11.*

Bexley – ✉ Kent.

🏨 **Forte Posthouse Bexley**　　　　　　　　　　　　　JX e
Black Prince Interchange, Southwold Rd, DA5 1ND, on A 2, ℘ (01322) 526900, *Fax (01322) 526113*
🛗, ⇔ rm, 📺 ☎ 🕭 🅿 – 🛗 70. 🆔 🆎 ⑩ *VISA* JCB
Meals 8.95 **st.** (lunch) and a la carte 16.95/24.85 **st.** ⓐ 7.50 – ⌒ 9.95 – **104 rm** 89.00 **st.** – SB.

Bexleyheath – ✉ Kent.

 Swallow　　　　　　　　　　　　　　　　　　　　　　　JX c
1 Broadway, DA6 7JZ, ✆ (0181) 298 1000, *Fax (0181) 298 1234*
Ⅰ₆, 🖥 – |‡|, ⅍ rm, 🖹 TV ☎ ⅑ Ⓟ – ⅍ 200. ⑩ AE ① *VISA*
Galleria : **Meals** *(closed Saturday lunch, Sunday and Bank Holidays)* a la carte
24.05/33.20 **st.** ⅋ 6.50.
Copper : **Meals** *(closed 1 January)* a la carte 18.75/30.00 **st.** ⅋ 6.50 – **142 rm**
☲ 100.00/180.00 **st.** – SB.

BRENT pp. 4 and 5.

Colindale – ✉ Middx.

 Abeno　　　　　　　　　　　　　　　　　　　　　　　　CU a
Yaohan Plaza, 399 Edgware Rd, NW9 0JJ, ✆ (0181) 205 1131,
Fax (0181) 446 5376
⅍ 🖹 Ⓟ. ⑩ *VISA* JCB
closed lunch Monday and Tuesday, Easter Sunday and 25 December – **Meals** -
Japanese (Okonomi-Yaki) - 7.80/18.80 **t.** and a la carte.

Wembley – ✉ Middx.

 Hilton National Wembley　　　　　　　　　　　　　　　CU z
Empire Way, HA9 8DS, ✆ (0181) 902 8839, *Fax (0181) 900 2201*
Ⅰ₆, ⅍s, 🖥 – |‡|, ⅍ rm, 🖹 rest, TV ☎ Ⓟ – ⅍ 300. ⑩ AE ① *VISA* JCB
Celebrities : **Meals** *(closed Saturday lunch)* (carving rest.) 15.95/
19.95 **st.** and a la carte
Terracotta : **Meals** - Italian - (dinner only) a la carte 18.25/24.95 **st.** – ☲ 12.00
– **301 rm** 140.00/160.00 **st.** – SB.

Willesden Green – ✉ Middx.

 Sabras　　　　　　　　　　　　　　　　　　　　　　　　CU e
263 High Rd, NW10 2RX, ✆ (0181) 459 0340
closed Monday and 25 December – **Meals** - Indian Vegetarian - (dinner only)
10.00/15.00 **t.** and a la carte.

BROMLEY pp. 10 and 11.

Ⅰ₁₈, Ⅰ₉ *Cray Valley, Sandy Lane, St. Paul's Cray, Orpington* ✆ (01689) 831927 JY.

Bromley – ✉ Kent.

Ⅰ₉ *Magpie Hall Lane* ✆ (0181) 462 7014 HY.

🏨 **Bromley Court**　　　　　　　　　　　　　　　　　　　　　　HY z
Bromley Hill, BR1 4JD, ✆ (0181) 464 5011, *Fax (0181) 460 0899*
Ⅰ₆, ⅍s, � – |‡|, ⅍ rm, TV ☎ Ⓟ – ⅍ 150. ⑩ AE ① *VISA*. ⅗
Meals *(closed Saturday lunch)* 14.95/17.95 **t.** and a la carte ⅋ 4.65 – **115 rm**
☲ 86.00/98.00 **t.**, 1 suite.

XX **Peking Diner**　　　　　　　　　　　　　　　　　　　　　　　HX u
71 Burnt Ash Lane, BR1 5AA, ✆ (0181) 464 7911
🖹. ⑩ AE ① *VISA*
Meals - Chinese (Peking) - a la carte 13.00/19.50 ⅋ 3.75.

Farnborough – ✉ Kent.

XXX **Chapter One**　　　　　　　　　　　　　　　　　　　　　　HZ a
Farnborough Common, Locksbottom, BR6 8NF, ℰ (01689) 854848,
Fax (01689) 858439
▤ Ⓟ. ⓜⓢ AE ⓪ VISA JCB
Meals 19.50 **t.** (lunch) and dinner a la carte approx. 22.95 **t.** ⚖ 7.50.

Orpington – ✉ Kent.

⌸18 High Elms, High Elms Rd, Downe, Orpington ℰ (01689) 858175.

XX **Xian**　　　　　　　　　　　　　　　　　　　　　　　　　JY a
324 High St., BR6 0NG, ℰ (01689) 871881
▤. ⓜⓢ AE ⓪ VISA JCB
closed Sunday lunch, 25-26 December and 1 week summer – **Meals** - Chinese
(Peking, Szechuan) - 7.50/13.00 **t.** and a la carte.

CAMDEN Except where otherwise stated see pp. 20-23.

Bloomsbury – ✉ NW1/W1/WC1.

🛈 34-37 Woburn Pl., WC1H 0JR ℰ (0171) 580 4599.

🏨 **Holiday Inn Kings Cross**　　　　　　　　　　　　　　MT a
1 Kings Cross Rd, WC1X 9HX, ℰ (0171) 833 3900, Fax (0171) 917 6163
≤, ₆, ≘s, ▣, squash – ▮, ⤢ rm, ▤ TV ☎ ₺ – 🛆 220. ⓜⓢ AE ⓪ VISA
JCB. ⅜
Meals (closed Sunday lunch) 17.95 **st.** (dinner) and a la carte 18.00/30.00 **st.**
⚖ 7.00 – � 9.75 – **403 rm** 170.00 **st.**, 2 suites – SB.

🏨 **Marlborough**　　　　　　　　　　　　　　　　　　　　LU i
9-14 Bloomsbury St., WC1B 3QD, ℰ (0171) 636 5601, Fax (0171) 636 0532
▮, ⤢ rm, ▤ rest, TV ☎ ₺ – 🛆 200. ⓜⓢ AE ⓪ VISA. ⅜
Meals 17.00 **st.** and a la carte ⚖ 7.50 – ⊒ 14.00 – **166 rm** 158.00/196.00 **s.**,
7 suites.

🏨 **Russell**　　　　　　　　　　　　　　　　　　　　　　　LU o
Russell Sq., WC1B 5BE, ℰ (0171) 837 6470, Fax (0171) 837 2857
▮, ⤢ rm, ▤ rest, TV ☎ – 🛆 400. ⓜⓢ AE ⓪ VISA. ⅜
Fitzroy Doll's : **Meals** a la carte approx. 21.00 **st.** ⚖ 7.50.
Virginia Woolf's : **Meals** (closed Sunday dinner) a la carte 12.85/19.85 **st.**
⚖ 6.95 – ⊒ 10.95 – **327 rm** 130.00/155.00 **st.**, 2 suites – SB.

🏨 **Grafton**　　　　　　　　　　　　　　　　　　　　　　KU n
130 Tottenham Court Rd, W1P 9HP, ℰ (0171) 388 4131, Fax (0171) 387 7394
▮, ⤢ rm, ▤ rest, TV ☎ – 🛆 100. ⓜⓢ AE ⓪ VISA. ⅜
Meals 17.50 **st.** and a la carte ⚖ 7.50 – ⊒ 11.00 – **320 rm** 119.00/162.00 **s.**,
4 suites.

🏨 **Mountbatten**　　　　　　　　　　　　　　p. 33 DV o
20 Monmouth St., WC2H 9HD, ℰ (0171) 836 4300, Fax (0171) 240 3540
▮, ⤢ rm, ▤ rest, TV ☎ – 🛆 75. ⓜⓢ AE ⓪ VISA. ⅜
Meals 19.00 **st.** and a la carte ⚖ 7.50 – ⊒ 14.00 – **120 rm** 187.00/226.00 **s.**,
7 suites.

🏨 **Montague**　　　　　　　　　　　　　　　　　　　　　LU c
15 Montague St., WC1B 5BJ, ℰ (0171) 637 1001, Fax (0171) 637 2516
🚗 – ▮, ⤢ rm, ▤ rest, TV ☎ ₺ – 🛆 120. ⓜⓢ AE ⓪ VISA JCB. ⅜
Meals (closed lunch Saturday and Sunday) a la carte 16.00/25.95 **t.** ⚖ 11.00 –
⊒ 11.50 – **102 rm** 120.00/160.00 **s.**, 2 suites.

🏛️ Covent Garden
p. 33 **DV** n

10 Monmouth St., WC2H 9HB, ☎ (0171) 806 1000, Fax (0171) 806 1100
🛁 – 🛗 🖥️ 📺 ☎. 🅿️ 🆎 *VISA*. 🛇
Meals a la carte 16.50/29.15 **t.** – 🍽️ 14.50 – **48 rm** 165.00/245.00 **s.**, 2 suites.

🏛️ Kingsley
LU r

Bloomsbury Way, WC1A 2SD, ☎ (0171) 242 5881, Fax (0171) 831 0225
🛗, 🔑 rm, 🖥️ rest, 📺 ☎ – 🔒 90. 🅿️ 🆎 ⓞ *VISA* 🅹🅲🅱️. 🛇
Meals *(closed lunch Saturday, Sunday and Bank Holidays)* 16.00 **t.**
and a la carte 🍷 5.30 – 🍽️ 11.25 – **137 rm** 125.00/240.00 **st.**

🏛️ Forte Posthouse Bloomsbury
LT c

Coram St., WC1N 1HT, ☎ (0171) 837 1200, Fax (0171) 837 5374
🛗, 🔑 rm, 🖥️ rest, 📺 ☎ ♿ 🅿️ – 🔒 750. 🅿️ 🆎 ⓞ *VISA* 🅹🅲🅱️. 🛇
Meals a la carte 18.00/26.00 **st.** 🍷 7.95 – 🍽️ 11.95 – **282 rm** 119.00/129.00 **st.**,
2 suites – SB.

🏛️ Kenilworth
LU a

97 Great Russell St., WC1B 3LB, ☎ (0171) 637 3477, Fax (0171) 631 3133
🛗, 🔑 rm, 🖥️ rest, 📺 ☎ – 🔒 65. 🅿️ 🆎 ⓞ *VISA*. 🛇
Meals 16.95 **st.** and a la carte 🍷 7.50 – 🍽️ 11.00 – **187 rm** 123.00/166.00 **s.**

🏛️ Blooms
LU n

7 Montague St., WC1B 5BP, ☎ (0171) 323 1717, Fax (0171) 636 6498
without rest. – 🛗 📺 ☎. 🅿️ 🆎 ⓞ *VISA* 🅹🅲🅱️. 🛇
27 rm 🍽️ 110.00/165.00 **st.**

🏛️ Bonnington in Bloomsbury
LU s

92 Southampton Row, WC1B 4BH, ☎ (0171) 242 2828, Fax (0171) 831 9170
🛗, 🔑 rm, 🖥️ rest, 📺 ☎ ♿ – 🔒 250. 🅿️ 🆎 ⓞ *VISA* 🅹🅲🅱️
Meals *(closed lunch Saturday and Sunday)* 11.50/19.75 **st.** and a la carte
🍷 8.20 – **215 rm** 🍽️ 105.00/133.00 **t.**

🏛️ Bloomsbury Park
LU u

126 Southampton Row, WC1B 5AD, ☎ (0171) 430 0434, Fax (0171) 242 0665
🛗, 🔑 rm, 📺 ☎ – 🔒 25. 🅿️ 🆎 ⓞ *VISA* 🅹🅲🅱️. 🛇
Meals 14.95 **t.** (dinner) and a la carte 13.85/17.95 **t.** 🍷 4.90 – 🍽️ 10.95 – **95 rm**
101.00/145.00 **st.**

🏛️ Academy
KLU v

17-21 Gower St., WC1E 6HG, ☎ (0171) 631 4115, Fax (0171) 636 3442
🌳 – 🖥️ rest, 📺 ☎. 🅿️ 🆎 ⓞ *VISA* 🅹🅲🅱️. 🛇
GHQ : Meals *(closed Saturday and Sunday)* a la carte 15.75/21.00 – 🍽️ 9.95 –
48 rm 95.00/170.00 **st.**

🏛️ Harlingford
LT n

61-63 Cartwright Gdns., WC1H 9EL, ☎ (0171) 387 1551, Fax (0171) 387 4616
without rest., 🌳, 🎾 – 📺 ☎. 🅿️ 🆎 *VISA* 🅹🅲🅱️. 🛇
42 rm 🍽️ 65.00/80.00 **st.**

🏛️ Mabledon Court
LT s

10-11 Mabledon Pl., WC1H 9AZ, ☎ (0171) 388 3866, Fax (0171) 387 5686
without rest. – 🛗 📺 ☎. 🅿️ 🆎 *VISA* 🅹🅲🅱️. 🛇
31 rm 🍽️ 60.00/70.00 **st.**

🍴🍴 Pied à Terre
KU e
❄️❄️

34 Charlotte St., W1P 1HJ, ☎ (0171) 636 1178, Fax (0171) 916 1171
🖥️. 🅿️ 🆎 ⓞ *VISA* 🅹🅲🅱️
*closed Saturday lunch, Sunday, last 2 weeks August, 2 weeks Christmas and
Bank Holidays* – **Meals** 23.00/29.50 **t.** and a la carte 39.50/49.50 **t.** 🍷 10.50
Spec. Ballottine of duck confit with foie gras and sauté potato salad. Seared
scallops with gazpacho, confit tomatoes and ratatouille. Steamed pigeon
breast, fondant potato and choucroute.

XX **Neal Street** p. 33 DV s
26 Neal St., WC2H 9PS, ✆ (0171) 836 8368, *Fax (0171) 497 1361*
⊞ AE ⓪ VISA JCB
closed Sunday, 1 week Christmas and Bank Holidays – **Meals** a la carte 26.00/
39.00 **t.** ⓛ 9.00.

XX **Malabar Junction** LU x
107 Great Russell St., WC1B 3NA, ✆ (0171) 580 5230
▣ ⊞ AE VISA
closed 25 and 26 December – **Meals** - South Indian - 8.50/9.50 **st.**
and a la carte.

XX **Mon Plaisir** p. 33 DV a
21 Monmouth St., WC2H 9DD, ✆ (0171) 836 7243, *Fax (0171) 379 0121*
⊞ AE ⓪ VISA JCB
*closed Saturday lunch, Sunday, 1 week Christmas-New Year, Easter and
Bank Holidays –* **Meals** - French - 14.95/19.95 **st.** and a la carte ⓛ 5.95.

XX **Bleeding Heart** NU e
Bleeding Heart Yard, EC1N 8SJ, off Greville St., Hatton Garden,
✆ (0171) 242 2056, *Fax (0171) 831 1402*
🍴 –. ⊞ AE ⓪ VISA
closed Saturday, Sunday, 10 days Christmas-New Year and Bank Holidays –
Meals a la carte 17.85/26.40 **t.** ⓛ 4.25.

X **Alfred** p. 33 DV u
245 Shaftesbury Av., WC2H 8EH, ✆ (0171) 240 2566, *Fax (0171) 497 0672*
🍴 – ▣. ⊞ AE ⓪ VISA
closed Saturday lunch, Sunday, Christmas and Bank Holidays – **Meals** - English
- 12.95/15.95 **t.** and a la carte ⓛ 6.95.

X **Museum Street Cafe** LU
47 Museum St., WC1A 1LY, ✆ (0171) 405 3211, *Fax (0171) 405 3211*
✂. ⊞ AE VISA
*closed Monday dinner, Saturday, Sunday, 1 week in spring, 2 weeks in summer
and 1 week Christmas –* **Meals** 17.50/23.50 **t.** and a la carte.

Euston – ✉ WC1.

🏢 **Euston Plaza** KLT e
17/18 Upper Woburn Pl., WC1H 0HT, ✆ (0171) 383 4105, *Fax (0171) 383 4106*
Iₐ, ≋ₛ – |≢|, ✂ rm, ▤ 📺 ☎ ᵫ – 🔬 150. ⊞ AE ⓪ VISA JCB. ✀
Three Crowns : Meals 18.95 **t.** and dinner a la carte ⓛ 6.50.
Terrace : **Meals** *(closed Saturday and Sunday)* 13.00 **t.** (dinner)
and a la carte 11.00/17.95 **t.** ⓛ 6.50 – ⌸ 12.00 – **150 rm** 141.00/190.00 **st.** –
SB.

Hampstead – ✉ NW3.

📍9 Winnington Rd, Hampstead ✆ (0181) 455 0203.

🏨 **Swiss Cottage** GS n
4 Adamson Rd, NW3 3HP, ✆ (0171) 722 2281, *Fax (0171) 483 4588*
without rest., « Antique furniture » – |≢| 📺 ☎ – 🔬 50. ⊞ AE ⓪ VISA. ✀
58 rm ⌸ 75.00/140.00 **st.**, 5 suites.

🏨 **Forte Posthouse Hampstead** ES r
215 Haverstock Hill, NW3 4RB, ✆ (0171) 794 8121, *Fax (0171) 435 5586*
|≢|, ✂ rm, ▤ rest, 📺 ☎ Ⓟ – 🔬 30. ⊞ AE ⓪ VISA JCB
Meals (bar lunch Monday to Saturday)/dinner a la carte 14.55/25.65 **t.** ⓛ 7.25 –
⌸ 10.95 – **140 rm** 99.00 **st.** – SB.

🏠 **Sandringham**   ES n
3 Holford Rd, Hampstead Village, NW3 1AD, ℰ (0171) 435 1569,
Fax (0171) 431 5932
🚗 – ✝✕ 📺 ☎. 🅼🅾 🄰🄴 *VISA* 🄹🄲🄱. ✗✗
Meals (room service only) – ⨇ 5.00 – **17 rm** 70.00/140.00 **s.**

🏠 **Langorf**   ES c
20 Frognal, NW3 6AG, ℰ (0171) 794 4483, *Fax (0171) 435 9055*
without rest. – 📶 📺 ☎. 🅼🅾 🄰🄴 ⓪ *VISA*. ✗✗
31 rm 68.00/95.00 **st.**

🏠 **Charles Bernard**   ES s
5-7 Frognal, NW3 6AL, ℰ (0171) 794 0101, *Fax (0171) 794 0100*
📶 📺 ☎ 🅿. 🅼🅾 🄰🄴 ⓪ *VISA* 🄹🄲🄱. ✗✗
Meals *(closed Sunday)* (dinner only) a la carte 12.50/24.00 **st.** – **57 rm**
⨇ 69.00/79.00 **st.**

✗✗ **Byron's**   ES v
3a Downshire Hill, NW3 1NR, ℰ (0171) 435 3544, *Fax (0171) 431 3544*
🅼🅾 🄰🄴 *VISA*
closed 25 and 26 December – **Meals** a la carte 19.75/36.95 **t.** ᛃ 7.50.

✗✗ **Benihana**   GS o
100 Avenue Rd, NW3 3HF, ℰ (0171) 586 9508, *Fax (0171) 586 6740*
▤. 🅼🅾 🄰🄴 ⓪ *VISA* 🄹🄲🄱
closed 25 December – **Meals** - Japanese (Teppan-Yaki) - 10.00/14.00 **st.**
and a la carte.

✗✗ **ZeNW3**   ES a
83-84 Hampstead High St., NW3 1RE, ℰ (0171) 794 7863, *Fax (0171) 794 6956*
▤. 🅼🅾 🄰🄴 ⓪ *VISA* 🄹🄲🄱
closed Christmas – **Meals** - Chinese - 12.50/27.00 **t.** and a la carte.

✗✗ Vegetarian Cottage   HS c
91 Haverstock Hill, NW3 4RL, ℰ (0171) 586 1257
▤
Meals - Chinese Vegetarian rest.

✗ **Café des Arts**   ES i
82 Hampstead High St., NW3 1RE, ℰ (0171) 435 3608
✝✕. 🅼🅾 🄰🄴 ⓪ *VISA*
closed 25 and 26 December – **Meals** 7.95 **t.** (lunch) and a la carte 14.10/
19.20 **t.** ᛃ 6.50.

✗ **Cucina**   ES x
45a South End Rd, NW3 2QB, ℰ (0171) 435 7814, *Fax (0171) 435 7815*
▤. 🅼🅾 🄰🄴 *VISA*
closed 25 December – **Meals** 13.95/15.95 **t.** and a la carte ᛃ 5.95.

✗ **Gresslin's**   ES u
13 Heath St., NW3 6TP, ℰ (0171) 794 8386, *Fax (0171) 433 3282*
▤. 🅼🅾 *VISA* 🄹🄲🄱
closed Monday lunch, Sunday dinner and Bank Holidays – **Meals** 10.95
t. (lunch) and a la carte 20.00/26.00 **t.**

✗ **La Grignote**   ES e
77 Heath St., NW3 6UG, ℰ (0171) 433 3455
🅼🅾 *VISA*
*closed lunch Monday to Friday, Sunday dinner, 24 to 30 December and 12 to
26 August* – **Meals** - French - 17.75/19.50 ᛃ 6.00.

Holborn – ✉ WC2.

🏨 Drury Lane Moat House
p. 33 **DV** c
10 Drury Lane, High Holborn, WC2B 5RE, ✆ (0171) 208 9988, *Fax (0171) 831 1548*
Ĵ₅ – |≑|, ⇔ rm, 🖾 📺 ☎ ᵫ 🅿 – ⌂ 60. 🕦 🖭 ⑩ *VISA* ᴶᶜᴮ
Meals 15.50/16.75 **t.** and a la carte ⓘ 6.95 – ⌷ 10.75 – **163 rm** 145.00/175.00 **st.** – SB.

✗ Holborn Imari
MU z
71 Red Lion St., WC1R 4NA, ✆ (0171) 405 0486, *Fax (0171) 431 8071*
🖾
Meals - Japanese rest.

Regent's Park – ✉ NW1.

🏨 White House
JT o
Albany St., NW1 3UP, ✆ (0171) 387 1200, *Fax (0171) 388 0091*
Ĵ₅ ⇔ – |≑|, ⇔ rm, 🖾 rest, 📺 ☎ – ⌂ 110. 🕦 🖭 ⑩ *VISA* ᴶᶜᴮ ⅍
The Restaurant : Meals a la carte 25.75/68.95 **t.** ⓘ 7.25.
Garden Cafe : Meals *(closed Sunday)* a la carte 16.10/28.20 **t.** ⓘ 7.25 – ⌷ 12.95 – **582 rm** 145.00/152.00 **st.**, 2 suites.

✗✗ Odette's
HS i
130 Regent's Park Rd, NW1 8XL, ✆ (0171) 586 5486, *Fax (0171) 586 2575*
🕦 🖭 ⑩ *VISA*
closed Saturday lunch, Sunday, 10 days Christmas and Bank Holidays – **Meals** 10.00 **t.** (lunch) and a la carte 23.75/28.25 **t.** ⓘ 5.50.

✗ Belgo Noord
IS e
72 Chalk Farm Rd, NW1 8AN, ✆ (0171) 267 0718, *Fax (0171) 267 7508*
🕦 🖭 ⑩ *VISA* ᴶᶜᴮ
closed dinner 24 December and 25 December – **Meals** a la carte 16.85/30.40 **t.**

✗ Luna
IS c
48 Chalk Farm Rd, NW1 8AJ, ✆ (0171) 482 4667, *Fax (0171) 284 0818*
🖙 –. 🕦 *VISA*
closed 25 to 27 December – **Meals** a la carte 15.95/18.85 **t.**

🍴 The Queens
HS a
49 Regent's Park Rd, NW1 8XE, ✆ (0171) 586 0408, *Fax (0171) 586 5677*
🖙 –. 🕦 *VISA*
Meals a la carte 6.45/24.85 **t.**

Swiss Cottage – ✉ NW3.

🏨 Regents Park Marriott
GS a
128 King Henry's Rd, NW3 3ST, ✆ (0171) 722 7711, *Fax (0171) 586 5822*
Ĵ₅ ⇔, 🖾 – |≑|, ⇔ rm, 🖾 📺 ☎ ᵫ 🅿 – ⌂ 400. 🕦 🖭 ⑩ *VISA* ᴶᶜᴮ ⅍
Meals 18.95 **t.** and a la carte – ⌷ 12.95 – **298 rm** 180.00/190.00 **s.**, 5 suites – SB.

✗✗ Peter's Chateaubriand
FS i
65 Fairfax Rd, NW6 4EE, ✆ (0171) 624 5804
🖾. 🕦 🖭 ⑩ *VISA* ᴶᶜᴮ
closed Saturday lunch, 26 December and 1 January – **Meals** 14.95 **t.** and a la carte.

✗✗ Bradley's
GS e
25 Winchester Rd, NW3 3NR, ✆ (0171) 722 3457
🖾. 🕦 🖭 *VISA*
closed Saturday lunch, 1 week Christmas and Bank Holidays – **Meals** 15.00 **t.** (lunch) and a la carte 21.90/26.90 **t.** ⓘ 10.00.

X **Thai Pepper**   GS v
115 Finchley Rd, NW3 6HY, ☎ (0171) 722 0026
▤ ◍ AE ⓪ VISA
closed lunch Saturday and Sunday and Bank Holidays – **Meals** - Thai -
17.00 **t.** and a la carte 🍷 3.90.

CITY OF LONDON *p. 23.*

XXXX **Tatsuso**   PU u
32 Broadgate Circle, EC2M 2QS, ☎ (0171) 638 5863, *Fax (0171) 638 5864*
▤. ◍ AE ⓪ VISA JCB
closed Saturday, Sunday, late December and Bank Holidays – **Meals** - Japanese
- (booking essential) 50.00 **t.** and a la carte.

XXX **Gladwins**   PV e
Minister Court, Mark Lane, EC3R 7AA, ☎ (0171) 444 0004, *Fax (0171) 444 0001*
▤. ◍ AE VISA
closed Saturday, Sunday and Bank Holidays – **Meals** (lunch only) 32.50 **t.**

XXX **City Rhodes**   NU u
❀ 1 New Street Sq., EC4A 3BF, ☎ (0171) 583 1313, *Fax (0171) 353 1662*
▤. ◍ AE ⓪ VISA
closed Saturday, Sunday and Bank Holidays – **Meals** a la carte 22.55/34.30 **t.**
🍷 13.95
Spec. Escalope of salmon, black treacle, juniper and sherry dressing. Steak
and "kidney pie". "Jaffa Cake" pudding.

XX **Brasserie Rocque**   PU u
37 Broadgate Circle, EC2M 2QS, ☎ (0171) 638 7919, *Fax (0171) 628 5899*
🍴 – ▤. ◍ AE ⓪ VISA
closed Saturday, Sunday and Bank Holidays – **Meals** (lunch only) 27.50 **t.**
and a la carte 🍷 5.00.

XX **Le Quai**   OV a
Riverside Walkway, 1 Broken Wharf, High Timber St., EC4V 3QQ,
☎ (0171) 236 6480, *Fax (0171) 236 6479*
▤. ◍ AE ⓪ VISA JCB
closed Saturday, Sunday, 2 weeks Christmas and Bank Holidays – **Meals** -
French - (dinner booking essential) 32.50 **t.**

XX **Miyama**   OV e
17 Godliman St., EC4V 5BD, ☎ (0171) 489 1937, *Fax (0171) 236 0325*
▤. ◍ AE ⓪ VISA JCB
closed Saturday dinner, Sunday and Christmas-New Year – **Meals** - Japanese
- 40.00 **t.** and a la carte 🍷 7.50.

XX **Imperial City**   PV a
Royal Exchange, Cornhill, EC3V 3LL, ☎ (0171) 626 3437, *Fax (0171) 338 0125*
▤. ◍ AE ⓪ VISA
closed Saturday, Sunday, 25 December and Bank Holidays – **Meals** - Chinese
- 19.95/24.95 **t.** and a la carte.

XX **Sri Siam City**   PU a
85 London Wall, EC2M 7AD, ☎ (0171) 628 5772, *Fax (0171) 628 3395*
▤. ◍ AE ⓪ VISA
closed Saturday, Sunday and Bank Holidays – **Meals** - Thai - 15.50/24.95 **t.**
and a la carte 🍷 8.00.

X Imari   PU c
20 Copthall Av., EC2R 7DN, ☎ (0171) 628 3611, *Fax (0171) 431 8071*
▤
Meals - Japanese rest.

CROYDON *pp. 10 and 11.*

Addington – ✉ *Surrey.*

🏌 , 🏌 , 🏌 *Addington Court, Featherbed Lane* ✆ *(0181) 657 0281/2/3* **GZ** –
🏌 *The Addington, Shirley Church Rd* ✆ *(0181) 777 1055* **GZ.**

✕✕ **Willow**   **GZ** x
88 Selsdon Park Rd, CR2 8JT, ✆ *(0181) 657 4656*
▤ 🅿 . 🚳 🄰🄴 ⓪ 𝘝𝘐𝘚𝘈
closed 25 to 27 December – **Meals** - Chinese (Peking, Szechuan) - 16.50 **t.**
and a la carte ⓘ 5.00.

Coulsdon – ✉ *Surrey.*

🏨 **Coulsdon Manor**   **EZ** e
Coulsdon Court Rd, via Stoats Nest Rd, CR5 2LL, ✆ *(0181) 668 0414,*
Fax (0181) 668 3118
🏊 , 🏌 , ≌ₛ , 🏌 , ✕ , squash – ⬦ 📺 ☎ 🅿 – 🏛 180. 🚳 🄰🄴 ⓪ 𝘝𝘐𝘚𝘈 🄹🄲🄱 . ✕✕
Manor House **:** **Meals** 16.00/38.00 **t.** and a la carte ⓘ 8.00 – **35 rm** ⚏ 89.00/
105.00 **t.** – SB.

Croydon – ✉ *Surrey.*

🅩 *Croydon Clocktower, Katherine St., CR9 1ET* ✆ *(0181) 253 1009.*

🏨 **Hilton National**   **FZ** e
Waddon Way, Purley Way, CR9 4HH, ✆ *(0181) 680 3000, Fax (0181) 681 6171*
🏌 , ≌ₛ , 🖳 – ⬦ , ✕ rm, ▤ 📺 ☎ & 🅿 – 🏛 400. 🚳 🄰🄴 ⓪ 𝘝𝘐𝘚𝘈 🄹🄲🄱 . ✕✕
Meals *(closed Saturday lunch)* 14.00/17.50 **st.** and a la carte ⓘ 6.95 – ⚏ 12.00
– **168 rm** 120.00/160.00 **st.**

🏨 **Croydon Park**   **FZ** u
7 Altyre Rd, CR9 5AA, ✆ *(0181) 680 9200, Fax (0181) 760 0426*
🏌 , ≌ₛ , 🖳 , squash – ⬦ , ✕ rm, ▤ 📺 ☎ 🅿 – 🏛 300. 🚳 🄰🄴 ⓪ 𝘝𝘐𝘚𝘈 🄹🄲🄱 .
✕✕
Oscars **:** **Meals** 15.95/16.95 **st.** and a la carte ⓘ 8.00 – **210 rm** ⚏ 99.00 **st.,**
1 suite – SB.

🏨 **Forte Posthouse Croydon**   **FZ** o
Purley Way, CR9 4LT, ✆ *(0181) 688 5185, Fax (0181) 681 6438*
🚗 – ✕ rm, ▤ rest, 📺 ☎ 🅿 – 🏛 140. 🚳 🄰🄴 ⓪ 𝘝𝘐𝘚𝘈
Meals a la carte 18.00/20.50 **st.** – ⚏ 9.95 – **83 rm** 89.00/129.00 **st.** – SB.

🏨 **Windsor Castle Toby**   **FZ** a
415 Brighton Rd, South Croydon, CR2 6ES, ✆ *(0181) 680 4559,*
Fax (0181) 680 5121
🚗 – ✕ rm, 📺 ☎ 🅿 . 🚳 🄰🄴 𝘝𝘐𝘚𝘈 . ✕✕
Meals (carving rest.) a la carte 10.15/15.10 **t.** ⓘ 4.45 – **29 rm** ⚏ 69.00/79.00 **t.**
– SB.

🏨 **Travel Inn**   **GZ** s
104 Coombe Rd, CR0 5RB, on A 212, ✆ *(0181) 686 2030, Fax (0181) 686 6435*
🚗 – ✕ rm, 📺 🅿 . 🚳 🄰🄴 ⓪ 𝘝𝘐𝘚𝘈 . ✕✕
Meals (grill rest.) – **39 rm** 36.50 **t.**

✕ **Mario**   **FZ** s
299 High St., CR0 1QL, ✆ *(0181) 686 5624*
🚳 🄰🄴 𝘝𝘐𝘚𝘈
closed Saturday lunch, Monday dinner, Sunday, last 2 weeks August, 25
December and Bank Holidays – **Meals** - Italian - a la carte 16.95/29.75 **t.** ⓘ 6.70.

✗ **Tai Tung** FZ v
Unit 1A, Wing Yip Centre, 550 Purley Way, CRO 4RF, ✆ (0181) 688 3668, Fax (0181) 688 0116
🍴 ℗ 🔟 AE VISA
closed 24 to 26 December – **Meals** - Chinese (Canton) - a la carte 9.50/23.00 **t.** 🍷 5.50.

Sanderstead – ✉ Surrey.

🏌18 *Selsdon Park Hotel, Addington Rd, Sanderstead* ✆ *(0181) 657 8811* GZ.

🏨 **Selsdon Park** GZ n
Addington Rd, CR2 8YA, ✆ (0181) 657 8811, Fax (0181) 651 6171
≤, 🛁, ⩵s, 🏊, 🖾, 🏌18, 🚣, park, ✗, squash – 🛗, ⟲ rm, TV ☎ ℗ – 🛎 150.
🔟 AE ⓪ VISA JCB. ✗
Meals (dancing Friday and Saturday) 19.50/22.50 **st.** and a la carte 🍷 8.00 – ☕ 12.95 – **192 rm** 94.00/138.00 **t.**, 7 suites – SB.

___

EALING pp. 4 and 5.

Ealing – ✉ W5.

🏌18 *West Middlesex, Greenford Rd* ✆ *(0181) 574 3450* BV – 🏌9 *Horsenden Hill, Woodland Rise* ✆ *(0181) 902 4555* BU.

🏨 **Jarvis Carnarvon** CV v
Ealing Common, W5 3HN, ✆ (0181) 992 5399, Fax (0181) 992 7082
🛗, ⟲ rm, TV ☎ ℗ – 🛎 200. 🔟 AE ⓪ VISA JCB. ✗
Meals *(closed Saturday lunch)* a la carte 19.50/30.50 **t.** 🍷 7.50 – ☕ 11.50 –
145 rm 108.00/120.00 **t.** – SB.

✗✗ **Maxim** BV a
153-155 Northfield Av., W13 9QT, ✆ (0181) 567 1719, Fax (0181) 932 7067
🍴 🔟 AE ⓪ VISA JCB
closed Sunday lunch and 25 to 28 December – **Meals** - Chinese (Peking) - 12.00/15.00 **t.** and a la carte.

✗✗ **Gitanjli - Mayfair** CV s
18-19 The Mall, Ealing Broadway, W5 2PJ, ✆ (0181) 810 0006, Fax (0181) 810 0005
🍴 🔟 AE ⓪ VISA
closed 26 December – **Meals** - North Indian - a la carte 13.10/25.20 **t.**

✗ **Noughts 'n' Crosses** BV u
77 The Grove, W5 5LL, ✆ (0181) 840 7568, Fax (0181) 840 1905
🔟 AE VISA JCB
closed Sunday dinner, Monday, August and 26 December-5 January –
Meals (dinner only and Sunday lunch)/dinner 16.90/21.50 **t.** 🍷 5.30.

Hanwell – ✉ W7.

🏌18 *Brent Valley, Church Rd,* ✆ *(0181) 567 1287* BV.

🏠 **Wellmeadow Lodge** BV r
24 Wellmeadow Rd, W7 2AL, ✆ (0181) 567 7294, Fax (0181) 566 3468
🚣 – ⟲ TV ☎. 🔟 AE VISA JCB. ✗
Meals (booking essential) (residents only) (communal dining) (dinner only) 20.00 **st.** – **10 rm** ☕ 70.00/120.00 **st.**

ENFIELD *pp. 6 and 7.*

🏌 *Lee Valley, Picketts Lock Lane, Edmonton* ✆ *(0181) 803 3611* **GT.**

Enfield – ✉ *Middx.*

🏌 *Whitewebbs, Beggars Hollow, Clay Hill* ✆ *(0181) 363 4454/2951, N : 1 m.* **FT.**

🏛 **Royal Chace**   **ET a**
The Ridgeway, EN2 8AR, ✆ (0181) 366 6500, Fax (0181) 367 7191
🛶, 🚗 – 📺 ☎ 🅿 – 🏛 270. 🅫 🆎 ⓪ *VISA*. 🕏
Meals *(closed Saturday dinner and Sunday dinner and Bank Holidays)* 15.95/
18.95 **st.** and dinner a la carte 🍸 6.15 – **92 rm** ⊆ 85.00/120.00 **st.**

Hadley Wood – ✉ *Herts.*

🏛 **West Lodge Park**   **ET i**
off Cockfosters Rd, EN4 0PY, ✆ (0181) 440 8311, Fax (0181) 449 3698
🥂, ≤, 🚗, park – 🛗 ⇄ 📺 ☎ 🕭 🅿 – 🏛 80. 🅫 🆎 *VISA*. 🕏
The Cedar : Meals 19.95/24.95 **st.** 🍸 7.25 – ⊆ 10.50 – **46 rm** 84.50/240.00 **st.**
– SB.

GREENWICH *pp. 10 and 11.*

Blackheath – ✉ *SE3.*

🏛 **Bardon Lodge**   **HV a**
15 Stratheden Rd, SE3 7TH, ✆ (0181) 853 4051, Fax (0181) 858 7387
🚗 – ⇄ rest, 📺 ☎ 🅿 – 🏛 30. 🅫 🆎 *VISA*
Lamplight : Meals (dinner only) 16.50 **t.** and a la carte 🍸 5.95 – **30 rm**
⊆ 60.00/90.00 **st.**

Greenwich – ✉ *SE10.*

🏛 *46 Greenwich Church St., SE10 9BL* ✆ *(0181) 858 6376.*

✕✕ **Treasure of China**   **GV e**
10-11 Nelson Rd, SE10 9JB, ✆ (0181) 858 9884, Fax (0181) 293 5327
▤. 🅫 🆎 ⓪ *VISA* 🇯🇨🇧
closed 25 and 26 December – **Meals** - Chinese (Peking, Szechuan) - 12.00/
25.00 **t.** and a la carte.

✕✕ **Spread Eagle**   **GV c**
1-2 Stockwell St., SE10 9JN, ✆ (0181) 853 2333, Fax (0181) 305 1666
▤. 🅫 🆎 ⓪ *VISA* 🇯🇨🇧
closed Sunday dinner and 1 week Christmas – **Meals** 17.00 **st.** and a la carte
🍸 5.00.

HACKNEY *p.23.*

Dalston – ✉ *N 1.*

✕ **Soulard**   **PS e**
113 Mortimer Rd, N1 4JY, ✆ (0171) 254 1314
🅫 *VISA*
closed Sunday, Monday and 15 August-second week September – **Meals** -
French - (dinner only and lunch in December) 16.95 **t.** 🍸 4.75.

Stoke Newington – ✉ *N16.*

✕ **Mesclun**   **FU c**
24 Stoke Newington Church St., N16 0LU, ✆ (0171) 249 5029
🅫 *VISA* 🇯🇨🇧
closed Sunday dinner and 25 to 31 December – **Meals** (dinner only)
a la carte 16.15/19.40 **t.** 🍸 4.50.

HAMMERSMITH and FULHAM *Except where otherwise stated see pp. 24-25.*

Fulham – ✉ SW6.

🏨 La Reserve   FZ a
422-428 Fulham Rd, SW6 1DU, ✆ (0171) 385 8561, *Fax (0171) 385 7662*
🛗, ⇆ rm, 📺 ☎. 🅿 🆎 ⓞ 𝗩𝗜𝗦𝗔 ᴊᴄʙ. ⌘
closed 25 and 26 December – **Meals** a la carte 14.00/21.20 t. 🍷 5.95 – ⌑ 3.50 –
41 rm 79.00/110.00 st. – SB.

🏨 Travel Inn Capital   AQ c
3 Putney Bridge Approach, SW6 3JD, ✆ (0171) 471 8300, *Fax (0171) 471 8315*
🛗, ⇆ rm, 📺 &. 🅿 🆎 ⓞ 𝗩𝗜𝗦𝗔
Meals (grill rest.) – **154 rm** 49.50 t.

✕✕ Blue Elephant   EZ z
4-6 Fulham Broadway, SW6 1AA, ✆ (0171) 385 6595, *Fax (0171) 386 7665*
▤. 🅿 🆎 ⓞ 𝗩𝗜𝗦𝗔
closed Saturday lunch and 24 to 27 December – **Meals** - Thai - (booking
essential) 28.00/34.00 st. and a la carte.

✕✕ 755   p. 12 BQ n
755 Fulham Rd, SW6 5UU, ✆ (0171) 371 0755, *Fax (0171) 371 0695*
▤. 🅿 🆎 𝗩𝗜𝗦𝗔
*closed Monday lunch, Sunday dinner, 2 weeks in summer, 1 week Christmas
and Bank Holidays* – **Meals** 14.00/22.00 t. and a la carte 🍷 6.95.

✕✕ Mao Tai   p. 12 BQ e
58 New Kings Rd., Parsons Green, SW6 4UG, ✆ (0171) 731 2520
▤. 🅿 🆎 ⓞ 𝗩𝗜𝗦𝗔
closed 24 to 26 December – **Meals** - Chinese (Szechuan) - 19.50 t.
and a la carte.

Hammersmith – ✉ W6/W12/W14.

✕✕ River Café (Ruth Rogers/Rose Gray)   p. 9 DV r
❀ Thames Wharf, Rainville Rd, W6 9HA, ✆ (0171) 381 8824, *Fax (0171) 381 6217*
🌳 –. 🅿 🆎 𝗩𝗜𝗦𝗔
closed Sunday dinner, 1 week Christmas and Bank Holidays – **Meals** - Italian -
(booking essential) a la carte 33.50/40.00
Spec. Crab risotto with tomato, lemon and basil. Roast loin of organic pork
with salsa verde. Almond tart.

✕✕ Tandoori Nights   p. 9 CV u
319-321 King St., W6 9NH, ✆ (0181) 741 4328, *Fax (0181) 741 4328*
▤. 🅿 🆎 𝗩𝗜𝗦𝗔 ᴊᴄʙ
closed 25 and 26 December – **Meals** - Indian - a la carte 10.30/20.00 t. 🍷 6.50.

✕ Snows on the Green   p. 9 DV x
166 Shepherd's Bush Rd, Brook Green, W6 7PB, ✆ (0171) 603 2142,
Fax (0171) 602 7553
🅿 🆎 ⓞ 𝗩𝗜𝗦𝗔
*closed Saturday lunch, Sunday dinner, 1 week Christmas and Bank Holiday
Mondays* – **Meals** 15.50 st. (lunch) and a la carte 19.00/23.00 st.

✕ The Brackenbury   p. 9 CV a
129-131 Brackenbury Rd, W6 0BQ, ✆ (0181) 748 0107, *Fax (0181) 741 0905*
🌳 –. 🅿 🆎 𝗩𝗜𝗦𝗔 ᴊᴄʙ
closed Saturday lunch, Sunday dinner and Christmas – **Meals** a la carte 18.00/
20.00 t. 🍷 9.50.

🍴 Havelock Tavern   p. 9 DV e
57 Masbro Rd, W14 0LS, ✆ (0171) 603 5374, *Fax (0171) 602 1163*
🌳
closed 25 and 26 December – **Meals** a la carte approx. 15.00 st.

Anglesea Arms   p. 9 **CV** **S**
35 Wingate Rd, W6 0UR, *ℰ* (0181) 749 1291, *Fax (0181) 749 1291*
M⊙ **VISA**
closed 1 week Christmas and Bank Holidays – **Meals** (bookings not accepted)
a la carte 12.75/18.45 **t.** ⬧ 8.50.

Shepherd's Bush – ✉ *W12/W14.*

XX **Chinon**   p. 9 **DV** **c**
23 Richmond Way, W14 0AS, *ℰ* (0171) 602 5968, *Fax (0171) 602 4082*
▤. **M⊙** **AE** **VISA**
closed Sunday and 24 to 29 December – **Meals** (dinner only) 17.50 **t.**
and a la carte ⬧ 7.50.

X **Wilsons**   p. 9 **DV** **a**
236 Blythe Rd, W14 0HJ, *ℰ* (0171) 603 7267
M⊙ **VISA**
closed Saturday lunch and Sunday dinner – **Meals** a la carte 18.25/23.70 **t.**
⬧ 4.25.

HARINGEY *pp. 6 and 7.*

Crouch End – ✉ *N 8.*

XX **Les Associés**   **EU** **e**
172 Park Rd, N8 8JY, *ℰ* (0181) 348 8944
M⊙ **VISA**
closed Saturday lunch, Monday, 10 days January and 10 days September –
Meals - French - 12.50 **t.** (lunch) and dinner a la carte 17.00/21.80 **t.** ⬧ 7.10.

X **Florians**   **EU** **c**
4 Topsfield Par., Middle Lane, N8 8RP, *ℰ* (0181) 348 8348
M⊙ **VISA**
closed 25-26 December and 1 January – **Meals** - Italian - 9.95 **t.** and a la carte
⬧ 6.00.

HARROW *pp. 4 and 5.*

Central Harrow – ✉ *Middx.*
🛈 *Civic Centre, Station Rd, HA4 7XW* *ℰ* (0181) 424 1100/2/3 **BU**.

🏨 **Cumberland**   **BU** **X**
1 St. John's Rd, HA1 2EF, *ℰ* (0181) 863 4111, *Fax (0181) 861 5668*
⊑S – ⋆⋈ rm, **TV** **☎** **P** – ⛟ 130. **M⊙** **AE** **①** **VISA** **JCB** ⋇
Meals 10.50/14.50 **t.** and a la carte ⬧ 7.75 – ⊑ 8.50 – **84 rm** 87.50/92.50 **t.**

XX **Taste of China**   **BU** **u**
174 Station Rd, HA1 2RH, *ℰ* (0181) 863 2080
▤. **M⊙** **AE** **①** **VISA** **JCB**
closed lunch Sunday and Bank Holidays – **Meals** - Chinese - 14.00 **t.**
and a la carte.

XX **Trattoria Sorrentina**   **BU** **X**
6 Manor Par., Sheepcote Rd, HA1 2JN, *ℰ* (0181) 427 9411, *Fax (0181) 427 9411*
▤. **M⊙** **AE** **①** **VISA**
closed Saturday lunch and Sunday – **Meals** - Italian - 15.95 **t.** and a la carte
⬧ 4.50.

Kenton – ✉ *Middx.*

🏨 **Travel Inn**   **BU** **e**
Kenton Rd, HA3 8AT, *ℰ* (0181) 907 4069, *Fax (0181) 909 1604*
⋆⋈ rm, **TV** **⬧** **P**. **M⊙** **AE** **①** **VISA** ⋇
Meals (grill rest.) – **44 rm** 36.50 **t.**

North Harrow – ✉ Middx.

XX **Percy's**   BU n
66-68 Station Rd, HA2 7SJ, ✆ (0181) 427 2021, Fax (0181) 427 8134
✤✕, ⬜ AE ⓪ VISA
closed Sunday, Monday, 27 to 30 December and Bank Holidays – **Meals**
(booking essential) 19.50 t.

Pinner – ✉ Middx.

XX **Friends**   BU a
11 High St., HA5 5PJ, ✆ (0181) 866 0286, Fax (0181) 866 0286
✤✕, ⬜ AE ⓪ VISA
closed Sunday dinner, 25 December and Bank Holidays – **Meals** 14.95/
18.95 t. and a la carte ⬦ 8.95.

South Harrow – ✉ Middx.

X **Jaflong**   BU r
299 Northolt Rd, HA2 8JA, ✆ (0181) 864 7345
⬛, ⬜ AE ⓪ VISA
Meals - Indian - 5.50/13.00 t. and a la carte.

Stanmore – ✉ Middx.

XX **Mr Tang's Mandarin**   BT i
28 The Broadway, HA7 4DW, ✆ (0181) 954 0339
⬛, ⬜ AE ⓪ VISA
Meals - Chinese (Peking) - a la carte 14.50/18.00 t.

To visit a town or region: use the Michelin Green Guides.

HAVERING pp. 6 and 7.

Hornchurch – by A 12 – JT – on A 127 – ✉ Essex.

🏨 **Palms**
Southend Arterial Rd (A 127), RM11 3UJ, ✆ (01708) 346789,
Fax (01708) 341719
🛏 – ✤✕ rm, 📺 ☎ ⅙ 🅿 – ♨ 270. ⬜ AE ⓪ VISA. ✻
Meals (bar lunch Saturday) (dancing Friday evening) 9.95/18.00 st.
and a la carte ⬦ 6.50 – ⬜ 9.95 – **137 rm** 92.00/150.00 st.

Romford – ✉ Essex.

🛝18, 🛝9 Havering, Risebridge, Risebridge Chase, Lower Bedfords Rd ✆ (01708)
741429 JT.

🏨 **Travel Inn**   JU a
Mercury Gdns., RM1 3EN, ✆ (01708) 760548, Fax (01708) 760456
🛗, ✤✕ rm, 📺 ⅙ 🅿, ⬜ AE ⓪ VISA
Meals (grill rest.) – **40 rm** 36.50 t.

HILLINGDON pp. 4 and 8.

🛝18 Haste Hill, The Drive, Northwood ✆ (01923) 825224 AU.

Hayes – ✉ Middx.

🏨 **Travel Inn**   AV a
362 Uxbridge Rd, UB4 0HF, ✆ (0181) 573 7479, Fax (0181) 569 1204
✤✕ rm, 📺 ⅙ 🅿, ⬜ AE ⓪ VISA. ✻
Meals (grill rest.) – **62 rm** 36.50 t.

Heathrow Airport – ✉ Middx.

Radisson Edwardian
AX e
140 Bath Rd, Hayes, UB3 5AW, ✆ (0181) 759 6311, Fax (0181) 759 4559
Ⅰ₅, ⇌s, ▦ – |≢|, ⅍ rm, ▤ TV ☎ P – ≙ 550. ◍ AE ⓪ VISA. ⅜
Henleys : Meals a la carte 34.50/39.00 st. ⅟ 8.00.
Brasserie : Meals a la carte approx. 20.50 st. ⅟ 8.00 – ⊑ 14.00 – **442 rm**
157.00/200.00 s., 17 suites.

Holiday Inn Crowne Plaza Heathrow London
AV v
Stockley Rd, West Drayton, UB7 9NA, ✆ (01895) 445555, Fax (01895) 445122
Ⅰ₅, ⇌s, ▦, |₉| – |≢|, ⅍ rm, ▤ TV ☎ & P – ≙ 200. ◍ AE ⓪ VISA JCB
Marlowe : Meals a la carte 24.75/36.20 st. ⅟ 7.50.
Cafe Galleria : Meals a la carte 18.15/27.95 st. ⅟ 7.50 – ⊑ 12.95 – **372 rm**
175.00/185.00 st., 2 suites.

Sheraton Skyline
AX u
Bath Rd, Hayes, UB3 5BP, ✆ (0181) 759 2535, Fax (0181) 750 9150
Ⅰ₅, ▦ – |≢|, ⅍ rm, ▤ TV ☎ & P – ≙ 500. ◍ AE ⓪ VISA JCB. ⅜
Colony Room : Meals (closed Sunday) (dinner only) a la carte 26.25/35.75 st.
⅟ 11.50.
Le Jardin : Meals 18.75 st. and a la carte ⅟ 11.50 – ⊑ 15.50 – **346 rm** 185.00/
224.50 st., 5 suites.

London Heathrow Hilton
AX n
Terminal 4, TW6 3AF, ✆ (0181) 759 7755, Fax (0181) 759 7579
Ⅰ₅, ⇌s, ▦ – |≢|, ⅍ rm, ▤ TV ☎ & P – ≙ 240. ◍ AE ⓪ VISA JCB. ⅜
Brasserie : Meals 20.95/22.75 st. and a la carte ⅟ 12.00.
Zen Oriental : Meals - Chinese - 25.80/27.50 t. and a la carte ⅟ 14.80 – ⊑
14.95 – **390 rm** 185.00 st., 5 suites – SB.

Forte Crest
AV c
Sipson Rd, West Drayton, UB7 0JU, ✆ (0181) 759 2323, Fax (0181) 897 8659
|≢|, ⅍ rm, ▤ TV ☎ & P – ≙ 100. ◍ AE ⓪ VISA JCB. ⅜
Meals (closed Saturday lunch) (carving rest.) 17.50 st. ⅟ 7.25
Sampans : Meals - Chinese - (dinner only) 17.95 t. and a la carte ⅟ 7.95
Tutto : Meals (closed lunch Saturday, Sunday and Bank Holidays) 10.00 t.
and a la carte ⅟ 8.95 – ⊑ 11.50 – **521 rm** 125.00/135.00 st., 6 suites – SB.

Excelsior Heathrow
AX x
Bath Rd, West Drayton, UB7 0DU, ✆ (0181) 759 6611, Fax (0181) 759 3421
Ⅰ₅, ⇌s, ▦ – |≢|, ⅍ rm, ▤ TV ☎ & P – ≙ 700. ◍ AE ⓪ VISA JCB
Meals (carving rest.) 17.95 st. and dinner a la carte ⅟ 5.75
Wheeler's : Meals - Seafood - (closed lunch Saturday and Sunday and Bank
Holidays) a la carte 21.00/37.00 st. ⅟ 6.75 – ⊑ 12.50 – **817 rm** 125.00/
130.00 st., 10 suites – SB.

Ramada H. Heathrow
AX c
Bath Rd, TW6 2AQ, ✆ (0181) 897 6363, Fax (0181) 897 1113
Ⅰ₅, ⇌s – |≢|, ⅍ rm, ▤ TV ☎ & P – ≙ 550. ◍ AE ⓪ VISA JCB. ⅜
Meals 17.50/20.50 st. and a la carte ⅟ 6.00 – ⊑ 11.25 – **634 rm** 150.00 st.,
6 suites.

Sheraton Heathrow
AVX a
Colnbrook bypass, West Drayton, UB7 0HJ, ✆ (0181) 759 2424,
Fax (0181) 759 2091
|≢|, ⅍ rm, ▤ TV ☎ P – ≙ 60. ◍ AE ⓪ VISA. ⅜
Meals a la carte 15.45/28.70 st. ⅟ 9.50 – ⊑ 13.50 – **427 rm** 170.00/180.00 st.,
4 suites.

Forte Posthouse Heathrow
AX i
Bath Rd, Hayes, UB3 5AJ, ✆ (0181) 759 2552, Fax (0181) 564 9265
|≢|, ⅍ rm, ▤ TV ☎ P – ≙ 45. ◍ AE ⓪ VISA JCB. ⅜
Meals a la carte 14.25/25.65 st. ⅟ 7.25 – ⊑ 10.95 – **186 rm** 109.00 st. – SB.

Ickenham – ✉ Middx.

✗ **Roberto's**   AU   i
15 Long Lane, UB10 8AX, ✆ (01895) 632519
▤ . ⓶⓪ AE VISA JCB
closed Sunday – **Meals** - Italian - a la carte 14.50/26.00 **t.** ⓭ 7.50.

HOUNSLOW *pp. 8 and 9.*

🏌₁₈ Wyke Green, Syon Lane, Isleworth ✆ *(0181) 560 8777* BV – 🏌₁₈ Airlinks, Southall
Lane ✆ *(0181) 561 1418* ABV – 🏌₁₈ Hounslow Heath, Staines Rd ✆ *(0181) 570 5271*
BX.

🏢 24 The Treaty Centre, Hounslow High St., TW3 1ES ✆ *(0181) 572 8279.*

Chiswick – ✉ W4.

✗✗ **La Dordogne**   CV   o
5 Devonshire Rd, W4 2EU, ✆ *(0181) 747 1836, Fax (0181) 994 9144*
⓶⓪ AE ⓞ VISA JCB
closed lunch Saturday and Sunday and Bank Holidays – **Meals** - French -
a la carte 18.90/30.30 **t.** ⓭ 5.10.

✗ **The Chiswick**   CV   e
131 Chiswick High Rd, W4 2ED, ✆ *(0181) 994 6887, Fax (0181) 747 8708*
⓶⓪ AE VISA
closed Saturday lunch, Sunday dinner and 4 days Christmas – **Meals** 9.50 **t.**
and a la carte ⓭ 4.75.

Cranford – ✉ Middx.

🏨 **Jarvis International Heathrow**   AX   r
Bath Rd, TW5 9QE, ✆ (0181) 897 2121, *Fax (0181) 897 7014*
🚗 – ⎸🛗⎸, 🍴✻ rm, TV ☎ Ⓟ – 🏋 100. ⓶⓪ AE ⓞ VISA . ⅍
Meals *(closed lunch Saturday and Sunday)* 12.50/15.95 **t.** and a la carte ⓭ 6.50
– ⎊ 10.95 – **72 rm** 109.00/125.00 **st.**, 1 suite – SB.

Heston Service Area – ✉ Middx.

🏩 **Travelodge**   ABV   e
TW5. 9NB, on M 4 (between junctions 2 and 3 westbound carriageway),
✆ (0181) 580 2000, *Fax (0181) 580 2006*
without rest., Reservations (Freephone) 0800 850950 – 🍴✻ TV ☎ ⅋ Ⓟ. ⓶⓪
AE ⓞ VISA JCB . ⅍
95 rm 55.95 **t.**

ISLINGTON *Except where otherwise stated see pp. 20-23.*

Canonbury – ✉ N1.

✗ **Anna's Place**   p. 6 FU a
90 Mildmay Park, N1 4PR, ✆ (0171) 249 9379
*closed Sunday dinner, lunch 2 weeks August, Monday, 1 week Easter and
2 weeks Christmas* – **Meals** - Swedish - (booking essential) a la carte 18.75/
27.50 **t.**

Clerkenwell – ✉ EC1.

✗✗ **Maison Novelli**   NU   a
29 Clerkenwell Green, EC1R 0DU, ✆ (0171) 251 6606, *Fax (0171) 490 1083*
⓶⓪ AE ⓞ VISA JCB
closed Saturday lunch, Sunday, New Year and Bank Holidays – **Meals**
a la carte 25.00/40.00 **t.** ⓭ 12.60.

X **Novelli EC1** NU a
30 Clerkenwell Green, EC1R 0DU, ✆ (0171) 251 6606
MO AE O VISA JCB
Meals *(closed Saturday lunch, Sunday and Bank Holidays)* a la carte 14.30/22.30 t. ₰ 10.50.

Finsbury – ✉ WC1/EC1/EC2.

X **Stephen Bull's Bistro** NU r
71 St. John St., EC1M 4AN, ✆ (0171) 490 1750, *Fax (0171) 490 3128*
▤. MO AE VISA
closed Saturday lunch, Sunday, 24 December-2 January and Bank Holidays –
Meals a la carte 19.50/25.00 t. ₰ 11.50.

X **Quality Chop House** MT n
94 Farringdon Rd, EC1R 3EA, ✆ (0171) 837 5093
closed Saturday lunch and 10 days Christmas – **Meals** a la carte 18.00/26.25 t. ₰ 8.00.

X **Moro** NT a
34-36 Exmouth Market, EC1R 4QE, ✆ (0171) 833 8336, *Fax (0171) 833 9338*
▤. MO VISA
closed Sunday and 24 December-3 January – **Meals** a la carte 16.50/20.50 t.

X **St. John** OU c
26 St. John St., EC1M 4AY, ✆ (0171) 251 0848, *Fax (0171) 251 4090*
MO AE O VISA
closed Saturday lunch, Sunday, Easter and Christmas – **Meals** a la carte 19.00/26.00 t. ₰ 10.00.

◱ **Peasant** NT e
240 St. John St., EC1V 4PH, ✆ (0171) 336 7726, *Fax (0171) 251 4476*
MO AE VISA
closed Saturday lunch, Sunday, 24 December-2 January and Bank Holidays –
Meals a la carte 16.80/21.90 t.

Islington – ✉ N1.

▥ **Stakis London Islington** NS s
Upper St., N1 0UY, ✆ (0171) 354 7700, *Fax (0171) 354 7711*
⇄ rm, ▤ TV ☎ ⅖ – ⅖ 35. MO AE O VISA. ✗
Meals a la carte 19.95/30.45 t. ₰ 7.00 – ⊡ 11.50 – **183 rm** 135.00/210.00 st. –
SB.

XX **Frederick's** NS c
Camden Passage, N1 8EG, ✆ (0171) 359 2888, *Fax (0171) 359 5173*
☖, ☞ – ▤. MO AE O VISA
closed Sunday, 1 week Christmas-New Year and Bank Holidays – **Meals**
a la carte 24.00/30.00 st. ₰ 7.50.

XX **Lola's** NS n
359 Upper St., N1 0PD, ✆ (0171) 359 1932, *Fax (0171) 359 2209*
MO AE O VISA JCB
closed Sunday dinner – **Meals** 16.50 t. (lunch) and a la carte 19.25/26.50 t. ₰ 7.75.

X **Granita** NS a
127 Upper St., N1 1PQ, ✆ (0171) 226 3222, *Fax (0171) 226 4833*
▤. MO VISA
closed Tuesday lunch, Monday, 1 week Easter, 2 weeks August and 10 days Christmas – **Meals** 13.95 t. (lunch) and dinner a la carte 21.50/24.50 t.

✗ **Fisk**   NS r
265 Upper St., N1 2UQ, ✆ (0171) 359 1022
⓴ AE VISA JCB
closed Sunday, Monday, 24-26 and 31 December and 1 January – **Meals** -
Scandinavian-Seafood - (light lunch)/dinner a la carte 21.50/44.90 **t.** ⌂ 4.75.

✗ **Euphorium**   NS e
203 Upper St., N1 1RQ, ✆ (0171) 704 6909, *Fax (0171) 226 0241*
⓴ AE VISA JCB
closed Sunday dinner – **Meals** 17.00 **t.** (lunch) and dinner a la carte 23.50/
30.00 **t.**

KENSINGTON and CHELSEA *(Royal Borough of).*

Chelsea – ✉ *SW1/SW3/SW10 – Except where otherwise stated see pp. 30 and 31.*

🏨 **Hyatt Carlton Tower**   FR n
2 Cadogan Pl., SW1X 9PY, ✆ (0171) 235 1234, *Fax (0171) 235 9129*
≤, ₁₆, ⓢ, ⬚, 🛋, ✗ – 🛗, ✤ rm, 🖭 TV ☎ ⟷ – 🔬 250. ⓴ AE ⓪ VISA
JCB. ⅍
Rib Room *(✆ (0171) 824 7053) :* **Meals** 26.50/32.50 **t.** and a la carte ⌂ 15.00 –
(see also **Grissini** below) – ⌂ 16.50 – **191 rm** 265.00/320.00, 29 suites.

🏨 **Conrad International London**   p. 13 CQ i
Chelsea Harbour, SW10 0XG, ✆ (0171) 823 3000, *Fax (0171) 351 6525*
≤, ₁₆, ⓢ, ⬚ – 🛗, ✤ rm, 🖭 TV ☎ & ⟷ – 🔬 180. ⓴ AE ⓪ VISA JCB
The Brasserie : Meals 22.50 (dinner) and a la carte 19.50/34.00 ⌂ 15.50 – ⌂
17.00 –**159 suites** 250.00/280.00.

🏨 **Sheraton Park Tower**   FQ v
101 Knightsbridge, SW1X 7RN, ✆ (0171) 235 8050, *Fax (0171) 235 8231*
≤ – 🛗, ✤ rm, 🖭 TV ☎ & ⟷ – 🔬 60. ⓴ AE ⓪ VISA JCB. ⅍
101 Knightsbridge *(✆ (0171) 235 6067) :* **Meals** 23.50/34.00 **t.** and a la carte
⌂ 15.50 – ⌂ 17.00 – **267 rm** 262.00/378.00 **s.**, 22 suites – SB.

🏨 **Capital**   ER a
❀ 22-24 Basil St., SW3 1AT, ✆ (0171) 589 5171, *Fax (0171) 225 0011*
🛗 🖭 TV ☎ ⟷ – 🔬 25. ⓴ AE ⓪ VISA. ⅍
Meals (booking essential) 28.00/55.00 **t.** and a la carte 50.50/55.50 **t.** ⌂ 9.00 –
⌂ 17.50 – **48 rm** 167.00/310.00 **s.**
Spec. Asparagus tuile with a sauternes, truffle and lime sabayon. Braised
duckling in orange, fennel, cinnamon and honey with flat beans. Assiette of
vanilla.

🏨 **Durley House**   FS e
115 Sloane St., SW1X 9PJ, ✆ (0171) 235 5537, *Fax (0171) 259 6977*
« Georgian town house », 🛋, ✗ – 🛗 TV ☎. ⓴ AE VISA. ⅍
Meals (room service only) a la carte 18.00/25.50 **t.** ⌂ 9.95 – ⌂ 14.50,
11 suites 220.00/395.00 **s.**

🏨 **Cadogan**   FR e
75 Sloane St., SW1X 9SG, ✆ (0171) 235 7141, *Fax (0171) 245 0994*
🛋, ✗ – 🛗, ✤ rm, 🖭 rest, TV ☎ – 🔬 40. ⓴ AE VISA. ⅍
Meals *(closed Saturday lunch)* 17.90/25.50 **t.** and a la carte ⌂ 6.75 – ⌂ 14.50 –
61 rm 140.00/215.00 **st.**, 4 suites – SB.

🏨 **Cliveden Town House**   FS c
24-26 Cadogan Gdns., SW3 2RP, ✆ (0171) 730 6466, *Fax (0171) 730 0236*
🛋 – 🛗, 🖭 rm, TV ☎. ⓴ AE ⓪ VISA
Meals (room service only) – ⌂ 17.50 – **31 rm** 120.00/250.00 **s.**, 4 suites.

🏨 Franklin
DS e

28 Egerton Gdns., SW3 2DB, ✆ (0171) 584 5533, *Fax (0171) 584 5449*
« Tastefully furnished Victorian town house », 🚗 – 🛗 ▭ 📺 ☎. ⓜ ⒶⒺ ⓞ
VISA . 彩

Meals (room service only) a la carte 20.00/28.00 **st.** ₰ 8.00 – ⬭ 14.00 – **46 rm**
140.00/275.00 **s.**, 1 suite.

🏨 Basil Street
FQ o

8 Basil St., SW3 1AH, ✆ (0171) 581 3311, *Fax (0171) 581 3693*
🛗 📺 ☎ – 🔬 55. ⓜ ⒶⒺ ⓞ *VISA* ᴊᴄʙ. 彩

Meals (carving lunch Saturday) 11.00/19.50 **t.** and a la carte ₰ 7.50 – ⬭ 13.50
– **93 rm** 115.00/170.00 **s.**

🏨 Chelsea
FR r

17-25 Sloane St., SW1X 9NU, ✆ (0171) 235 4377, *Fax (0171) 235 3705*
🛗, 彩 rm, ▭ 📺 ☎ – 🔬 100. ⓜ ⒶⒺ ⓞ *VISA* ᴊᴄʙ. 彩
The Restaurant : Meals *(closed Sunday dinner)* 19.50 **t.** (lunch)
and a la carte 19.50/32.00 **t.** – ⬭ 13.75 – **219 rm** 180.00/230.00 **s.**, 5 suites.

🏨 Sydney House
DT a

9-11 Sydney St., SW3 6PU, ✆ (0171) 376 7711, *Fax (0171) 376 4233*
« Tastefully furnished Victorian town house » – 🛗 📺 ☎. ⓜ ⒶⒺ ⓞ *VISA*
Meals (room service only) – ⬭ 14.10 – **21 rm** 150.00/200.00 **s.**

🏨 Egerton House
DR e

17-19 Egerton Terr., SW3 2BX, ✆ (0171) 589 2412, *Fax (0171) 584 6540*
« Tastefully furnished Victorian town house » – 🛗 ▭ 📺 ☎. ⓜ ⒶⒺ ⓞ *VISA* .
彩

Meals (room service only) a la carte 17.50/29.00 **t.** ₰ 10.00 – ⬭ 14.00 – **29 rm**
140.00/210.00.

🏨 Sloane
ET c

29 Draycott Pl., SW3 2SH, ✆ (0171) 581 5757, *Fax (0171) 584 1348*
« Victorian town house, antiques » – 🛗 ▭ 📺 ☎. ⓜ ⒶⒺ ⓞ *VISA* ᴊᴄʙ. 彩
Meals (room service only) – ⬭ 12.00 – **12 rm** 130.00/225.00 **s.**

🏨 Eleven Cadogan Gardens
FS u

11 Cadogan Gdns., SW3 2RJ, ✆ (0171) 730 7000, *Fax (0171) 730 5217*
🏋 – 🛗 📺 ☎. ⓜ ⒶⒺ ⓞ *VISA* ᴊᴄʙ. 彩
Meals (room service only) a la carte 15.00/20.00 ₰ 7.05 – ⬭ 11.75 – **55 rm**
138.65/220.90 **t.**, 5 suites.

🏨 The London Outpost of the Carnegie Club
FS r

69 Cadogan Gdns., SW3 2RB, ✆ (0171) 589 7333, *Fax (0171) 581 4958*
without rest., 🚗 – 🛗 彩 ▭ 📺 ☎. ⓜ ⒶⒺ ⓞ *VISA* . 彩 – ⬭ 14.75 – **11 rm**
150.00/235.00.

🏨 Beaufort
ER n

33 Beaufort Gdns., SW3 1PP, ✆ (0171) 584 5252, *Fax (0171) 589 2834*
without rest., « English floral watercolour collection » – 🛗 ▭ 📺 ☎. ⓜ ⒶⒺ
ⓞ *VISA* ᴊᴄʙ. 彩
28 rm 130.00/240.00 **s.**

🏨 Parkes
ER x

41 Beaufort Gdns., SW3 1PW, ✆ (0171) 581 9944, *Fax (0171) 581 1999*
without rest. – 🛗 📺 ☎. ⓜ ⒶⒺ ⓞ *VISA* ᴊᴄʙ. 彩
18 rm ⬭ 115.00/180.00 **s.**, 15 suites 210.00/265.00 **s.**

🏨 Claverley
ER o

13-14 Beaufort Gdns., SW3 1PS, ✆ (0171) 589 8541, *Fax (0171) 584 3410*
without rest. – 🛗 彩 📺 ☎. ⓜ ⒶⒺ ⓞ *VISA* ᴊᴄʙ. 彩
29 rm ⬭ 60.00/215.00 **t.**

🏛 **Knightsbridge**   ER O
12 Beaufort Gdns., SW3 1PT, ✆ (0171) 589 9271, *Fax (0171) 823 9692*
🔙, ⬆️ – 💈 📺 ☎. 🅿️ 🆎 ⓪ *VISA* JCB. ✂️
Meals (room service only) – **44 rm** ⬜ 90.00/135.00 **st.**, 6 suites.

🏛 **L'Hotel**   ER i
28 Basil St., SW3 1AT, ✆ (0171) 589 6286, *Fax (0171) 225 0011*
💈 📺 ☎. 🅿️ 🆎 ⓪ *VISA* JCB. ✂️
Le Metro : **Meals** 15.00 **t.** and a la carte – **12 rm** 144.50/169.00 **s.**

💇 **La Tante Claire** (Koffmann)   EU c
✿✿✿ 68-69 Royal Hospital Rd, SW3 4HP, ✆ (0171) 352 6045, *Fax (0171) 352 3257*
⬛. 🅿️ 🆎 ⓪ *VISA*
closed Saturday, Sunday, 10 days Easter, 3 weeks August, 10 days Christmas and Bank Holidays – **Meals** - French - (booking essential) 28.00 **st.** (lunch) and a la carte 54.00/64.00 **st.** 🍷 14.00
Spec. Coquilles St. Jacques à la planche, sauce encre. Pied de cochon aux morilles, pomme purée. Croustade de pommes à la fleur d'oranger.

💇 **Aubergine** (Ramsay)   CU r
✿✿ 11 Park Walk, SW10 0AJ, ✆ (0171) 352 3449, *Fax (0171) 351 1770*
⬛. 🅿️ 🆎 ⓪ *VISA*
closed Saturday lunch, Sunday, 2 weeks August, 2 weeks Christmas and Bank Holidays – **Meals** (booking essential) 24.00/45.00-55.00 **t.** 🍷 15.00
Spec. Tartare of scallops with crème fraîche and caviar in a basil consommé. Braised turbot with a herb and lettuce tortellini and a sea urchin sauce. Tart Tatin of pineapple caramelised with vanilla.

💇 **The Canteen**   p. 13 CQ i
✿ Harbour   Yard,   Chelsea   Harbour,   SW10   0XD,   ✆ (0171) 351 7330,
Fax (0171) 351 6189
⬛. 🅿️ 🆎 *VISA*
closed Saturday lunch, Sunday dinner and Bank Holidays – **Meals** 19.50 **t.** (lunch) and a la carte 24.95/27.40 **t.** 🍷 7.50
Spec. Warm salad of sea scallops, apple and cashew nuts. Seared Cajun tuna with a salad of couscous, peppers and olives. Crêpe Suzette soufflé.

💇 **Bibendum**   DS s
Michelin   House,   81   Fulham   Rd,   SW3   6RD,   ✆ (0171) 581 5817,
Fax (0171) 823 7925
⬛. 🅿️ 🆎 ⓪ *VISA*
closed 25-26 December and 1 January – **Meals** 28.00 **t.** (lunch) and dinner a la carte 39.00/50.00 **t.**

💇 **Fifth Floor** (at Harvey Nichols)   FQ a
Knightsbridge, SW1X 7RJ, ✆ (0171) 235 5250, *Fax (0171) 823 2207*
⬛. 🅿️ 🆎 ⓪ *VISA* JCB
closed dinner Sunday and Bank Holidays and 25 December – **Meals** 22.50 **t.** (lunch) and dinner a la carte 24.75/41.50 **t.** 🍷 7.50.

💇 **La Belle Epoque**   ES c
151 Draycott Av., SW3 3AL, ✆ (0171) 460 5000, *Fax (0171) 460 5001*
⬛. 🅿️ 🆎 *VISA*
closed 25 and 26 December – *La Salle :* **Meals** a la carte 21.25/34.00 **st.** 🍷 9.00
– (see also *L'Oriental* below).

🍴 **La Brasserie** (✆ (0171) 460 5105) :
Meals *(closed 25 and 26 December)* a la carte 17.00/24.50 **st.**

💇 **L'Oriental** (at La Belle Epoque)   ES c
151 Draycott Av., SW3 3AL, ✆ (0171) 460 5010, *Fax (0171) 460 5001*
⬛. 🅿️ 🆎 *VISA*
closed Sunday and 25-26 December – **Meals** - Eastern specialities - (dinner only) a la carte 32.00/45.50 **st.**

XXX **Grissini** (at Hyatt Carlton Tower H.)   FR n
Cadogan Pl., SW1X 9PY, ☎ (0171) 858 7171, Fax (0171) 235 9129
🖪. 🐼 AE ⓪ VISA JCB
closed Saturday lunch – **Meals** - Italian - 19.00 **t.** (lunch) and a la carte 22.00/
39.00 **t.** 🍷 9.00.

XXX **Albero & Grana**   ET e
Chelsea Cloisters, 89 Sloane Av., SW3 3DX, ☎ (0171) 225 1048,
Fax (0171) 581 3259
🖪. 🐼 AE ⓪ VISA
Meals - Spanish - (dinner only and Saturday lunch) a la carte approx. 40.00 **t.**

XXX **Turner's**   ES n
87-89 Walton St., SW3 2HP, ☎ (0171) 584 6711, Fax (0171) 584 4441
🖪. 🐼 AE ⓪ VISA
closed Saturday lunch and Bank Holidays – **Meals** 15.00/29.50 **t.** and a la carte
🍷 9.50.

XXX **Chutney Mary**   p. 24 FZ v
535 King's Rd, SW10 0SZ, ☎ (0171) 351 3113, Fax (0171) 351 7694
🖪. 🐼 AE ⓪ VISA JCB
closed 25 December dinner and 26 December – **Meals** - Anglo-Indian -
14.50 **t.** (lunch) and dinner a la carte 23.90/28.05 **t.** 🍷 8.75.

XX **Chavot** (Chavot)   CU a
257-259 Fulham Rd, SW3 6HY, ☎ (0171) 351 7823, Fax (0171) 376 4971
🐼 AE VISA
closed Saturday lunch and Sunday – **Meals** - French - 22.50 **t.** (lunch)
and a la carte 32.00/40.50 **t.**
Spec. Roasted scallops with mustard oil and horseradish potatoes. Venison
cutlet wtih braised cabbage. Citrus terrine with chocolate samosa.

XX **Bluebird**   CU e
350 King's Rd, SW3 5UU, ☎ (0171) 559 1000, Fax (0171) 559 1111
💲| 🖪. 🐼 AE ⓪ VISA
closed 25-26 December and lunch 1 January – **Meals** 15.75 **t.** (lunch)
and a la carte 17.00/44.50 **t.**

XX **English Garden**   ET x
10 Lincoln St., SW3 2TS, ☎ (0171) 584 7272, Fax (0171) 581 2848
🖪. 🐼 AE ⓪ VISA JCB
Meals - English - 16.50 **t.** (lunch) and a la carte 27.00/30.75 **t.** 🍷 5.50.

XX **Benihana**   EU e
77 King's Rd, SW3 4NX, ☎ (0171) 376 7799, Fax (0171) 376 7377
🖪. 🐼 AE ⓪ VISA JCB
Meals - Japanese (Teppan-Yaki) - 10.00/14.00 and a la carte.

XX **La Ciboulette**   ET a
138a King's Rd, SW3 4XB, ☎ (0171) 823 7444, Fax (0171) 823 7457
🖪. 🐼 AE VISA JCB
closed Sunday dinner and Bank Holidays – **Meals** - French - 13.50/18.50 **t.**
and a la carte 🍷 8.75.

XX **Brasserie St. Quentin**   DR a
243 Brompton Rd, SW3 2EP, ☎ (0171) 589 8005, Fax (0171) 584 6064
🖪. 🐼 AE VISA JCB
Meals - French - a la carte 22.80/38.40 **t.** 🍷 6.90.

XX **Poissonnerie de l'Avenue**   DS u
82 Sloane Av., SW3 3DZ, ☎ (0171) 589 2457, Fax (0171) 581 3360
🖪. 🐼 AE ⓪ VISA JCB
closed Sunday, 25-26 December and Bank Holidays – **Meals** - French Seafood
- 18.50 **t.** (lunch) and a la carte 26.00/34.50 **t.** 🍷 6.50.

XX **Daphne's**   DS a
112 Draycott Av., SW3 3AE, ℰ (0171) 589 4257, *Fax (0171) 581 2232*
▤ ⓜⓢ ⒜Ⓔ ⓞ *VISA*
closed 1 week Christmas – **Meals** - Italian - a la carte 24.50/30.00 ₪ 8.50.

XX **Vama**   GZ e
438 King's Rd, SW10 0LJ, ℰ (0171) 351 4118, *Fax (0171) 565 8501*
ⓜⓢ ⒜Ⓔ ⓞ *VISA*
Meals - Indian - 9.95 t. (lunch) and a la carte 20.50/24.75 t. ₪ 4.75.

XX **The Collection**   DS v
264 Brompton Rd, SW3 2AS, ℰ (0171) 225 1212, *Fax (0171) 225 1050*
▤ ⓜⓢ ⒜Ⓔ ⓞ *VISA*
closed Sunday, 25 December and 1 January – **Meals** a la carte 18.00/31.50 t.

XX **Caraffini**   FT a
61-63 Lower Sloane St., SW1W 8DH, ℰ (0171) 259 0235
▤ ⓜⓢ ⒜Ⓔ *VISA*
closed Sunday and Bank Holidays – **Meals** - Italian - a la carte 19.40/27.40 t.
₪ 7.75.

XX **Osteria Le Fate**   ET r
5 Draycott Av., SW3, ℰ (0171) 591 0071
ⓜⓢ *VISA*
closed Sunday – **Meals** - Italian - 18.00/28.00 st. and a la carte.

XX **Grill St. Quentin**   ER r
3 Yeoman's Row, SW3 2AL, ℰ (0171) 581 8377, *Fax (0171) 584 6064*
▤ ⓜⓢ ⒜Ⓔ ⓞ *VISA* ⓙⒸⒷ
Meals - French - a la carte 19.00/25.90 t. ₪ 6.90.

XX **Busabong Too**   p. 24 FZ x
1a Langton St., SW10 0JL, ℰ (0171) 352 7414, *Fax (0171) 352 7414*
▤ ⓜⓢ ⒜Ⓔ ⓞ *VISA* ⓙⒸⒷ
closed 24 and 25 December – **Meals** - Thai - (dinner only) 22.25 t.
and a la carte.

XX **Toto's**   ES a
Walton House, Walton St., SW3 2JH, ℰ (0171) 589 0075, *Fax (0171) 581 9668*
▤ ⓜⓢ ⒜Ⓔ ⓞ *VISA* ⓙⒸⒷ
closed 25 to 27 December – **Meals** - Italian - 19.50/30.00 st. and a la carte
₪ 7.00.

XX **Red of Knightsbridge**   DR n
8 Egerton Garden Mews, SW3 2EH, ℰ (0171) 584 7007
Meals - Chinese - 10.00/15.00 t. and a la carte.

XX **Good Earth**   DR c
233 Brompton Rd, SW3 2EP, ℰ (0171) 584 3658, *Fax (0171) 823 8769*
▤ ⓜⓢ ⒜Ⓔ ⓞ *VISA* ⓙⒸⒷ
closed 24 to 27 December – **Meals** - Chinese - 10.95/18.50 t. and a la carte
₪ 8.00.

XX **Dan's**   DU s
119 Sydney St., SW3 6NR, ℰ (0171) 352 2718, *Fax (0171) 352 3265*
ⓜⓢ ⒜Ⓔ *VISA* ⓙⒸⒷ
closed Sunday dinner and 24 December-2 January – **Meals** a la carte 23.25/
29.25 t.

XX **Beit Eddine**   FQ z
8 Harriet St., SW1X 9JW, ℰ (0171) 235 3969, *Fax (0171) 245 6335*
ⓜⓢ ⒜Ⓔ ⓞ *VISA*
Meals - Lebanese - a la carte approx. 20.00 t. ₪ 7.50.

Drones of Pont Street
FR s

1 Pont St., SW1X 9EJ, ✆ (0171) 259 6166, *Fax (0171) 259 6177*
▤. ⓜⓒ AE ⓞ *VISA*
closed 24 to 27 December – **Meals** 12.95 **t.** (lunch) and a la carte 23.40/43.20 **t.**

Thierry's
CU c

342 King's Rd, SW3 5UR, ✆ (0171) 352 3365, *Fax (0171) 352 3365*
▤. ⓜⓒ AE ⓞ *VISA* JCB
closed 1 week Christmas – **Meals** a la carte 15.50/27.25 **t.** ⓵ 6.50.

Kartouche
BU c

329-331 Fulham Rd, SW10 9QL, ✆ (0171) 823 3515, *Fax (0171) 823 3991*
▤. ⓜⓒ AE *VISA* JCB
closed 24 December-2 January – **Meals** 14.50 **t.** (lunch) and a la carte 13.95/20.50 **t.** ⓵ 11.75.

Foundation (at Harvey Nichols)
FQ a

Knightsbridge, SW1 7RJ, ✆ (0171) 201 8000, *Fax (0171) 201 8080*
▤. ⓜⓒ AE ⓞ *VISA* JCB
closed Sunday dinner and 25-26 December – **Meals** 16.50 **t.** (lunch) and a la carte 18.00/26.50 **t.**

Monkey's
ET z

1 Cale St., Chelsea Green, SW3 3QT, ✆ (0171) 352 4711
▤. ⓜⓒ *VISA*
closed Sunday dinner, Easter, 3 weeks August and Christmas – **Meals** 20.00/35.00 **t.** ⓵ 8.00.

Cafe O
DS r

163 Draycott Av., SW3 3AJ, ✆ (0171) 584 5950, *Fax (0171) 581 8753*
ⓜⓒ AE *VISA* JCB
closed Sunday lunch, 25 December, 1 January and Bank Holidays – **Meals** - Greek - a la carte 15.35/17.75 **t.**

T'Su
DS a

118 Draycott Av., SW3 3AE, ✆ (0171) 581 1699, *Fax (0171) 581 8716*
▤. ⓜⓒ AE *VISA*
closed August Bank Holiday, 25 December and 1 January – **Meals** - Japanese - a la carte 10.00/30.00 **t.**

Chelsea Ram
FZ r

32 Burnaby St., SW10 0PL, ✆ (0171) 351 4008, *Fax (0171) 349 0884*
ⓜⓒ *VISA*
Meals a la carte approx. 17.35 **st.**

Earl's Court – ✉ SW5/SW10 – *Except where otherwise stated see pp. 30 and 31.*

Barkston Gardens
AT e

34-44 Barkston Gdns., SW5 0EW, ✆ (0171) 373 7851, *Fax (0171) 370 6570*
|≢|, ✕↩ rm, �TV ☎ – ⚙ 100. ⓜⓒ AE ⓞ *VISA* JCB. ⅏
Meals 7.95 **st.** (dinner) and a la carte 12.50/19.40 **st.** ⓵ 5.00 – ⌷ 8.75 – **82 rm** 80.00/90.00 **st.**

Albany
AT a

4-12 Barkston Gdns., SW5 0EN, ✆ (0171) 370 6116, *Fax (0171) 244 8024*
|≢|, ▤ rest, �TV ☎ – ⚙ 30. ⓜⓒ AE ⓞ *VISA* JCB
Meals a la carte 10.50/17.00 **t.** ⓵ 4.50 – ⌷ 6.00 – **78 rm** 90.00/110.00 **st.** – SB.

Henley House
AT e

30 Barkston Gdns., SW5 0EN, ✆ (0171) 370 4111, *Fax (0171) 370 0026*
without rest., 🚲 – ⓣⓥ ☎. ⓜⓒ AE ⓞ *VISA* JCB. ⅏ – ⌷ 3.40 – **20 rm** 69.00/95.00 **st.**

🏠 **Rushmore** p. 24 **EZ** c
11 Trebovir Rd, SW5 9LS, ✆ (0171) 370 3839, *Fax (0171) 370 0274*
without rest. – 📺 ☎. 🅾️🅾️ 🄰🄴 **VISA** 🠶🠶 . ⚡ – ⌧ 5.00 – **22 rm** 65.00/79.00 **st.**

🏠 **Amsterdam** p. 24 **EZ** c
7 and 9 Trebovir Rd, SW5 9LS, ✆ (0171) 370 2814, *Fax (0171) 244 7608*
without rest., � – 🛗 📺 ☎. 🅾️🅾️ 🄰🄴 **VISA** 🠶🠶 . ⚡ – ⌧ 2.75 – **14 rm**
70.00/90.00 **st.**, 6 suites.

✕ **Chezmax** **AU** c
168 Ifield Rd, SW10 9AF, ✆ (0171) 835 0874
🅾️🅾️ 🄰🄴 **VISA**
*closed lunch Saturday and Monday, Sunday, Easter, 25-26 December and
2 weeks August* – **Meals** 23.50 **t.** (dinner) and lunch a la carte 13.50/32.45 **t.**

Kensington – ✉ SW7/W8/W11/W14 – *Except where otherwise stated*
see pp. 24-27.

🏨 **Royal Garden** p. 30 **AQ** c
2-24 Kensington High St., W8 4PT, ✆ (0171) 937 8000, *Fax (0171) 938 4532*
≼, 🄵🅂, 🄴🅂 – 🛗, 🠶↔ rm, 🗏 📺 ☎ ⚹ 🅿 – 🄰 600. 🅾️🅾️ 🄰🄴 🄾 **VISA** 🠶🠶 . 🠶🠶
The Tenth (✆ *(0171) 361 1910) :* **Meals** *(closed Saturday lunch and Sunday)*
19.50 **t.** (lunch) and a la carte 20.70/38.75 **t.** ⸙ 10.50
Park Terrace : **Meals** 18.25 (lunch) and a la carte 17.00/31.00 **t.** ⸙ 10.50 – ⌧
16.50 – **385 rm** 175.00/215.00, 15 suites.

🏨 **Copthorne Tara** **FY** u
Scarsdale Pl., W8 5SR, ✆ (0171) 937 7211, *Fax (0171) 937 7100*
🛗, 🠶↔ rm, 🗏 📺 ☎ ⚹ 🅿 – 🄰 500. 🅾️🅾️ 🄰🄴 🄾 **VISA** 🠶🠶 . 🠶🠶
Brasserie : **Meals** 18.00 **st.** and a la carte ⸙ 6.50.
Jerome K. Jerome : **Meals** *(closed Sunday)* (dinner only) a la carte 22.20/
32.30 **st.** ⸙ 6.50 – ⌧ 13.00 – **815 rm** 170.00/210.00 **st.**, 10 suites.

🏨 **Halcyon** **EX** u
81 Holland Park, W11 3RZ, ✆ (0171) 727 7288, *Fax (0171) 229 8516*
🛗 🗏 📺 ☎. 🅾️🅾️ 🄰🄴 🄾 **VISA** . 🠶🠶
Meals – (see *The Room* below) – ⌧ 14.00 – **40 rm** 170.00/260.00 **st.**,
3 suites.

🏨 **The Milestone** p. 30 **AQ** u
1-2 Kensington Court, W8 5DL, ✆ (0171) 917 1000, *Fax (0171) 917 1010*
🄵🅂, 🄴🅂 – 🛗 🗏 📺 ☎. 🅾️🅾️ 🄰🄴 🄾 **VISA** . 🠶🠶
Meals *(closed Saturday, Sunday and Bank Holidays)* 18.00/26.00 **t.**
and a la carte ⸙ 12.00 – ⌧ 15.00 – **48 rm** 220.00/270.00 **st.**, 5 suites.

🏨 **London Kensington Hilton** **EX** s
179-199 Holland Park Av., W11 4UL, ✆ (0171) 603 3355, *Fax (0171) 602 9397*
🛗, 🠶↔ rm, 🗏 📺 ☎ ⚹ 🅿 – 🄰 300. 🅾️🅾️ 🄰🄴 🄾 **VISA** 🠶🠶 . 🠶🠶
Meals 20.00 **st.** (dinner) and a la carte 15.00/30.00 **st.** ⸙ 9.50
Hiroko : **Meals** - Japanese - 15.00/32.00 **st.** and a la carte ⸙ 7.00 – ⌧ 14.50 –
603 rm 170.00/250.00 **st.** – SB.

🏨 **Kensington Park Thistle** p. 30 **BQ** e
16-32 De Vere Gdns., W8 5AG, ✆ (0171) 937 8080, *Fax (0171) 937 7616*
🛗, 🠶↔ rm, 🗏 rest, 📺 ☎ ⚹ – 🄰 120. 🅾️🅾️ 🄰🄴 🄾 **VISA** . 🠶🠶
Moniques Brasserie : **Meals** 15.75 **t.** and a la carte ⸙ 6.00.
Cairngorm Grill : **Meals** *(closed Sunday, Monday, August and Bank Holidays)*
(dinner only) 21.00 **t.** and a la carte ⸙ 8.50 – ⌧ 13.50 – **346 rm** 139.00/
200.00 **st.**, 6 suites – SB.

🏨 Hilton National London Olympia **EY** a
380 Kensington High St., W14 8NL, ✆ (0171) 603 3333, *Fax (0171) 603 4846*
🄵🅂, 🄴🅂 – 🛗, 🠶↔ rm, 🗏 rest, 📺 ☎ 🅿 – 🄰 450
395 rm, 10 suites.

124

Forte Posthouse Kensington
FY c

Wrights Lane, W8 5SP, *&* (0171) 937 8170, *Fax (0171) 937 8289*

Ⅰ₆, ≦s, ▣, 🚗, squash – |≑|, ✝ rm, ▤ rest, TV ☎ P – 🔼 180. ◎© ⁄Æ ◎ ＶＩＳＡ ⌡ᴄᴃ. ⅝

Meals 16.95 **t.** and a la carte ↓ 7.50 – ⌣ 11.00 – **547 rm** 129.00 **t.**

Comfort Inn Kensington
EZ n

22-32 West Cromwell Rd, SW5 9QJ, *&* (0171) 373 3300, *Fax (0171) 835 2040*

|≑|, ✝ rm, ▤ TV ☎ – 🔼 80. ◎© ⁄Æ ◎ ＶＩＳＡ ⌡ᴄᴃ. ⅝

Meals (bar lunch)/dinner a la carte 9.00/18.00 **st.** ↓ 6.00 – ⌣ 8.95 – **125 rm** 85.00/99.00 **st.**

Holland Court
EY e

31-33 Holland Rd, W14 8HJ, *&* (0171) 371 1133, *Fax (0171) 602 9114*

without rest., 🚗 – |≑| TV ☎. ◎© ⁄Æ ◎ ＶＩＳＡ ⌡ᴄᴃ. ⅝

22 rm ⌣ 75.00/105.00.

XXX The Room (at Halcyon H.)
EX u

129 Holland Park Av., W11 3UT, *&* (0171) 221 5411, *Fax (0171) 229 8516*

🌼 – ▤. ◎© ⁄Æ ◎ ＶＩＳＡ

closed Saturday lunch, 25 to lunch 31 December and Bank Holidays – **Meals** 26.00/37.00 **t.** and a la carte 26.00/45.00 ↓ 7.00.

XX Clarke's
EX c

124 Kensington Church St., W8 4BH, *&* (0171) 221 9225, *Fax (0171) 229 4564*

▤. ◎© ⁄Æ ＶＩＳＡ

closed Saturday, Sunday, 2 weeks August and Christmas – **Meals** 29.00/40.00 **st.** ↓ 8.50.

XX Launceston Place
p. 30 BR a

1a Launceston Pl., W8 5RL, *&* (0171) 937 6912, *Fax (0171) 938 2412*

▤. ◎© ⁄Æ ＶＩＳＡ ⌡ᴄᴃ

closed Saturday lunch, Sunday dinner, Easter, 25 December, 1 January and Bank Holidays – **Meals** 17.50 **t.** and a la carte ↓ 6.00.

XX Belvedere in Holland Park
EY u

Holland House, off Abbotsbury Rd, W8 6LU, *&* (0171) 602 1238, *Fax (0171) 610 4382*

🌼, « 19C orangery in park » – ▤. ◎© ⁄Æ ◎ ＶＩＳＡ ⌡ᴄᴃ

closed Sunday dinner, 25 December and 1 January – **Meals** a la carte 17.00/26.00 **t.** ↓ 8.00.

XX Arcadia
p. 30 AQ s

Kensington Court, 35 Kensington High St., W8 5EB, *&* (0171) 937 4294, *Fax (0171) 937 4393*

▤. ◎© ⁄Æ ◎ ＶＩＳＡ

closed Saturday lunch, 24-26 December and 1 January – **Meals** 15.95 **t.** (lunch) and dinner a la carte 17.70/23.00 **t.** ↓ 6.75.

XX La Pomme d'Amour
EX e

128 Holland Park Av., W11 4UE, *&* (0171) 229 8532, *Fax (0171) 221 4096*

▤. ◎© ⁄Æ ◎ ＶＩＳＡ

closed Saturday lunch, Sunday and Bank Holidays – **Meals** - French - 14.20/18.30 **t.** and a la carte ↓ 5.00.

XX L'Escargot Doré
p. 30 AQR e

2-4 Thackeray St., W8 5ET, *&* (0171) 937 8508, *Fax (0171) 937 8508*

▤. ◎© ⁄Æ ◎ ＶＩＳＡ ⌡ᴄᴃ

closed Saturday lunch, Sunday last 2 weeks August, 1 week Christmas and Bank Holidays – **Meals** 16.00 **t.** and a la carte ↓ 5.80.

XX Osteria del Parco
EX v

148 Holland Park Av., W11 4UE, *&* (0171) 221 6090, *Fax (0171) 221 4096*

▤. ◎© ⁄Æ ◎ ＶＩＳＡ

closed 25 December – **Meals** - Italian - a la carte 13.50/19.70 **t.** ↓ 4.50.

XX **Ken Lo's Memories of China**   EY v
353 Kensington High St., W8 6NW, ☎ (0171) 603 6951, *Fax (0171) 603 0848*
🍽 . ⓜⓒ AE Ⓞ VISA JCB
closed Sunday lunch, 24 December-2 January and Bank Holidays – **Meals** -
Chinese - (booking essential) 17.50/25.50 **t**. and a la carte ⓖ 11.00.

XX **Phoenicia**   EY n
11-13 Abingdon Rd, W8 6AH, ☎ (0171) 937 0120, *Fax (0171) 937 7668*
🍽 . ⓜⓒ AE Ⓞ VISA JCB
closed 25 and 26 December – **Meals** - Lebanese - (buffet lunch)
a la carte 15.00/22.85 **t**. ⓖ 5.80.

X **Kensington Place**   p. 32 AZ z
201 Kensington Church St., W8 7LX, ☎ (0171) 727 3184, *Fax (0171) 229 2025*
🍽 . ⓜⓒ AE VISA JCB
closed 25-26 December and 1 January – **Meals** (booking essential) 14.50 **t**.
(lunch) and a la carte 21.00/36.00 **t**. ⓖ 5.75.

X **Novelli W8**   p. 32 AZ r
122 Palace Gardens Terr., W8 4RT, ☎ (0171) 229 4024, *Fax (0171) 243 1826*
🍴 – . ⓜⓒ AE Ⓞ VISA JCB
closed Sunday, Christmas and New Year – **Meals** (booking essential) 14.50 **t**.
(lunch) and a la carte 20.20/29.70 **t**. ⓖ 11.00.

X **Cibo**   EY o
3 Russell Gdns., W14 8EZ, ☎ (0171) 371 6271, *Fax (0171) 602 1371*
ⓜⓒ AE Ⓞ VISA JCB
closed Saturday lunch, Sunday dinner and 23 to 29 December – **Meals** - Italian
- 16.75 **t**. (lunch) and a la carte 19.95/33.75 **t**.

X **The Abingdon**   EY z
54 Abingdon Rd, W8 6AP, ☎ (0171) 937 3339, *Fax (0171) 795 6388*
🍽 . ⓜⓒ AE
closed 25-26 December and 1 January – **Meals** a la carte 19.15/24.25 **t**.

X **Malabar**   p. 32 AZ e
27 Uxbridge St., W8 7TQ, ☎ (0171) 727 8800
ⓜⓒ VISA
closed last week August and 4 days Christmas – **Meals** - Indian - (booking
essential) (buffet lunch Sunday) 15.75 **st**. and a la carte 14.95/28.30 **st**. ⓖ 4.75.

X **Wódka**   p. 30 AR c
12 St. Albans Grove, W8 5PN, ☎ (0171) 937 6513, *Fax (0171) 937 8621*
ⓜⓒ AE Ⓞ VISA
closed lunch Saturday, Sunday and Bank Holidays – **Meals** - Polish - 12.50 **t**.
(lunch) and a la carte 16.70/23.90 **t**. ⓖ 7.90.

X **Mandarin**   EY s
197c Kensington High St., W8 6BA, ☎ (0171) 937 1551
🍽 . ⓜⓒ AE Ⓞ VISA JCB
closed 24 to 26 December – **Meals** - Chinese - 9.00/16.50 **t**. and a la carte
ⓖ 6.00.

North Kensington – ✉ *W2/W10/W11 – Except where otherwise stated*
see pp. 20-23.

🏢 **Pembridge Court**   p. 32 AZ n
34 Pembridge Gdns., W2 4DX, ☎ (0171) 229 9977, *Fax (0171) 727 4982*
« Collection of antique clothing » – |≢|, 🍽 rest, TV ☎ . ⓜⓒ AE Ⓞ VISA
Meals (residents only) (restricted menu) (dinner only) a la carte approx.
19.00 **st**. ⓖ 4.95 – **20 rm** � 110.00/175.00 **st**.

Abbey Court   p. 32 AZ u
20 Pembridge Gdns., W2 4DU, ✆ (0171) 221 7518, *Fax (0171) 792 0858*
without rest., « Tastefully furnished Victorian town house » – ⇆ 📺 ☎. 📶
🄰🄴 🄾 *VISA* 🄹🄲🄱. ⚒
22 rm ⬜ 88.00/145.00 **t.**

Portobello   EV n
22 Stanley Gdns., W11 2NG, ✆ (0171) 727 2777, *Fax (0171) 792 9641*
« Attractive town house in Victorian terrace » – ⧉ 📺 ☎ **22 rm.**

Leith's   EV e
92 Kensington Park Rd, W11 2PN, ✆ (0171) 229 4481, *Fax (0171) 221 1246*
🖩. 🄰🄴 🄾 *VISA* 🄹🄲🄱
*closed lunch Saturday and Monday, Sunday, 2 weeks August, 2 weeks
Christmas-New Year and Bank Holidays except Good Friday* – **Meals** 19.50/
35.00 **t.** and dinner a la carte 33.00/43.75 **t.** ⌾ 8.25
Spec. Roast scallops with spiced lemon couscous, artichokes and a light curry
butter. Wild salmon with oxtail consommé, lentil and mushroom dumplings.
Braised squab pigeon with pancetta and greens, celeriac fondant.

Chez Moi   p. 24 EX n
1 Addison Av., Holland Park, W11 4QS, ✆ (0171) 603 8267, *Fax (0171) 603 3898*
🖩. 📶 🄰🄴 🄾 *VISA*
closed Saturday lunch, Sunday and Bank Holidays – **Meals** - French - 15.00 **t.**
(lunch) and a la carte 22.25/31.75 **t.** ⌾ 5.50.

Orsino   p. 24 EX x
119 Portland Rd, W11 4LN, ✆ (0171) 221 3299, *Fax (0171) 229 9414*
🖩. 📶 🄰🄴 *VISA*
closed 24 and 25 December – **Meals** - Italian - (booking essential) 15.50 **t.**
(lunch) and a la carte 17.00/28.00 **t.** ⌾ 5.50.

Woz   EU n
46 Golborne Rd, W10 5PR, ✆ (0181) 968 2200, *Fax (0181) 968 0550*
📶 🄰🄴 *VISA* 🄹🄲🄱
*closed Monday lunch, Sunday dinner, 1 week April, 2 weeks August and
1 week Christmas* – Meals 12.95/22.95 **t.** and lunch a la carte 14.45/20.20 **t.**

Sugar Club   EU a
33a All Saints Rd, W11 1HE, ✆ (0171) 221 3844, *Fax (0171) 229 2759*
☲ – ⇆. 📶 🄰🄴 🄾 *VISA*
closed 1 week Christmas and August Bank Holiday – Meals 15.50 **t.**
(lunch) and a la carte 19.60/29.40 **t.**

Alastair Little Lancaster Road   EU e
136a Lancaster Rd, W11 1QU, ✆ (0171) 243 2220
📶 🄰🄴 *VISA*
closed Sunday and Bank Holidays – Meals 19.00/25.00 **t.**

192   EV a
192 Kensington Park Rd, W11 2ES, ✆ (0171) 229 0482
📶 🄰🄴 🄾 *VISA*
closed 25-26 December and August Bank Holiday – Meals 12.50 **t.**
(lunch) and a la carte 21.50/26.00 **t.**

South Kensington – ✉ *SW5/SW7/W8* – *Except where otherwise stated*
see pp. 30 and 31.

Gloucester   BS r
4-18 Harrington Gdns., SW7 4LH, ✆ (0171) 373 6030, *Fax (0171) 373 0409*
Ⅰ₅ – ⧉, ⇆ rm, 🖩 📺 ☎ 🄿 – 🄰 650. 📶 🄰🄴 🄾 *VISA* 🄹🄲🄱. ⚒
Meals 9.95 **t.** (lunch) and a la carte 16.00/22.50 **t.** ⌾ 12.00 – ⬜ 14.50 – **542 rm**
185.00/205.00 **st.**, 6 suites.

Pelham
CS z

15 Cromwell Pl., SW7 2LA, ☎ (0171) 589 8288, *Fax (0171) 584 8444*
« Tastefully furnished Victorian town house » – 💱 📧 📺 ☎. 🆖 AE VISA. ⚡
Kemps : Meals *(closed Saturday)* 12.95/15.95 t. and a la carte 16.95/22.20 t. –
🍷 13.25 – **38 rm** 140.00/215.00 s., 3 suites.

Blakes
BU n

33 Roland Gdns., SW7 3PF, ☎ (0171) 370 6701, *Fax (0171) 373 0442*
« Antique oriental furnishings » – 💱, 📧 rest, 📺 ☎ ⓟ. 🆖 AE ① VISA. ⚡
Meals a la carte 30.25/61.25 st. 🍷 11.00 – 🍷 17.00 – **46 rm** 150.00/340.00 st.,
5 suites.

Harrington Hall
BT n

5-25 Harrington Gdns., SW7 4JW, ☎ (0171) 396 9696, *Fax (0171) 396 9090*
🏃, ≋ – 💱, ⚬ rm, 📧 📺 ☎ – 🔼 250. 🆖 AE ① VISA JCB. ⚡
Wetherby's : Meals 19.75 st. and a la carte 🍷 7.50 – 🍷 13.50 – **200 rm**
160.00/175.00 st.

Bailey's
BS a

140 Gloucester Rd, SW7 4QH, ☎ (0171) 373 6000, *Fax (0171) 370 3760*
💱, ⚬ rm, 📧 📺 ☎ – 🔼 440. 🆖 AE ① VISA JCB. ⚡
Olives : Meals (dinner only) a la carte 15.75/18.75 t. 🍷 8.50 – 🍷 12.50 –
212 rm 99.90/293.75 t.

Rembrandt
DS x

11 Thurloe Pl., SW7 2RS, ☎ (0171) 589 8100, *Fax (0171) 225 3363*
🏃, ≋, 🏊 – 💱, ⚬ rm, 📧 rest, 📺 ☎ – 🔼 250. 🆖 AE ① VISA JCB. ⚡
Meals 16.95 st. and a la carte – 🍷 10.75 – **195 rm** 150.00/200.00 st.

Regency
CT e

100 Queen's Gate, SW7 5AG, ☎ (0171) 370 4595, *Fax (0171) 370 5555*
🏃, ≋ – 💱, ⚬ rm, 📧 rest, 📺 ☎ – 🔼 100. 🆖 AE ① VISA JCB. ⚡
Meals *(closed lunch Saturday and Sunday)* (carving lunch) 21.00 st.
and a la carte 🍷 6.00 – 🍷 12.00 – **192 rm** 139.00 s., 6 suites – SB.

Swallow International
AS c

Cromwell Rd, SW5 0TH, ☎ (0171) 973 1000, *Fax (0171) 244 8194*
🏃, ≋, 🏊 – 💱, ⚬ rm, 📧 📺 ☎ – 🔼 200. 🆖 AE ① VISA. ⚡
Blayneys : Meals (dinner only) a la carte 30.25/39.50 st. – 🍷 12.75 – **417 rm**
120.00/155.00 st., 2 suites – SB.

Holiday Inn Kensington
BS e

100 Cromwell Rd, SW7 4ER, ☎ (0171) 373 2222, *Fax (0171) 373 0559*
🏃, ≋, 🐾 – 💱, ⚬ rm, 📧 📺 ☎ 🚻 – 🔼 130. 🆖 AE ① VISA JCB. ⚡
Meals *(closed lunch Saturday and Sunday)* a la carte 20.50/28.65 t. 🍷 7.50 –
🍷 11.95 – **143 rm** 164.00/184.00 st., 19 suites.

Jury's Kensington
CT i

109-113 Queen's Gate, SW7 5LR, ☎ (0171) 589 6300, *Fax (0171) 581 1492*
💱, ⚬ rm, 📺 ☎ – 🔼 80. 🆖 AE ① VISA. ⚡
closed 25 to 28 December – Meals 15.00/20.00 st. and a la carte – 🍷 11.95 –
172 rm 145.00/250.00 st.

Vanderbilt
BS v

68-86 Cromwell Rd, SW7 5BT, ☎ (0171) 589 2424, *Fax (0171) 225 2293*
💱, ⚬ rm, 📧 rest, 📺 ☎ – 🔼 120. 🆖 AE ① VISA. ⚡
Meals 17.50 st. and a la carte 🍷 7.50 – 🍷 11.00 – **223 rm** 115.00/140.00 s.

Forum
BS x

97 Cromwell Rd, SW7 4DN, ☎ (0171) 370 5757, *Fax (0171) 373 1448*
≤, 🏃 – 💱, ⚬ rm, 📧 rest, 📺 ☎ 🚻 ⓟ – 🔼 400. 🆖 AE ① VISA JCB. ⚡
Meals 18.00 st. (dinner) and a la carte 13.45/23.50 st. 🍷 7.00 – 🍷 12.25 –
906 rm 160.00/180.00 st., 4 suites.

Gore
BR n

189 Queen's Gate, SW7 5EX, ☎ (0171) 584 6601, *Fax (0171) 589 8127*
« Attractive decor » – |‡|, ⇔ rm, 🖵 ☎. 🆖 🅰🅴 ⓪ 𝚅𝙸𝚂𝙰 𝙹𝙲𝙱
closed 25 and 26 December – ***Bistrot 190 :*** Meals (only members and residents may book) a la carte 16.90/28.20 **t.** – (see also ***Downstairs at One Ninety*** below) – ⌲ 9.00 – **54 rm** 125.00/280.00 **st.**

John Howard
BQ i

4 Queen's Gate, SW7 5EH, ☎ (0171) 581 3011, *Fax (0171) 589 8403*
|‡| ▤ 🖵 ☎. 🆖 🅰🅴 ⓪ 𝚅𝙸𝚂𝙰 𝙹𝙲𝙱. ⌘
Meals *(closed Sunday)* (dinner only) 20.00 **t.** and a la carte ╏ 6.50 – ⌲ 11.50 – **43 rm** 89.00/119.00 **st.**, 9 suites.

Cranley
BT c

10-12 Bina Gdns., SW5 0LA, ☎ (0171) 373 0123, *Fax (0171) 373 9497*
« Antiques » – |‡| ▤ 🖵 ☎. 🆖 🅰🅴 ⓪ 𝚅𝙸𝚂𝙰 𝙹𝙲𝙱. ⌘
Meals (room service only) ╏ 7.50 – ⌲ 12.95 – **33 rm** 140.00/160.00 **st.**, 4 suites.

Number Sixteen
CT c

16 Sumner Pl., SW7 3EG, ☎ (0171) 589 5232, *Fax (0171) 584 8615*
without rest., « Attractively furnished Victorian town houses », 🌤 – |‡| 🖵 ☎. 🆖 🅰🅴 ⓪ 𝚅𝙸𝚂𝙰. ⌘ – ⌲ 8.00 – **36 rm** 80.00/190.00 **st.**

Cranley Gardens
BT e

8 Cranley Gdns., SW7 3DB, ☎ (0171) 373 3232, *Fax (0171) 373 7944*
without rest. – |‡| 🖵 ☎. 🆖 🅰🅴 ⓪ 𝚅𝙸𝚂𝙰 𝙹𝙲𝙱 – ⌲ 5.50 – **85 rm** 75.00/105.00 **st.**

Five Sumner Place
CT u

5 Sumner Pl., SW7 3EE, ☎ (0171) 584 7586, *Fax (0171) 823 9962*
without rest. – |‡| 🖵 ☎. 🆖 🅰🅴 𝚅𝙸𝚂𝙰 𝙹𝙲𝙱. ⌘
13 rm ⌲ 88.00/139.00 **st.**

Aster House
CT u

3 Sumner Pl., SW7 3EE, ☎ (0171) 581 5888, *Fax (0171) 584 4925*
without rest., 🌤 – ⇔ 🖵 ☎. 🆖 𝚅𝙸𝚂𝙰 𝙹𝙲𝙱. ⌘
12 rm ⌲ 80.00/145.00 **st.**

Bombay Brasserie
BS a

Courtfield Rd, SW7 4UH, ☎ (0171) 370 4040, *Fax (0171) 835 1669*
« Raj-style decor, conservatory » – ▤. 🆖 ⓪ 𝚅𝙸𝚂𝙰
closed 25 and 26 December – **Meals** - Indian - (buffet lunch) 15.95 **t.** (lunch) and dinner a la carte 23.25/29.10 **t.** ╏ 7.25.

Hilaire
CT n

68 Old Brompton Rd, SW7 3LQ, ☎ (0171) 584 8993, *Fax (0171) 581 2949*
▤. 🆖 🅰🅴 𝚅𝙸𝚂𝙰 𝙹𝙲𝙱
closed Saturday lunch, Sunday and Bank Holidays – **Meals** (booking essential) 23.00/34.50 **t.** ╏ 10.50.

Shaw's
BT v

119 Old Brompton Rd, SW7 3RN, ☎ (0171) 373 7774, *Fax (0171) 370 5102*
▤. 🆖 🅰🅴 ⓪ 𝚅𝙸𝚂𝙰 𝙹𝙲𝙱
closed Saturday lunch, Sunday, Easter, 1 week August and 1 week Christmas-New Year – **Meals** 18.50/32.95 **t.** ╏ 9.00.

Downstairs at One Ninety (at Gore H.)
BR n

190 Queen's Gate, SW7 5EU, ☎ (0171) 581 5666, *Fax (0171) 581 8172*
▤. 🆖 🅰🅴 ⓪ 𝚅𝙸𝚂𝙰 𝙹𝙲𝙱
closed Saturday lunch, Sunday and Christmas – **Meals** - Seafood - (booking essential) 22.50 **t.** (lunch) and a la carte 28.25/50.25 **t.**

XX **Café Lazeez** CT a
93-95 Old Brompton Rd, SW7 3LD, ✆ (0171) 581 9993, *Fax (0171) 581 8200*
🗏 . 🔴 AE ⓪ *VISA* JCB
Restaurant : **Meals** - North Indian - a la carte 17.95/25.55 **t.**

X **Cafe :** **Meals** a la carte 17.95/25.55 **t.**

XX **Tui** CS u
19 Exhibition Rd, SW7 2HE, ✆ (0171) 584 8359
🔴 AE ⓪ *VISA* JCB
closed 5 days at Christmas and Bank Holiday Mondays – **Meals** - Thai -
10.00 **st.** (lunch) and a la carte 16.60/26.65 **t.** ⌁ 4.75.

XX **Delhi Brasserie** AS a
134 Cromwell Rd, SW7 4HA, ✆ (0171) 370 7617, *Fax (0171) 244 8639*
🗏 . 🔴 AE ⓪ *VISA*
closed 25 and 26 December – **Meals** - Indian - 6.95/14.95 **t.** and a la carte.

XX **Khan's of Kensington** CS e
3 Harrington Rd, SW7 3ES, ✆ (0171) 581 2900, *Fax (0171) 581 2900*
🗏 . 🔴 AE ⓪ *VISA*
closed 25 and 26 December – **Meals** - Indian - 7.95/16.50 **t.** and a la carte.

XX **Memories of India** BR s
18 Gloucester Rd, SW7 4RB, ✆ (0171) 589 6450, *Fax (0171) 584 4438*
🗏 . 🔴 AE ⓪ *VISA* JCB
closed 25 December – **Meals** - Indian - 7.95/15.50 **t.** and a la carte.

X **Star of India** BT s
154 Old Brompton Rd, SW5 0BE, ✆ (0171) 373 2901, *Fax (0171) 373 5664*
🗏 . 🔴 AE ⓪ *VISA* JCB
closed Bank Holidays – **Meals** - Indian - a la carte 24.85/36.10 **t.**

X **Cambio de Tercio** BT z
163 Old Brompton Rd, SW5 0LJ, ✆ (0171) 244 8970, *Fax (0171) 244 8970*
🔴 AE *VISA*
Meals - Spanish - a la carte 15.75/23.50 **t.** ⌁ 7.50.

X **Bangkok** CS v
9 Bute St., SW7 3EY, ✆ (0171) 584 8529, *Fax (0171) 823 7883*
🗏 . 🔴 *VISA*
closed Sunday, Christmas and Bank Holidays – **Meals** - Thai Bistro - a la carte
17.00/21.75 **t.** ⌁ 6.75.

KINGSTON UPON THAMES *pp. 8 and 9.*

🏌 *Home Park, Hampton Wick* ✆ *(0181) 977 6645,* BY .

Chessington – ✉ *Surrey.*

🏨 **Travel Inn** BZ c
Leatherhead Rd, KT9 2NE, on A 243, ✆ (01372) 744060, *Fax (01372) 720889*
⇌ rm, 📺 & 🅿 . 🔴 AE ⓪ *VISA* . ✂
Meals (grill rest.) – **42 rm** 36.50 **t.**

Kingston – ✉ *Surrey.*

🏨 **Kingston Lodge** CY u
Kingston Hill, KT2 7NP, ✆ (0181) 541 4481, *Fax (0181) 547 1013*
⇌ rm, 🗏 rest, 📺 ☎ & 🅿 . 🔏 60. 🔴 AE ⓪ *VISA* JCB
Meals (bar lunch Monday to Saturday)/dinner a la carte 14.70/22.25 **t.** ⌁ 6.50 –
🍽 9.75 – **62 rm** 115.00 **t.**

XX Gravier's CY x
9 Station Rd, Norbiton, KT2 7AA, ✆ (0181) 549 5557
Meals - French Seafood rest.

✗ **Ayudhya**   CY z
14 Kingston Hill, KT2 7NH, ✆ (0181) 549 5984, *Fax (0181) 549 5984*
MC **AE** **①** **VISA**
closed Monday, Easter Sunday, 25-26 December, 1 January and Bank Holidays
– **Meals** - Thai - a la carte 14.55/27.10 **t.** 🍴 6.00.

LAMBETH *Except where otherwise stated see pp.10-11 and pp.26-27.*

Clapham Common – ✉ *SW4.*

🏨 **Windmill on the Common**   p. 13 DQ e
Clapham   Common   South   Side,   SW4   9DE,   ✆ (0181) 673 4578,
Fax (0181) 675 1486
🚗 – ⤢ rm, 🍽 rest, **TV** ☎ ♿ **P.** **MC** **AE** **①** **VISA**
Meals (bar lunch Monday to Saturday)/dinner 15.95 **t.** and a la carte – **29 rm**
🛏 88.00/115.00 **t.**

✗ **The Grafton**   p. 13 DQ a
45 Old Town, SW4 OJL, ✆ (0171) 627 1048, *Fax (0171) 652 0268*
MC **AE** **VISA** **JCB**
closed Monday and 3 weeks Christmas – **Meals** 12.50/18.95 **t.** and a la carte
🍴 5.00.

Kennington – ✉ *SE11.*

✗ **Lobster Pot**   NZ e
3 Kennington Lane, SE11 4RG, ✆ (0171) 582 5556
MC **AE** **①** **VISA** **JCB**
closed Sunday, Monday and 24 December-5 January – **Meals** - French
Seafood - 15.50/22.50 **st.** and a la carte 🍴 8.50.

Lambeth – ✉ *SE1.*

🏨 **Novotel London Waterloo**   LYZ a
113 Lambeth Rd, SE1 7LS, ✆ (0171) 793 1010, *Fax (0171) 793 0202*
🛗, ⇌ – ♿ ⤢ rm, **TV** ☎ ♿ 🚗 – 🔔 40. **MC** **AE** **①** **VISA** ❀
Meals 14.50 **st.** and a la carte 🍴 5.55 – 🛏 11.00 – **185 rm** 112.00/132.00 **st.**,
2 suites.

Streatham – ✉ *SW16.*

🏠 **Barrow House**   EY s
45 Barrow Rd, SW16 5PE, ✆ (0181) 677 1925, *Fax (0181) 677 1925*
without rest., « Victoriana » , 🚗 – ⤢. ❀
closed 24 to 26 December – **4 rm** 🛏 30.00/45.00 **st.**

Waterloo – ✉ *SE1.*

✗✗ **People's Palace**   MX e
Level   3,   The   Royal   Festival   Hall,   SE1   8XX,   ✆ (0171) 928 9999,
Fax (0171) 928 2355
≼ Victoria Embankment and River Thames – 🍽. **MC** **AE** **①** **VISA**
Meals 14.50/16.50 **t.** and a la carte.

✗✗ **RSJ**   NX e
13a Coin St., SE1 8YQ, ✆ (0171) 928 4554
🍽. **MC** **AE** **①** **VISA**
closed Saturday lunch, Sunday and Bank Holidays – **Meals** 15.95 **st.**
and a la carte 🍴 5.95.

LONDON HEATHROW AIRPORT *– see Hillingdon, London p. 56.*

MERTON *pp. 8 and 9.*

Morden – ⊠ *Morden.*

🏨 **Travelodge** DY c
Epsom Rd, SM4 5PH, SW : on A 24, ✆ (0181) 640 8227
Reservations (Freephone) 0800 850950 – ⤢ rm, 📺 ♿ 🅿 ⑯ AE ⓪ *VISA* JCB. ✕
Meals (grill rest.) – **32 rm** 49.95 **t.**

Wimbledon – ⊠ *SW19.*

🏰 **Cannizaro House** DXY X
West Side, Wimbledon Common, SW19 4UE, ✆ (0181) 879 1464,
Fax (0181) 879 7338
↩, ≤, « 18C country house in Cannizaro Park », 🚗 – ⬆, ⤢ rm, 📺 ☎ 🅿 –
🔥 60. ⑯ AE ⓪ *VISA* JCB. ✕
Meals 25.75 **t.** and a la carte 🍷 10.50 – ⬜ 13.50 – **44 rm** 150.00/249.00 **t.**,
2 suites – SB.

REDBRIDGE *pp. 6 and 7.*

🔖 *Town Hall, High Rd, IG1 1DD ✆ (0181) 478 3020 ext 2126.*

Ilford – ⊠ *Essex.*

🏌 *Wanstead Park Rd ✆ (0181) 554 2930* HU – 🏌, 🏌 *Fairlop Waters, Forest Rd,
Barkingside ✆ (0181) 500 9911* JT.

🏨 **Travel Inn** HU i
Redbridge Lane East, IG4 5BG, ✆ (0181) 550 6451, *Fax (0181) 550 6214*
⤢ rm, 📺 ♿ 🅿 ⑯ AE ⓪ *VISA*. ✕
Meals (grill rest.) – **44 rm** 36.50 **t.**

🏨 **Travelodge** HU e
Beehive Lane, IG4 5DR, ✆ (0181) 550 4248
Reservations (Freephone) 0800 850950 – ⤢ rm, 📺 ♿ 🅿 ⑯ AE ⓪ *VISA* JCB. ✕
Meals (grill rest.) – **32 rm** 49.95 **t.**

South Woodford – ⊠ *Essex.*

✕✕ **Ho-Ho** HU c
20 High Rd, E18 2QL, ✆ (0181) 989 1041
▤. ⑯ AE ⓪ *VISA* JCB
closed 25 and 26 December – **Meals** - Chinese (Peking, Szechuan) -
a la carte 30.20/46.90 **st.**

Woodford – ⊠ *Essex.*

🏌 *2 Sunset Av., Woodford Green ✆ (0181) 504 0553/4254.*
London 13 – Brentwood 16 – Harlow 16.

🏰 **County H. Epping Forest** HT c
30 Oak Hill, Woodford Green, IG8 9NY, ✆ (0181) 787 9988, *Fax (0181) 506 0941*
⬆, ⤢ rm, ▤ rest, 📺 ☎ 🅿 – 🔥 200. ⑯ AE ⓪ *VISA* JCB. ✕
Meals *(closed Saturday lunch)* 15.95 **t.** (dinner) and a la carte 14.75/24.15 **t.**
🍷 9.95 – ⬜ 9.50 – **99 rm** 85.00/100.00 **st.** – SB.

Barnes – ✉ *SW13.*

XX **Sonny's**   CX x
94 Church Rd, SW13 0DQ, ✆ (0181) 748 0393, *Fax (0181) 748 2698*
▤ . ⓂⓄ 🆎 **VISA**
closed Sunday dinner and Bank Holidays – **Meals** a la carte 20.70/29.90 **t.**

X **Riva**   CX a
169 Church Rd, SW13 9HR, ✆ (0181) 748 0434, *Fax (0181) 748 0434*
ⓂⓄ 🆎 **VISA** JCB
closed Saturday lunch, Easter, last 2 weeks August, Christmas and Bank Holidays – **Meals** - Italian - a la carte 17.15/29.75 **t.** ⓛ 6.95.

East Sheen – ✉ *SW14.*

XX **Redmond's**   CX v
170 Upper Richmond Road West, SW14 8AW, ✆ (0181) 878 1922, *Fax (0181) 878 1133*
ⓂⓄ **VISA** JCB
closed Saturday lunch, Sunday dinner, 25-26 December, first week January and Bank Holidays – **Meals** 23.00 **t.** ⓛ 5.00.

XX **Crowther's**   CX n
481 Upper Richmond Rd West, SW14 7PU, ✆ (0181) 876 6372
▤ . ⓂⓄ **VISA**
closed Saturday lunch, Sunday, Monday, 2 weeks August and 1 week Christmas – **Meals** (booking essential) 18.50/23.00 ⓛ 5.25.

Hampton Court – ✉ *Surrey.*

🏛 **Mitre**   BY v
Hampton Court Rd, KT8 9BN, ✆ (0181) 979 9988, *Fax (0181) 979 9777*
≼, « Riverside setting » – |≣|, ✖ rm, TV ☎ ℗ – 🔬 25. ⓂⓄ 🆎 ⓪ **VISA**
Meals (bar lunch Saturday) 16.75/23.50 **st.** ⓛ 4.90 – **36 rm** ⊑ 115.00/195.00 **st.** – SB.

Hampton Hill – ✉ *Middx.*

X **Monsieur Max**   BY a
🍴 133 High St., TW12 1NJ, ✆ (0181) 979 5546, *Fax (0181) 979 5546*
closed Saturday lunch and 3 days Christmas – **Meals** - French - 14.00/23.00 **t.**

Hampton Wick – ✉ *Surrey.*

🏠 **Chase Lodge**   BY e
10 Park Rd, KT1 4AS, ✆ (0181) 943 1862, *Fax (0181) 943 9363*
TV ☎ . ⓂⓄ 🆎 ⓪ **VISA** JCB
Meals a la carte 12.30/18.45 **t.** ⓛ 5.95 – **11 rm** ⊑ 62.00/85.00 **t.** – SB.

Richmond – ✉ *Surrey.*

⛳ , ⛳ Richmond Park, Roehampton Gate ✆ (0181) 876 3205/1795 CX –
⛳ Sudbrook Park ✆ (0181) 940 1463 CX.
🄱 Old Town Hall, Whittaker Av., TW9 1TP ✆ (0181) 940 9125.

🏛 **Petersham**   CX c
Nightingale Lane, TW10 6UZ, ✆ (0181) 940 7471, *Fax (0181) 939 1098*
🐾 , ≼, 🚗 – |≣| TV ☎ ℗ – 🔬 50. ⓂⓄ 🆎 ⓪ **VISA** JCB. ✄
Meals – (see *Nightingales* below) – **57 rm** ⊑ 115.00/145.00 **t.** – SB.

133

Richmond Gate   CX c
158 Richmond Hill, TW10 6RP, ℘ (0181) 940 0061, Fax (0181) 332 0354
Ⅰ₆, ⇔ₛ, 🏊, 🌲, – ⤳ 📺 ☎ Ⓟ – 🔥 45. ⓪❸ 🆀🅴 ⓪ 𝘝𝘐𝘚𝘈. ⌖
Gates On The Park : Meals *(closed Saturday lunch)* 18.50/25.50 **t.**
and a la carte ⓘ 9.30.
Gates Bistro : Meals *(closed Saturday and Sunday)* (dinner only) a la carte
15.20/28.85 **t.** ⓘ 9.50 – **65 rm** ⊇ 122.00/144.00 **t.**, 1 suite – SB.

Richmond Hill   CX r
Richmond Hill, TW10 6RW, ℘ (0181) 940 2247, Fax (0181) 940 5424
Ⅰ₆, ⇔ₛ, 🏊 – |≢|, 🍴 rest, 📺 ☎ Ⓟ – 🔥 200. ⓪❸ 🆀🅴 ⓪ 𝘝𝘐𝘚𝘈 🄟🄲🄱
Pembrokes : Meals 14.00/19.50 **t.** and a la carte ⓘ 12.50 – **118 rm** ⊇ 110.00/
155.00 **t.**, 5 suites – SB.

Rose of York   CX z
Petersham Rd, TW10 6UY, ℘ (0181) 948 5867, Fax (0181) 332 6986
📺 ☎ Ⓟ. ⓪❸ 🆀🅴 𝘝𝘐𝘚𝘈 🄟🄲🄱. ⌖
Meals (in bar) a la carte 11.40/17.40 **t.** – **12 rm** ⊇ 58.00/80.00 **st.**

Nightingales (at Petersham H.)   CX c
Nightingale Lane, TW10 6UZ, ℘ (0181) 940 7471, Fax (0181) 939 1098
≤, 🌲 – Ⓟ. ⓪❸ 🆀🅴 ⓪ 𝘝𝘐𝘚𝘈 🄟🄲🄱
Meals (residents only Sunday dinner) 18.50/25.00 **t.** ⓘ 7.50.

Four Regions   CX e
102-104 Kew Rd, TW9 2PQ, ℘ (0181) 940 9044, Fax (0181) 332 6130
🏠 – 🍴. ⓪❸ 🆀🅴 𝘝𝘐𝘚𝘈
closed 25 and 26 December – Meals - Chinese - 15.50/25.00 **t.** and a la carte.

SOUTHWARK *Except where otherwise stated see pp.10-11 and pp.26-27.*

Bermondsey – ✉ SE1.

Le Pont de la Tour   PX c
36d Shad Thames, Butlers Wharf, SE1 2YE, ℘ (0171) 403 8403,
Fax (0171) 403 0267
≤, 🏠, « Riverside setting » – 🍴. ⓪❸ 🆀🅴 ⓪ 𝘝𝘐𝘚𝘈
closed Saturday lunch – Meals 27.50 **t.** (lunch) and dinner a la carte 31.50/
38.50 **t.**

Bengal Clipper   PX e
Cardamom Building, Shad Thames, Butlers Wharf, SE1 2YR,
℘ (0171) 357 9001, Fax (0171) 357 9002
🍴. ⓪❸ 🆀🅴 ⓪ 𝘝𝘐𝘚𝘈 🄟🄲🄱
closed 25 and 26 December – Meals - Indian - a la carte 13.85/28.35 **t.**

Blue Print Café   PX u
Design Museum, Shad Thames, SE1 2YD, ℘ (0171) 378 7031,
Fax (0171) 378 6540
🏠, « Riverside setting, ≤ Tower Bridge » –. ⓪❸ 🆀🅴 ⓪ 𝘝𝘐𝘚𝘈
closed Sunday dinner – Meals a la carte approx. 23.55 **t.**

Butlers Wharf Chop House   PX n
36e Shad Thames, Butlers Wharf, SE1 2YE, ℘ (0171) 403 3403,
Fax (0171) 403 3414
« Riverside setting, ≤ Tower Bridge » –. ⓪❸ 🆀🅴 ⓪ 𝘝𝘐𝘚𝘈
closed Saturday lunch and Sunday dinner – Meals 22.75 **t.** (lunch) and
dinner a la carte 24.50/31.75 **t.**

Cantina Del Ponte   PX c
36c Shad Thames, Butlers Wharf, SE1 2YE, ℘ (0171) 403 5403,
Fax (0171) 403 0267
≤, 🏠, « Riverside setting » –. ⓪❸ 🆀🅴 ⓪ 𝘝𝘐𝘚𝘈
Meals - Italian-Mediterranean - a la carte 10.50/25.25 **t.**

✗ **Café dell'Ugo**   PX r
56-58 Tooley St., SE1 2SZ, ✆ (0171) 407 6001, *Fax (0171) 357 8806*
▣, ▨⊕ 🄰🄴 🄸 *VISA*
closed Saturday lunch, Sunday and Bank Holidays – **Meals** 15.00 **t.** (dinner)
and a la carte 17.45/26.75 **t.**

Dulwich – ✉ *SE19.*

✗✗ **Belair House**   FX e
Gallery Rd, Dulwich Village, SE21 7AB, ✆ (0181) 299 9788, *Fax (0181) 299 6793*
�ია, « Georgian summer house », 🚗 – ⓟ, ▨⊕ 🄰🄴 🄸 *VISA* 🄹🄲🄱
closed Monday – **Meals** 19.95 **t.** (lunch) and a la carte 23.40/50.45 **t.** ᛁ 10.00.

✗✗ **Luigi's**   FX a
129 Gipsy Hill, SE19 1QS, ✆ (0181) 670 1843
▣, ▨⊕ 🄰🄴 🄸 *VISA* 🄹🄲🄱 – **Meals** - Italian - a la carte 16.20/24.15 **t.** ᛁ 4.90.
closed Sunday –

Rotherhithe – ✉ *SE16.*

🏛 **Holiday Inn at Nelson Dock**   GV r
265 Rotherhithe St., Nelson Dock, SE16 1EJ, ✆ (0171) 231 1001,
Fax (0171) 231 0599
≼, �ია « Riverside setting », ᛁ₆, ≘s, 🔲, ✗ – 🛗, 🚷 rm, ▤ rest, 🆃🆅 ☎ &
ⓟ – 🔼 350. ▨⊕ 🄰🄴 🄸 *VISA* 🄹🄲🄱 ⊗
closed 22 to 28 December – **Meals** 21.50 **st.** and dinner a la carte ᛁ 7.50 –
⊡ 10.50 – **362 rm** 115.00/135.00 **st.**, 4 suites.

Southwark – ✉ *SE1.*

✗✗✗ **Oxo Tower** (8th floor)   NX a
Oxo Tower Wharf, Barge House St., SE1 9PH, ✆ (0171) 803 3888,
Fax (0171) 803 3838
≼ London skyline and River Thames, 🌇 – 🛗 ▤, ▨⊕ 🄰🄴 🄸 *VISA* 🄹🄲🄱
closed Saturday lunch, 25-26 December and 1 January – **Meals** 24.50
st. (lunch) and dinner a la carte 26.50/36.50 **t.** ᛁ 10.00.

  ✗ **Brasserie :**
  Meals *(closed 23 to 26 December and 1 January)* a la carte 19.50/26.00 **t.**

✗ **Livebait**   NX c
43 The Cut, SE1 8LF, ✆ (0171) 928 7211, *Fax (0171) 928 2279*
▨⊕ *VISA*
closed Sunday – **Meals** - Seafood - a la carte approx. 31.00 **t.**

SUTTON pp. 8 and 9.

Carshalton – ✉ *Surrey.*

✗✗ **La Veranda**   EZ c
18-19 Beynon Rd, SM5 3RL, ✆ (0181) 647 4370
▣, ▨⊕ 🄰🄴 🄸 *VISA*
closed Sunday and Bank Holidays – **Meals** - Italian - a la carte 21.70/24.00 **t.**
ᛁ 6.80.

Sutton – ✉ *Surrey.*

ᛁ₁₈, ᛁ₉ *Oak Sports Centre, Woodmansterne Rd, Carshalton* ✆ (0181) 643 8363.

🏛 **Holiday Inn**   EZ a
Gibson Rd, SM1 2RF, ✆ (0181) 770 1311, *Fax (0181) 770 1539*
ᛁ₆, ≘s, 🔲 – 🛗 🚷, ▤ rest, 🆃🆅 ☎ & ⓟ – 🔼 220. ▨⊕ 🄰🄴 🄸 *VISA* 🄹🄲🄱 ⊗
Meals *(closed lunch Saturday)* 14.95 **st.** and a la carte ᛁ 6.95 – ⊡ 11.95 –
115 rm 139.00/155.00 **st.**, 1 suite.

🏠 **Thatched House** DZ e
135-141 Cheam Rd, SM1 2BN, ✆ (0181) 642 3131, Fax (0181) 770 0684
🚗 – 📺 ☎ 🅿 – 🛗 50. 🕦 🅜🅒 🅥🅘🅢🅐 🅙🅒🅑 ✄
Meals *(closed dinner Saturday and Sunday and Bank Holidays)* 10.95/13.50 **t.**
and lunch a la carte 🍷 4.95 – **32 rm** � 45.50/85.00 **t.**

TOWER HAMLETS – *p. 6.*

Canary Wharf – ✉ *E14.*

✗✗ **MPW** GV a
🦞 Second Floor, Cabot Place East, E14 4QT, ✆ (0171) 513 0513,
Fax (0171) 513 0551
🍽. 🅜🅒 🅐🅔 🅘 🅥🅘🅢🅐
closed Saturday, Sunday, 25-26 December and 1 January – **Meals** a la carte
18.50/31.45 **t.** 🍷 9.00.

Whitechapel – ✉ *E1.*

✗✗ **Cafe Spice Namaste** GV z
🦞 16 Prescot St., E1 8AZ, ✆ (0171) 488 9242, Fax (0171) 488 9339
🍽. 🅜🅒 🅐🅔 🅘 🅥🅘🅢🅐 🅙🅒🅑
closed Saturday lunch, Sunday, 1 week Christmas and Bank Holiday Mondays –
Meals - Indian - a la carte 18.70/32.55 **t.** 🍷 6.50.

THE CHANNEL TUNNEL Map Guide

260 *French edition with tourist sights in England*

261 *English edition with tourist sights on the Continent*

WANDSWORTH *Except where otherwise stated see pp. 12 and 13.*

Battersea – ✉ *SW8/SW11.*

🏠 **Travelodge** CQ c
200 York Rd, SW11 3SA, ✆ (0171) 228 5508, Fax (0171) 228 5508
without rest., Reservations (Freephone) 0800 850950 – 📶 ✦ 📺 ☎ & 🅿.
🅜🅒 🅐🅔 🅘 🅥🅘🅢🅐 🅙🅒🅑. ✄
80 rm 49.95 **t.**

✗✗ **Ransome's Dock** p. 25 HZ c
35-37 Parkgate Rd, SW11 4NP, ✆ (0171) 223 1611, Fax (0171) 924 2614
🌿 –🅜🅒 🅐🅔 🅘 🅥🅘🅢🅐
closed Sunday dinner and 1 week Christmas – **Meals** a la carte 19.50/27.75 **t.**
(lunch) and a la carte 17.75/27.00 **t.** 🍷 6.25.

✗✗ **Chada** CQ x
208-210 Battersea Park Rd, SW11 4ND, ✆ (0171) 622 2209,
Fax (0171) 924 2178
🍽. 🅜🅒 🅐🅔 🅘 🅥🅘🅢🅐 🅙🅒🅑
closed Saturday lunch and Bank Holidays – **Meals** - Thai - a la carte 12.40/
25.15 **st.**

✗ **The Stepping Stone** DQ c
123 Queenstown Rd, SW8 3RH, ✆ (0171) 622 0555, Fax (0171) 622 4230
🍽. 🅜🅒 🅐🅔 🅘 🅥🅘🅢🅐
*closed Saturday lunch, Sunday dinner, 1 week Christmas and Bank Holiday
Mondays –* **Meals** 13.75 **t.** (lunch) and a la carte 18.75/22.10 **t.** 🍷 5.00.

🍴 **Duke of Cambridge** CQ a
228 Battersea Bridge Rd, SW11 3AA, ✆ (0171) 223 5662, Fax (0171) 801 9684
🌿 –🅜🅒 🅥🅘🅢🅐
Meals a la carte approx. 17.35 **st.**

Putney – ✉ SW15.

XX **Putney Bridge**   AQ **u**
Lower Richmond Rd, SW15 1LB, ☎ (0181) 780 1811, *Fax (0181) 780 1211*
≼, « Riverside setting » – ⓂⓈ 𝗩𝗜𝗦𝗔
Meals 17.50 **t.** (lunch) and a la carte 18.00/31.50 **t.** ⌾ 9.00.

XX Royal China   AQ **a**
3 Chelverton Rd, SW15 1RN, ☎ (0181) 788 0907
▤
Meals - Chinese rest.

XX **The Phoenix**   AQ **s**
Pentlow St., SW15 1LY, ☎ (0181) 780 3131, *Fax (0181) 780 1114*
▤. ⓂⓈ 𝗔𝗘 𝗩𝗜𝗦𝗔
closed 25-26 December and Bank Holidays – **Meals** 12.50 **t.** (lunch)
and a la carte 15.20/22.75 **t.** ⌾ 4.75.

X **Del Buongustaio**   AQ **e**
283 Putney Bridge Rd, SW15 2PT, ☎ (0181) 780 9361, *Fax (0181) 789 9659*
▤. ⓂⓈ 𝗔𝗘 𝗩𝗜𝗦𝗔
closed lunch Saturday and Sunday July-August and 10 days Christmas-New Year – **Meals** - Italian - a la carte 18.35/22.90 **t.** ⌾ 5.95.

X **Enoteca**   AQ **n**
28 Putney High St., SW15 1SQ, ☎ (0181) 785 4449, *Fax (0181) 785 4449*
ⓂⓈ 𝗔𝗘 ⓄⒹ 𝗩𝗜𝗦𝗔
closed lunch Saturday and Bank Holidays, Sunday and 25 to 30 December –
Meals - Italian - a la carte 20.65/24.25 **t.** ⌾ 5.00.

Tooting – ✉ SW17.

X **Oh Boy**   CR **c**
843 Garratt Lane, SW17 0PG, ☎ (0181) 947 9760, *Fax (0181) 879 7867*
▤. ⓂⓈ 𝗔𝗘 ⓄⒹ 𝗩𝗜𝗦𝗔 𝗝𝗖𝗕
closed 25 December and 1 January – **Meals** - Thai - (dinner only) 20.00 **t.**
and a la carte ⌾ 4.25.

Wandsworth – ✉ SW12/SW17/SW18.

XX **Chez Bruce**   CR **e**
2 Bellevue Rd, SW17 7EG, ☎ (0181) 672 0114, *Fax (0181) 767 6648*
▤. ⓂⓈ 𝗔𝗘 ⓄⒹ 𝗩𝗜𝗦𝗔
closed Sunday dinner, 1 week Christmas and Bank Holidays – **Meals** 18.00/
25.00 **t.**

XX **Tabaq**   DR **v**
47 Balham Hill, SW12 9DR, ☎ (0181) 673 7820, *Fax (0181) 673 2701*
▤. ⓂⓈ 𝗔𝗘 ⓄⒹ 𝗩𝗜𝗦𝗔 𝗝𝗖𝗕
closed Sunday and 25 December – **Meals** - Indian - a la carte 14.45/24.50 **t.**
⌾ 4.75.

X **Bombay Bicycle Club**   DR **o**
95 Nightingale Lane, SW12 8NX, ☎ (0181) 673 6217, *Fax (0181) 673 9100*
ⓂⓈ 𝗔𝗘 ⓄⒹ 𝗩𝗜𝗦𝗔
closed Sunday, Easter and 25 December – **Meals** - Indian - (dinner only)
a la carte 16.00/21.50 **t.** ⌾ 8.00.

WESTMINSTER (City of).

Bayswater and Maida Vale – ✉ W2/W9 – *Except where otherwise stated see pp. 32 and 33.*

Royal Lancaster   DZ e
Lancaster Terr., W2 2TY, ☎ (0171) 262 6737, *Fax (0171) 724 3191*
≤ – |韻|, ↔ rm, 🔳 📺 ☎ 🄿 – 🕍 1400. 🆔 🄰🄴 🄾 *VISA* JCB. ✁
Park : Meals *(closed Saturday lunch and Sunday dinner)* 23.50 **st.** and a la carte ▯ 11.00
Pavement Cafe : Meals a la carte 13.70/17.20 **st.** ▯ 10.00 – (see also **Nipa** below) – 🖂 14.50 – **398 rm** 210.00/230.00 **st.**, 20 suites.

Stakis London Metropole   p. 21 GU c
Edgware Rd, W2 1JU, ☎ (0171) 402 4141, *Fax (0171) 724 8866*
≤, ☘, 🚬, 🏊 – |韻|, ↔ rm, 🔳 📺 ☎ – 🕍 1200. 🆔 🄰🄴 🄾 *VISA* JCB. ✁
Meals (buffet rest.) 20.50/30.50 **t.** and a la carte – (see also **Aspects** below) –
🖂 17.95 – **721 rm** 150.00/200.00 **st.**, 26 suites – SB.

The Hempel   CZ a
Hempel Garden Sq., 31-35 Craven Hill Gdns., W2 3EA, ☎ (0171) 298 9000,
Fax (0171) 402 4666
🐾, « Minimalist », 🚗 – |韻| 🔳 📺 ☎ 🕭 🄿 – 🕍 40. 🆔 🄰🄴 🄾 *VISA*. ✁
I-Thai : Meals - Thai-Italian - a la carte 27.00/40.00 **t.** – 🖂 17.00 – **41 rm** 220.00/255.00 **s.**, 6 suites.

Whites   CZ v
Bayswater Rd, 90-92 Lancaster Gate, W2 3NR, ☎ (0171) 262 2711,
Fax (0171) 262 2147
|韻|, ↔ rm, 🔳 📺 ☎ 🄿 – 🕍 30. 🆔 🄰🄴 🄾 *VISA* JCB. ✁
Meals *(closed Saturday lunch)* 17.50/20.50 **t.** and a la carte ▯ 7.90 – 🖂 12.50 –
52 rm 167.00/247.00 **st.**, 2 suites – SB.

Jarvis London Embassy   BZ o
150 Bayswater Rd, W2 4RT, ☎ (0171) 229 1212, *Fax (0171) 229 2623*
|韻|, ↔ rm, 🔳 rest, 📺 ☎ 🄿 – 🕍 100. 🆔 🄰🄴 🄾 *VISA*
Meals (carving rest.) 14.95 **st.** and a la carte ▯ 6.50 – 🖂 9.50 – **193 rm** 115.00/
135.00 **st.**, 1 suite – SB.

Plaza on Hyde Park   DZ r
1-7 Lancaster Gate, W2 3LG, ☎ (0171) 262 5022, *Fax (0171) 724 8666*
|韻|, ↔ rm, 📺 ☎ – 🕍 30. 🆔 🄰🄴 🄾 *VISA* JCB. ✁
Meals a la carte 14.40/25.65 **st.** ▯ 6.70 – 🖂 10.95 – **402 rm** 125.00/140.00 **st.**

Stakis London Coburg   BZ c
129 Bayswater Rd, W2 4RJ, ☎ (0171) 221 2217, *Fax (0171) 229 0557*
|韻|, ↔ rm, 🔳 rest, 📺 ☎ – 🕍 100. 🆔 🄰🄴 🄾 *VISA*. ✁
Meals 15.95 **st.** and a la carte – 🖂 9.95 – **128 rm** 125.00/150.00 **st.**, 1 suite – SB.

Hyde Park Towers   BZ r
41-51 Inverness Terr., W2 3JN, ☎ (0171) 221 8484, *Fax (0171) 792 3201*
|韻|, 🔳 rest, 📺 ☎ – 🕍 45. 🆔 🄰🄴 🄾 *VISA*. ✁
Meals 10.95/13.95 **t.** ▯ 5.50 – 🖵 7.50 – **114 rm** 110.00/150.00 **t.** – SB.

Mornington   DZ s
12 Lancaster Gate, W2 3LG, ☎ (0171) 262 7361, *Fax (0171) 706 1028*
without rest. – |韻| ↔ 📺 ☎. 🆔 🄰🄴 🄾 *VISA* JCB
66 rm 🖂 99.00/140.00.

Byron   CZ z
36-38 Queensborough Terr., W2 3SH, ☎ (0171) 243 0987, *Fax (0171) 792 1957*
without rest. – |韻| 🔳 📺 ☎. 🆔 🄰🄴 🄾 *VISA* JCB. ✁
44 rm 🖂 75.50/96.00 **st.**, 1 suite.

🏨 **Delmere**   DZ **v**
130 Sussex Gdns., W2 1UB, ✆ (0171) 706 3344, *Fax (0171) 262 1863*
[⇕] [TV] ☎. ⓜ⊚ [AE] [⓪] [VISA] [JCB]. ⚭
Meals *(closed Sunday)* (dinner only) 12.95 **t.** and a la carte ⓘ 6.00 – 🖵 6.00 –
38 rm 78.00/98.00 **st.**

🏨 **Gresham**   DZ **a**
116 Sussex Gdns., W2 1UA, ✆ (0171) 402 2920, *Fax (0171) 402 3137*
without rest. – [⇕] [TV] ☎. ⓜ⊚ [AE] [⓪] [VISA] [JCB]. ⚭ – 🖵 5.00 – **38 rm** 60.00/
75.00 **st.**

🏨 **Norfolk Plaza**   DZ **x**
29-33 Norfolk Sq., W2 1RX, ✆ (0171) 723 0792, *Fax (0171) 224 8770*
without rest. – [⇕] [TV] ☎. ⓜ⊚ [AE] [⓪] [VISA] [JCB]. ⚭ – 🖵 6.00 – **81 rm** 98.00/
118.00 **st.**, 6 suites.

🏨 **Comfort Inn**   CZ **·**
18-19 Craven Hill Gdns., W2 3EE, ✆ (0171) 262 6644, *Fax (0171) 262 0673*
without rest. – [⇕] ⇆ [TV] ☎. ⓜ⊚ [AE] [⓪] [VISA]. ⚭ – 🖵 4.50 – **60 rm** 73.00/
93.00 **st.**

XXX **Aspects** (at Stakis London Metropole H.)   p. 21 GU **c**
Edgware Rd, W2 1JU, ✆ (0171) 402 4141, *Fax (0171) 724 8866*
≼ London – 🍽. ⓜ⊚ [AE] [⓪] [VISA] [JCB]
closed Sunday – **Meals** 20.50/30.50 **t.** and a la carte ⓘ 8.00.

XX **Nipa** (at Royal Lancaster H.)   DZ **e**
Lancaster Terr., W2 2TY, ✆ (0171) 262 6737, *Fax (0171) 724 3191*
🍽 [P]. ⓜ⊚ [AE] [⓪] [VISA] [JCB]
closed Saturday lunch and Sunday – **Meals** - Thai - 23.00 **st.** and a la carte
ⓘ 10.00.

XX **Poons**   BZ **x**
Unit 205, Whiteleys, Queensway, W2 4YN, ✆ (0171) 792 2884
🍽. ⓜ⊚ [AE] [⓪] [VISA]
closed 25 and 26 December – **Meals** - Chinese - 15.00/25.00 **t.** and a la carte.

XX **Al San Vincenzo**   EZ **o**
30 Connaught St., W2 2AE, ✆ (0171) 262 9623
ⓜ⊚ [VISA]
closed Saturday lunch and Sunday – **Meals** - Italian - (booking essential)
a la carte 22.00/34.50 **t.** ⓘ 7.50.

XX **Jason's**   p. 20 FU **c**
Blomfield Rd, Little Venice, W9 2PD, ✆ (0171) 286 6752, *Fax (0171) 266 4332*
�';', « Canalside setting » –. ⓜ⊚ [AE] [VISA] [JCB]
closed Sunday dinner – **Meals** - Seafood - 14.95/18.95 **t.** and a la carte.

XX **Royal China**   BZ **e**
13 Queensway, W2 4QJ, ✆ (0171) 221 2535
🍽. ⓜ⊚ [AE] [⓪] [VISA]
closed 25 December – **Meals** - Chinese - 22.00 **t.** (dinner) and a la carte.

X **Assaggi**   AZ **c**
39 Chepstow Pl., W2 4TS, ✆ (0171) 792 5501
ⓜ⊚ [AE] [VISA] [JCB]
closed Sunday dinner, Monday, Christmas, New Year and Bank Holidays –
Meals - Italian - a la carte 21.75/31.75 **t.**

X **L'Accento**   BZ **a**
16 Garway Rd, W2 4NH, ✆ (0171) 243 2201, *Fax (0171) 243 2201*
ⓜ⊚ [VISA] [JCB]
Meals - Italian - 15.25 **t.** and a la carte 18.75/23.25 **t.**

✗ **Kalamaras**   BZ n
76-78 Inverness Mews, W2 3JQ, ☎ (0171) 727 9122, *Fax (0171) 221 9411*
🅜🅞 🄰🄴 ⓪ 𝘝𝘐𝘚𝘈
closed Sunday lunch – **Meals** - Greek - a la carte 15.00/25.00 **t.**

Belgravia – ✉ *SW1 – Except where otherwise stated see pp. 30 and 31.*

🏨🏨🏨 **The Lanesborough**   p. 25 IY a
1 Lanesborough Pl., SW1X 7TA, ☎ (0171) 259 5599, *Fax (0171) 259 5606*
🄵🄰 – 🛗, ✂ rm, 🖥 📺 ☎ 🛗 🄿 – 🅰 90. 🅜🅞 🄰🄴 ⓪ 𝘝𝘐𝘚𝘈 🄹🄲🄱
The Conservatory : Meals 24.50/31.50 **st.** and a la carte 🍷 13.50 – ☕ 17.00 –
86 rm 205.00/395.00 **s.**, 9 suites.

🏨🏨🏨 **The Berkeley**   FQ e
Wilton Pl., SW1X 7RL, ☎ (0171) 235 6000, *Fax (0171) 235 4330*
🄵🄰, ≋⊆, 🔲 – 🛗, ✂ rm, 🖥 📺 ☎ 🚗 – 🅰 220. 🅜🅞 🄰🄴 ⓪ 𝘝𝘐𝘚𝘈 🄹🄲🄱. ✄
Restaurant : Meals 26.50/33.00 **st.** and a la carte 🍷 10.00 – (see also **Vong**
below) – ☕ 18.50 – **130 rm** 265.00/320.00 **s.**, 26 suites.

🏨🏨 **The Halkin**   p. 32 AV a
❀ 5 Halkin St., SW1X 7DJ, ☎ (0171) 333 1000, *Fax (0171) 333 1100*
« Contemporary interior design » – 🛗, ✂ rm, 🖥 📺 ☎ 🄿 – 🅰 25. 🅜🅞 🄰🄴
⓪ 𝘝𝘐𝘚𝘈 🄹🄲🄱. ✄
Stefano Cavallini Restaurant at The Halkin : Meals - Italian - *(closed lunch
Saturday and Sunday, Easter and 25 December)* (booking essential)
25.00 **st.** (lunch) and a la carte 40.00/53.00 **st.** 🍷 9.50 – ☕ 14.25 – **36 rm**
255.00/330.00 **s.**, 5 suites – SB
Spec. Duck ravioli with savoy cabbage and foie gras. Lobster and pigeon with
pea ravioli. Risotto of fried herbs and onions.

🏨🏨 **Sheraton Belgravia**   FR u
20 Chesham Pl., SW1X 8HQ, ☎ (0171) 235 6040, *Fax (0171) 259 6243*
🛗, ✂ rm, 🖥 📺 ☎ 🄿 – 🅰 50. 🅜🅞 🄰🄴 ⓪ 𝘝𝘐𝘚𝘈 🄹🄲🄱. ✄
Chesham's : Meals a la carte 26.00/32.00 **st.** 🍷 6.00 – ☕ 15.00 – **82 rm**
210.00/310.00 **s.**, 7 suites.

🏨🏨 **Lowndes**   FR i
21 Lowndes St., SW1X 9ES, ☎ (0171) 823 1234, *Fax (0171) 235 1154*
✄ – 🛗, ✂ rm, 🖥 📺 ☎ 🄿 – 🅰 25. 🅜🅞 🄰🄴 ⓪ 𝘝𝘐𝘚𝘈 🄹🄲🄱. ✄
Brasserie 21 : Meals 17.00 **t.** and a la carte 🍷 9.50 – ☕ 13.50 – **77 rm** 235.00/
255.00 **s.**, 1 suite.

🏛 **Diplomat**   FR a
2 Chesham St., SW1X 8DT, ☎ (0171) 235 1544, *Fax (0171) 259 6153*
without rest. – 🛗 📺 ☎. 🅜🅞 🄰🄴 ⓪ 𝘝𝘐𝘚𝘈 🄹🄲🄱. ✄
26 rm ☕ 85.00/150.00 **t.**

✗✗ **Zafferano**   FR i
15 Lowndes St., SW1X 9EY, ☎ (0171) 235 5800, *Fax (0171) 235 1971*
🖥. 🅜🅞 🄰🄴 𝘝𝘐𝘚𝘈
closed Sunday, 2 weeks August and Bank Holidays – **Meals** - Italian - 21.50/
25.50 **t.** and a la carte 🍷 9.50.

✗✗ **Vong** (at The Berkeley H.)   FQ e
Wilton Pl., SW1X 7RL, ☎ (0171) 235 1010, *Fax (0171) 235 1011*
🖥. 🅜🅞 🄰🄴 ⓪ 𝘝𝘐𝘚𝘈 🄹🄲🄱
closed Sunday lunch and 25 December – **Meals** - French-Thai - 22.00 **t.**
(lunch) and a la carte 23.75/39.00 **t.**

✗✗ **Al Bustan**   FR z
27 Motcomb St., SW1X 8JU, ☎ (0171) 235 8277, *Fax (0171) 235 1668*
🖥. 🅜🅞 🄰🄴 ⓪ 𝘝𝘐𝘚𝘈
closed 23 December-4 January – **Meals** - Lebanese - 13.00 **t.** (lunch)
and a la carte 19.50/22.25 **t.** 🍷 10.00.

Hyde Park and Knightsbridge – ✉ *SW1/SW7 – pp. 30 and 31.*

Mandarin Oriental Hyde Park FQ x
66 Knightsbridge, SW1X 7LA, ✆ (0171) 235 2000, *Fax (0171) 235 4552*
≤, ♨ – 🛗, ⇔ rm, 🖾 TV ☎ ዿ – 🍽 250. ⬤ AE ⓞ VISA. ✼
Restaurant On The Park : Meals a la carte 21.95/43.95 t. ⌖ 14.00 – ☷ 16.50
– **166 rm** 240.00/260.00 s., 19 suites.

Knightsbridge Green EQ z
159 Knightsbridge, SW1X 7PD, ✆ (0171) 584 6274, *Fax (0171) 225 1635*
without rest. – 🛗 🖾 TV ☎. ⬤ AE ⓞ VISA ✼
closed 24 to 26 December – ☷ 9.50 – **15 rm** 90.00/130.00 st., 12 suites
150.00 st.

Pearl of Knightsbridge EQ e
22 Brompton Rd, SW1X 7QN, ✆ (0171) 225 3888, *Fax (0171) 225 0252*
🖾. ⬤ AE ⓞ VISA JCB
closed 25 and 26 December – Meals - Chinese - 10.80/22.80 t. and a la carte.

Mr. Chow EQ a
151 Knightsbridge, SW1X 7PA, ✆ (0171) 589 7347, *Fax (0171) 584 5780*
🖾. ⬤ AE ⓞ VISA JCB
closed 24 to 26 December – Meals - Chinese - a la carte 30.00/35.00 t.

Mayfair – ✉ *W1 – pp. 28 and 29.*

Dorchester BN a
Park Lane, W1A 2HJ, ✆ (0171) 629 8888, *Fax (0171) 409 0114*
♨, ⇔s – 🛗, ⇔ rm, 🖾 TV ☎ ዿ ⇔ – 🍽 550. ⬤ AE ⓞ VISA JCB. ✼
Meals – (see *Oriental* and *Grill Room* below) – ☷ 18.50 – **197 rm** 240.00/
300.00 s., 47 suites.

Claridge's BL c
Brook St., W1A 2JQ, ✆ (0171) 629 8860, *Fax (0171) 499 2210*
♨ – 🛗, ⇔ rm, 🖾 TV ☎ ዿ – 🍽 200. ⬤ AE ⓞ VISA JCB. ✼
Restaurant : Meals 29.00/38.00 st. and a la carte 29.00/45.00 st. ⌖ 10.50.
Causerie : Meals *(closed Saturday and Sunday)* a la carte 30.00/36.00 st.
⌖ 10.50 – ☷ 18.00 – **138 rm** 255.00/365.00 s., 60 suites – SB.

Four Seasons BP a
Hamilton Pl., Park Lane, W1A 1AZ, ✆ (0171) 499 0888, *Fax (0171) 493 1895*
♨ – 🛗, ⇔ rm, 🖾 TV ☎ ⇔ – 🍽 500. ⬤ AE ⓞ VISA JCB. ✼
Lanes : Meals 32.00 st. (lunch) and a la carte 26.00/45.00 st. ⌖ 8.00 – (see also
Four Seasons below) – ☷ 17.75 – **201 rm** 250.00/305.00 s., 26 suites.

Le Meridien Piccadilly EM a
21 Piccadilly, W1V 0BH, ✆ (0171) 734 8000, *Fax (0171) 437 3574*
♨, ⇔s, 🏊, squash – 🛗, ⇔ rm, 🖾 TV ☎ ዿ – 🍽 250. ⬤ AE ⓞ VISA JCB.
✼
Terrace Garden : Meals 19.95 t. and a la carte ⌖ 12.00 – (see also *The Oak
Room Marco Pierre White* below) – ☷ 16.50 – **248 rm** 275.00/335.00,
18 suites.

Grosvenor House AM a
Park Lane, W1A 3AA, ✆ (0171) 499 6363, *Fax (0171) 493 3341*
♨, ⇔s, 🏊 – 🛗, ⇔ rm, 🖾 TV ☎ ዿ ⇔ – 🍽 1500. ⬤ AE ⓞ VISA JCB. ✼
Café Nico : Meals 29.50 st.
Pasta Vino : Meals - Italian - *(closed Saturday and Sunday)* a la carte 32.50/
40.75 t. – (see also *Chez Nico at Ninety Park Lane* below) – ☷ 19.50
382 rm 210.00/345.00, 72 suites.

London Hilton on Park Lane BP e
22 Park Lane, W1Y 4BE, ☎ (0171) 493 8000, *Fax (0171) 493 4957*
« Panoramic ≤ of London », – 🛗, ⇔ rm, ▤ TV ☎ ♿ – 🏛 1000. MC AE ◐ VISA JCB.
Trader Vics *(☎ (0171) 208 4113)* **: Meals** (dinner only) a la carte 19.00/54.50 **t.** 🍷 9.00
Park Brasserie* : Meals** 25.50 **t.** and a la carte 🍷 9.75 – (see also ***Windows below) – ☕ 17.00 – **394 rm** 340.00, 52 suites.

Connaught BM e
✿ Carlos Pl., W1Y 6AL, ☎ (0171) 499 7070, *Fax (0171) 495 3262*
🛗 ▤ TV ☎. MC AE ◐ VISA.
***The Restaurant* : Meals** (booking essential) 25.00/55.00 **t.** and a la carte 28.10/56.60 **t.** 🍷 12.00
***Grill Room* : Meals** *(closed Saturday lunch)* (booking essential) 25.00/35.00 **t.** and a la carte 25.10/56.60 **t.** 🍷 12.00 – **66 rm** 225.00/340.00 **s.**, 24 suites
Spec. Sole "Jubilée". Prélude gourmande Connaught. Sherry trifle "Wally Ladd".

47 Park Street AM c
47 Park St., W1Y 4EB, ☎ (0171) 491 7282, *Fax (0171) 491 7281*
🛗 ▤ TV ☎. MC AE ◐ VISA JCB.
Meals (room service) – (see also ***Le Gavroche*** below) – ☕ 19.00 –**52 suites** 255.00/500.00 **s.**

Brown's DM e
Albemarle St., W1X 4BP, ☎ (0171) 493 6020, *Fax (0171) 493 9381*
🛗 TV ☎ – 🏛 70. MC AE ◐ VISA JCB.
Meals *(closed lunch Saturday, Sunday and Bank Holidays)* 24.00/29.00 **st.** and a la carte 🍷 11.00 – ☕ 17.50 – **112 rm** 240.00/268.00, 6 suites – SB.

Park Lane CP x
Piccadilly, W1Y 8BX, ☎ (0171) 499 6321, *Fax (0171) 499 1965*
🛗, ⇔ rm, TV ☎ P – 🏛 300. MC AE ◐ VISA JCB
Brasserie on the Park *(☎ (0171) 290 7364)* **: Meals** 15.95 **st.** and a la carte 🍷 8.25 – (see also ***Bracewells*** below) – ☕ 17.00 – **286 rm** 220.50/263.00 **s.**, 20 suites.

Britannia BM x
Grosvenor Sq., W1A 3AN, ☎ (0171) 629 9400, *Fax (0171) 629 7736*
– 🛗, ⇔ rm, ▤ TV ☎ – 🏛 100. MC AE ◐ VISA JCB.
Adams* : Meals** *(closed Saturday and Sunday)* 26.00 **t.** and a la carte 🍷 13.50 – (see also ***Shogun below) – ☕ 13.95 – **306 rm** 205.00/295.00 **s.**, 12 suites.

May Fair Inter-Continental DN z
Stratton St., W1A 2AN, ☎ (0171) 629 7777, *Fax (0171) 629 1459*
, ≘s, 🏊 – 🛗, ⇔ rm, ▤ TV ☎ ♿ – 🏛 290. MC AE ◐ VISA JCB.
May Fair Café *(☎ (0171) 915 2842)* **: Meals** a la carte 18.00/34.00 **t.** – (see also ***Opus 70*** below) – ☕ 16.00 – **262 rm** 269.00/299.00 **st.**, 12 suites.

Inter-Continental BP o
1 Hamilton Pl., Hyde Park Corner, W1V 0QY, ☎ (0171) 409 3131, *Fax (0171) 493 3476*
, ≘s – 🛗, ⇔ rm, ▤ TV ☎ ♿ 🚗 – 🏛 1000. MC AE ◐ VISA JCB.
Meals 22.00/26.00 **t.** and a la carte 🍷 9.75 – (see also ***Le Soufflé*** below) – ☕ 18.30 – **410 rm** 265.00 **s.**, 48 suites.

Athenaeum CP s
116 Piccadilly, W1V 0BJ, ☎ (0171) 499 3464, *Fax (0171) 493 1860*
, ≘s – 🛗, ⇔ rm, ▤ TV ☎ – 🏛 55. MC AE ◐ VISA JCB.
***Bulloch's at 116* : Meals** *(closed lunch Saturday and Sunday)* a la carte 20.40/34.40 **t.** 🍷 9.50 – ☕ 16.50 – **121 rm** 225.00/295.00 **s.**, 35 suites.

The Metropolitan　BP c
Old Park Lane, W1Y 4LB, ℰ (0171) 447 1000, *Fax (0171) 447 1100*
≤, « Contemporary interior design », ₤₅ – ⧚, ✸ rm, 🖫 📺 ☎ ⟷. 🆖 AE
⑩ VISA JCB, 🍴
Meals (residents and members only) (light lunch)/dinner a la carte 19.50/
28.00 **t**. – (see also ***Nobu*** below) – ☎ 15.00 – **152 rm** 195.00/275.00 **s**.,
3 suites.

Westbury　DM a
Bond St., W1A 4UH, ℰ (0171) 629 7755, *Fax (0171) 495 1163*
⧚, ✸ rm, 🖫 📺 ☎ – ⧖ 110. 🆖 AE ⑩ VISA
La Mediterranée (closed Saturday and Sunday lunch) a la carte approx.
28.50 **t**. ⧘ 15.50 – ☎ 14.75 – **231 rm** 180.00/230.00 **s**., 13 suites.

London Marriott Grosvenor Square　BL a
Duke St., Grosvenor Sq., W1A 4AW, ℰ (0171) 493 1232, *Fax (0171) 491 3201*
₤₅ – ⧚, ✸ rm, 🖫 📺 ☎ – ⧖ 600. 🆖 AE ⑩ VISA JCB.
Diplomat : **Meals** *(closed Saturday lunch)* 19.50 **t**. (lunch) and a la carte
17.75/27.75 **t**. ⧘ 12.75 – ☎ 12.95 – **210 rm** 235.00 **s**., 11 suites – SB.

Chesterfield　CN c
35 Charles St., W1X 8LX, ℰ (0171) 491 2622, *Fax (0171) 491 4793*
⧚, ✸ rm, 🖫 rest, 📺 ☎ – ⧖ 110. 🆖 AE ⑩ VISA, 🍴
Butlers : **Meals** *(closed Saturday lunch)* 8.95/15.95 **st**. and a la carte ⧘ 11.00 –
☎ 16.00 – **106 rm** 145.00/210.00 **s**., 4 suites.

Washington　CN s
5-7 Curzon St., W1Y 8DT, ℰ (0171) 499 7000, *Fax (0171) 495 6172*
⧚, ✸ rm, 🖫 📺 ☎ – ⧖ 80. 🆖 AE ⑩ VISA JCB
Meals a la carte 14.00/20.00 **st**. – ☎ 13.95 – **169 rm** 160.00/205.00 **s**., 4 suites
– SB.

Holiday Inn Mayfair　DN r
3 Berkeley St., W1X 6NE, ℰ (0171) 493 8282, *Fax (0171) 629 2827*
⧚, ✸ rm, 🖫 📺 ☎ – ⧖ 60. 🆖 AE ⑩ VISA JCB, 🍴
Meals *(closed Saturday lunch)* 22.00 **t**. and a la carte ⧘ 8.00 – ☎ 12.95 –
181 rm 160.00/210.00 **st**., 4 suites.

Flemings　CN z
7-12 Half Moon St., W1Y 7RA, ℰ (0171) 499 2964, *Fax (0171) 629 4063*
⧚, 🖫 rest, 📺 ☎ – ⧖ 50. 🆖 AE ⑩ VISA JCB. 🍴
Meals 9.95/23.50 **st**. and a la carte ⧘ 9.00 – ☎ 11.50 – **120 rm** 130.00/175.00,
10 suites.

Green Park　CN a
Half Moon St., W1Y 8BP, ℰ (0171) 629 7522, *Fax (0171) 491 8971*
⧚, ✸ rm, 🖫 rest, 📺 ☎ – ⧖ 70. 🆖 AE ⑩ VISA JCB. 🍴
Meals *(closed lunch Saturday, Sunday and Bank Holidays)* a la carte 17.95/
31.20 **st**. ⧘ 6.75 – ☎ 10.95 – **160 rm** 135.00/182.00 **st**., 1 suite.

London Mews Hilton　BP u
2 Stanhope Row, W1Y 7HE, ℰ (0171) 493 7222, *Fax (0171) 629 9423*
⧚, ✸ rm, 🖫 📺 ☎ ⟷ – ⧖ 50. 🆖 AE ⑩ VISA JCB. 🍴
Meals (dinner only) 19.00 **st**. and a la carte ⧘ 9.45 – ☎ 15.00 – **71 rm** 180.00/
216.00 **st**., 1 suite – SB.

The Oak Room Marco Pierre White (at Le Meridien Piccadilly H.)　EM a
21 Piccadilly, W1V 0BH, ℰ (0171) 437 0202
🖫. 🆖 AE ⑩ VISA
closed Saturday lunch, Sunday, last 2 weeks August and 2
New Year – **Meals** (booking essential) 29.50/75.00 **t**. ⧘ 15.00
Spec. Foie gras en surprise. Contre-filet "Molly Parkin". Caram
with vanilla.

144

XXXXX **Chez Nico at Ninety Park Lane** (Ladenis) (at Grosvenor House H.) **AM** e
✿✿✿✿ Park Lane, W1A 3AA, ☏ (0171) 409 1290, *Fax (0171) 355 4877*
▣ ◍ AE ⓪ *VISA*
closed Saturday lunch, Sunday, 4 days at Easter, 10 days at Christmas and Bank Holiday Mondays – **Meals** - French - (booking essential) 32.00/62.00 **t.**
Spec. Langoustine ravioli with lobster sauce. Escalope of sea bass with a basil coulis. Glazed lemon tart with raspberry coulis.

XXXX **Le Gavroche** (Roux) **AM** c
✿✿ 43 Upper Brook St., W1Y 1PF, ☏ (0171) 408 0881, *Fax (0171) 409 0939*
▣ ◍ AE ⓪ *VISA* JCB
closed Saturday, Sunday, Christmas-New Year and Bank Holidays – **Meals** - French - (booking essential) 40.00 **st.** (lunch) and a la carte 60.00/94.20 **st.**
⌷ 15.00
Spec. Terrine de foie gras et confit de canard aux fruits secs et épices. Gibiers suivant la chasse. Bar en papillote farci au fenouil.

XXXX **Oriental** (at Dorchester H.) **BN** a
✿ Park Lane, W1A 2HJ, ☏ (0171) 317 6328, *Fax (0171) 409 0114*
▣ ◍ AE ⓪ *VISA* JCB
closed Saturday lunch, Sunday and August – **Meals** - Chinese (Canton) - 25.50/37.00 **st.** and a la carte 30.00/63.50 **st.** ⌷ 14.00
Spec. Fried prawns with cashew nuts in a lemon sauce. Stir fried beef with lemon grass and black pepper. Deep fried mixed seafood wrapped in rice paper with mango.

XXXX **Four Seasons** (at Four Seasons H.) **BP** a
Hamilton Pl., Park Lane, W1A 1AZ, ☏ (0171) 499 0888, *Fax (0171) 493 1895*
⬚ ▣ ⇔ ◍ AE ⓪ *VISA* JCB
Meals a la carte 26.00/48.00 **st.** ⌷ 19.00.

XXXX **Windows** (at London Hilton on Park Lane) **BP** e
22 Park Lane, W1Y 4BE, ☏ (0171) 208 4020
« Panoramic ≤ of London » – ▣ ◍ AE ⓪ *VISA* JCB
closed Saturday lunch and Sunday dinner – **Meals** 33.95/33.50 **t.** and dinner a la carte ⌷ 13.00.

XXXX **Les Saveurs de Jean - Christophe Novelli W1** **BN** o
✿ 37a Curzon St., W1Y 7AF, ☏ (0171) 491 8919, *Fax (0171) 491 3658*
▣ ◍ AE *VISA* JCB
closed Saturday lunch and Sunday – **Meals** - French - 28.00/35.00 **t.** and a la carte 22.00/46.50 **t.** ⌷ 14.00
Spec. Cured trout tartare with croque of cucumber, soft quail egg and caviar. Roast sea bass with sun dried tomatoes, pickled aubergine and picholine olives. Hot and cold, dark and white chocolate plate; "Liz McGrath".

XXX **The Square** **CM** v
✿✿ 6-10 Bruton St., W1X 7AG, ☏ (0171) 495 7100, *Fax (0171) 495 7150*
▣ ◍ AE ⓪ *VISA*
closed lunch Saturday and Sunday and 1 week Christmas – **Meals** 45.00 **t.** (dinner) and lunch a la carte 29.50/35.50 **t.** ⌷ 11.50
Spec. Steamed cod with leeks, oysters and caviar. Cappuccino of shellfish with cannelloni of lobster. Saddle of lamb with a herb crust, purée of shallots and rosemary.

XXX **Grill Room** (at Dorchester H.) **BN** a
Park Lane, W1A 2HJ, ☏ (0171) 317 6336, *Fax (0171) 409 0114*
▣ ◍ AE ⓪ *VISA* JCB
Meals - English - 28.00/37.00 **st.** and a la carte 34.00/56.00 **st.** ⌷ 14.00.

XXX **Goode's at Thomas Goode**   BM **c**
19 South Audley St., W1Y 6BN, ☏ (0171) 409 7242, Fax (0171) 629 4230
🍽️ **M⊙** **AE** **①** **VISA**
*closed Saturday, Sunday, first 3 weeks August, 1 week Christmas and Bank
Holidays –* **Meals** (lunch only) 37.50 **t.** 🍷 15.20.

XXX **Le Soufflé** (at Inter-Continental H.)   BP **o**
1 Hamilton Pl., Hyde Park Corner, W1V 0QY, ☏ (0171) 409 3131,
Fax (0171) 409 7460
🍽️ 🚗. **M⊙** **AE** **①** **VISA** **JCB**
*closed Saturday lunch, Sunday dinner, Monday, 3 weeks January and Bank
Holidays –* **Meals** 29.50/45.00 **t.** and a la carte 🍷 10.00.

XXX **Bracewells** (at Park Lane H.)   CP **X**
Piccadilly, W1Y 8BX, ☏ (0171) 753 6725, Fax (0171) 499 1965
P. **M⊙** **AE** **①** **VISA** **JCB**
closed Saturday lunch, Sunday, August and Bank Holidays – **Meals** 26.50 **t.**
(lunch) and a la carte 33.95/43.95 **t.** 🍷 9.00.

XXX **Princess Garden**   AL **z**
8-10 North Audley St., W1Y 1WF, ☏ (0171) 493 3223, Fax (0171) 629 3130
🍽️ **M⊙** **AE** **①** **VISA** **JCB**
closed 4 days Christmas – **Meals** - Chinese (Peking, Szechuan) - 30.00 **t.**
(dinner) and a la carte 29.00/45.00 **t.** 🍷 9.50.

XXX **Opus 70** (at May Fair Inter-Continental H.)   DN **z**
Stratton St., W1A 2AN, ☏ (0171) 915 2842, Fax (0171) 629 1459
🍽️ **M⊙** **AE** **①** **VISA** **JCB**
closed Saturday lunch – **Meals** a la carte 20.00/40.50 **t.**

XXX **Scotts**   BM **a**
20 Mount St., W1Y 6HE, ☏ (0171) 629 5248, Fax (0171) 499 8246
🍽️ **M⊙** **AE** **①** **VISA** **JCB**
Meals - Seafood - a la carte 21.70/41.00 **t.** 🍷 7.00.

XX **Nobu** (at The Metropolitan H.)   BP **c**
❀ 19 Old Park Lane, W1Y 4LB, ☏ (0171) 447 4747, Fax (0171) 447 4749
≼ – 🍽️. **M⊙** **AE** **①** **VISA** **JCB**
closed lunch Saturday and Sunday – **Meals** - New style Japanese with South
American influences - 40.00/50.00 **t.** and a la carte 60.00/100.00 **t.** 🍷 8.50
Spec. Lobster ceviche. Black cod with miso. Snow crab with spicy cream
sauce.

XX **L'Odéon**   EM **r**
65 Regent St., W1R 7HH, ☏ (0171) 287 1400, Fax (0171) 287 1300
🍽️ **M⊙** **AE** **①** **VISA** **JCB**
closed Saturday lunch, 25-26 December, 1 January and Bank Holidays –
Meals 17.50 **t.** and a la carte 🍷 8.90.

XX **Tamarind**   CN **e**
20 Queen St., W1X 7PJ, ☏ (0171) 629 3561, Fax (0171) 499 5034
M⊙ **AE** **①** **VISA**
closed Saturday lunch, 25 December and 1 January – **Meals** - Indian - 16.50 **t.**
(lunch) and a la carte 27.00/38.50 **t.** 🍷 6.75.

XX **Greenhouse**   BN **e**
27a Hay's Mews, W1X 7RJ, ☏ (0171) 499 3331, Fax (0171) 499 5368
🍽️. **M⊙** **AE** **①** **VISA**
closed Saturday lunch and 25 December – **Meals** a la carte 30.40/35.00 **t.**
🍷 6.00.

145

XX **Bentley's**   EM i
11-15 Swallow St., W1R 7HD, ℰ (0171) 734 4756, *Fax (0171) 287 2972*
▤. ⓂⓈ AE Ⓞ *VISA* JCB
closed Sunday, 25-26 December and 1 January – **Meals** - Seafood -
a la carte 25.50/40.25 **t.** ▯ 11.00.

XX **Nicole's**   DM n
158 New Bond St., W1V 9PA, ℰ (0171) 499 8408, *Fax (0171) 409 0381*
▤. ⓂⓈ AE Ⓞ *VISA* JCB
closed Saturday dinner, Sunday and Bank Holidays – **Meals** a la carte 25.50/
28.50 **t.**

XX Langan's Brasserie   DN e
Stratton St., W1X 5FD, ℰ (0171) 491 8822
▤.

XX **Marquis**   BM u
121A Mount St., W1Y 5HB, ℰ (0171) 499 1256, *Fax (0171) 493 4460*
ⓂⓈ AE Ⓞ *VISA* JCB
*closed Saturday lunch, Sunday, 21 August-1 September, 23 December-
4 January and Bank Holidays* – **Meals** 19.50 **t.** and a la carte ▯ 6.10.

XX **Chor Bizarre**   DM s
16 Albemarle St., W1X 3HA, ℰ (0171) 629 9802, *Fax (0171) 493 7756*
« Authentic Indian decor and furnishings » – ⓂⓈ AE Ⓞ *VISA* JCB
closed Sunday, 24 to 26 December and 1 January – **Meals** - Indian - 12.95/
31.00 **t.** and a la carte.

XX **Benihana**   EM s
37 Sackville St., Piccadilly, W1X 2DQ, ℰ (0171) 494 2525, *Fax (0171) 494 1456*
▤. ⓂⓈ AE Ⓞ *VISA* JCB
Meals - Japanese (Teppan-Yaki) - 10.00/14.00 **st.** and a la carte.

XX **Mulligans**   DM c
13-14 Cork St., W1X 1PF, ℰ (0171) 409 1370, *Fax (0171) 409 2732*
ⓂⓈ AE Ⓞ *VISA*
closed Sunday, 1 week Christmas-New Year and Bank Holidays – **Meals** - Irish -
a la carte 19.95/28.85 **t.**

XX **Shogun** (at Britannia H.)   BM x
Adams Row, W1Y 5DE, ℰ (0171) 493 1255
▤. ⓂⓈ AE Ⓞ *VISA* JCB
closed Monday – **Meals** - Japanese - (dinner only) a la carte 22.00/36.00 **st.**

X **The Cafe** (at Sotheby's)   DL e
34-35 New Bond St., W1A 2AA, ℰ (0171) 408 5077
⤢. ⓂⓈ AE Ⓞ *VISA*
*closed Saturday, Sunday, Good Friday, 2 weeks August and Christmas-
New Year* – **Meals** (booking essential) (lunch only) a la carte 18.00/24.50 **st.**

X **Momo**   EM n
25 Heddon St., W1R 7LG, ℰ (0171) 434 4040, *Fax (0171) 287 0404*
▤. ⓂⓈ AE Ⓞ *VISA*
Meals - Moroccan - 13.50 **t.** (lunch) and a la carte approx. 22.00 **t.** ▯ 6.00.

X **Veeraswamy**   EM c
Victory House, 101 Regent St., W1R 8RS, ℰ (0171) 734 1401,
Fax (0171) 439 8434
▤. ⓂⓈ AE Ⓞ *VISA* JCB
closed 25 and 26 December – **Meals** - Indian - 13.00 **t.** (lunch)
and a la carte 16.50/20.00 **t.** ▯ 5.00.

146

✗ **Zinc Bar and Grill**   EM X
20 Heddon St., W1R 7LF, ✆ (0171) 255 8899, *Fax (0171) 255 8888*
▤. ◍ AE ◍ *VISA*
closed 25 and 26 December – **Meals** (Sunday dinner by arrangement) 12.50 **t.**
(lunch) and dinner a la carte 13.95/29.25 **t.**

Regent's Park and Marylebone – ✉ NW1/NW6/NW8/W1 – *Except where otherwise stated see pp. 28 and 29.*

🖪 *Basement Services Arcade, Selfridges Store, Oxford St., W1* ✆ *(0171) 824 8844.*

🏨 **Landmark London**   p. 21 **HU** a
222 Marylebone Rd, NW1 6JQ, ✆ (0171) 631 8000, *Fax (0171) 631 8080*
« Victorian Gothic architecture, atrium and winter garden », 🛌, ⅇs, 🔲 – 🛗
⇔ rm, ▤ TV ☎ ♿ 🚗 – 🔼 350. ◍ AE ◍ *VISA* JCB. 🍴
***The Dining Room* :** Meals *(closed Saturday lunch and Sunday dinner)* 24.00/
34.00 **st.** and a la carte ₤ 8.50 – ☷ 18.00 – **288 rm** 245.00/310.00 **s.**, 9 suites.

🏨 **Churchill Inter-Continental**   AJ X
30 Portman Sq., W1A 4ZX, ✆ (0171) 486 5800, *Fax (0171) 486 1255*
🍴 – 🛗, ⇔ rm, ▤ TV ☎ ♿ ℗ – 🔼 200. ◍ AE ◍ *VISA* JCB. 🍴
***Clementine's* :** Meals *(closed Saturday lunch)* 23.00 **t.** and a la carte ₤ 8.00 –
☷ 16.50 – **415 rm** 280.00, 33 suites.

🏨 **Langham Hilton**   p. 21 **JU** e
1 Portland Pl., Regent St., W1N 4JA, ✆ (0171) 636 1000, *Fax (0171) 323 2340*
🛌, ⅇs – 🛗, ⇔ rm, ▤ TV ☎ ♿ – 🔼 250. ◍ AE ◍ *VISA* JCB. 🍴
***Memories* :** Meals 24.50/31.00 **st.** and dinner a la carte ₤ 16.00
***Tsar's* :** Meals *(closed Sunday)* a la carte 20.80/34.80 **st.** ₤ 16.00 – ☷ 17.50 –
359 rm 250.00 **s.**, 20 suites.

🏨 **Selfridge**   AK e
Orchard St., W1H 0JS, ✆ (0171) 408 2080, *Fax (0171) 629 8849*
🛗, ⇔ rm, ▤ TV ☎ – 🔼 220. ◍ AE ◍ *VISA* JCB. 🍴
***Fletchers* :** Meals *(closed Saturday lunch, Sunday, 3 weeks August and Bank
Holidays)* 20.00 **t.** and a la carte ₤ 14.00
***Orchard* :** Meals 10.95 **t.** and a la carte ₤ 11.50 – ☷ 12.50 – **290 rm** 175.00/
225.00 **st.**, 4 suites – SB.

🏨 **The Leonard**   AK n
15 Seymour St., W1H 5AA, ✆ (0171) 935 2010, *Fax (0171) 935 6700*
« Attractively furnished Georgian town houses » – 🛗 ▤ TV ☎ – 🔼 30. ◍ AE
◍ *VISA*. 🍴
Meals (room service only) – ☷ 13.50 – **6 rm** 160.00/180.00 **s.**, **20 suites**
225.00/375.00 **s.**

🏨 **Radisson SAS Portman**   AJ o
22 Portman Sq., W1H 9FL, ✆ (0171) 208 6000, *Fax (0171) 208 6001*
🛌, ⅇs, 🍴 – 🛗, ⇔ rm, ▤ rest, TV ☎ – 🔼 350. ◍ AE ◍ *VISA* JCB. 🍴
Meals 16.50 **st.** (lunch) and a la carte 22.95/36.00 **st.** ₤ 10.00 – ☷ 15.50 –
272 rm 195.00/288.00 **st.**, 7 suites.

🏨 **London Regent's Park Hilton**   p. 21 **GT** v
18 Lodge Rd, NW8 7JT, ✆ (0171) 722 7722, *Fax (0171) 483 2408*
🛗, ⇔ rm, ▤ TV ☎ ℗ – 🔼 150. ◍ AE ◍ *VISA* 🍴
***Minsky's* :** Meals 19.50/20.95 **st.** and a la carte ₤ 10.50
***Kashinoki* :** Meals - Japanese - *(closed Monday)* 18.50/32.50 **t.** and a la carte
₤ 16.00 – ☷ 15.50 – **376 rm** 155.00/175.00 **st.**, 1 suite.

Montcalm
p. 33 **EZ** x

Great Cumberland Pl., W1A 2LF, ℰ (0171) 402 4288, *Fax (0171) 724 9180*
📶, ⊁ rm, ☰ 📺 ☎ – 🛎 80. 🆖 🆎 ⓪ *VISA* 🆓
Meals - (see *The Crescent* below) – ⊑ 15.95 – **110 rm** 175.00/230.00 **s.**, 10 suites.

Clifton Ford
BH a

47 Welbeck St., W1M 8DN, ℰ (0171) 486 6600, *Fax (0171) 486 7492*
📶 ☰ 📺 ☎ 🚗 – 🛎 150. 🆖 🆎 ⓪ *VISA*
Meals *(closed lunch Saturday and Sunday)* a la carte approx. 22.00 **t.** ₤ 6.50 – ⊑ 14.50 – **183 rm** 210.00/225.00 **s.**, 2 suites.

Berners
EJ r

10 Berners St., W1A 3BE, ℰ (0171) 666 2000, *Fax (0171) 666 2001*
📶, ⊁ rm, ☰ rest, 📺 ☎ & – 🛎 150. 🆖 🆎 ⓪ *VISA* 🆓 ⊁
Meals 16.95 **t.** (lunch) and a la carte 20.65/33.70 **t.** ₤ 7.50 – ⊑ 14.95 – **214 rm** 150.00/185.00 **st.**, 3 suites.

Marble Arch Marriott
p. 33 **EZ** i

134 George St., W1H 6DN, ℰ (0171) 723 1277, *Fax (0171) 402 0666*
🎣, ⊑s, 🏊 – 📶, ⊁ rm, ☰ 📺 ☎ & ⓟ – 🛎 150. 🆖 🆎 ⓪ *VISA* 🆓 ⊁
Meals 16.00/20.00 **st.** and a la carte ₤ 6.50 – ⊑ 12.95 – **240 rm** 190.00/210.00 **s.** – SB.

Berkshire
BK n

350 Oxford St., W1N 0BY, ℰ (0171) 629 7474, *Fax (0171) 629 8156*
📶, ⊁ rm, ☰ 📺 ☎ – 🛎 40. 🆖 🆎 ⓪ *VISA* 🆓 ⊁
Meals 19.00 **st.** and a la carte ₤ 7.50 – ⊑ 14.00 – **145 rm** 187.00/226.00 **s.**, 2 suites.

Forte Posthouse Regent's Park
p. 21 **JU** i

Carburton St., W1P 8EE, ℰ (0171) 388 2300, *Fax (0171) 387 2806*
📶, ⊁ rm, ☰ rest, 📺 ☎ & – 🛎 320. 🆖 🆎 ⓪ *VISA* 🆓 ⊁
Meals *(closed lunch Saturday and Sunday)* 16.95 **st.** (dinner) and a la carte 18.80/28.75 **st.** ₤ 6.95 – ⊑ 10.95 – **322 rm** 129.00/149.00 **st.**, 3 suites – SB.

Saint Georges
p. 21 **JU** a

Langham Pl., W1N 8QS, ℰ (0171) 580 0111, *Fax (0171) 436 7997*
← – 📶, ⊁ rm, 📺 ☎ – 🛎 25. 🆖 🆎 ⓪ *VISA* 🆓 ⊁
Meals a la carte 19.00/26.50 **st.** ₤ 7.00 – ⊑ 12.95 – **83 rm** 145.00/155.00 **st.**, 3 suites – SB.

Dorset Square
p. 21 **HU** s

39-40 Dorset Sq., NW1 6QN, ℰ (0171) 723 7874, *Fax (0171) 724 3328*
« Attractively furnished Regency town houses », 🚜 – 📶 ☰ 📺 ☎. 🆖 🆎 *VISA*. ⊁
The Potting Shed : **Meals** *(closed Sunday lunch and Saturday)* 14.95 **t.** and a la carte – ⊑ 12.50 – **37 rm** 98.00/180.00 **s.**

Durrants
AH e

26-32 George St., W1H 6BJ, ℰ (0171) 935 8131, *Fax (0171) 487 3510*
« Converted Georgian houses with Regency façade » – 📶, ☰ rest, 📺 ☎ – 🛎 100. 🆖 🆎 *VISA*. ⊁
Meals 19.50 **t.** and a la carte ₤ 8.00 – ⊑ 10.75 – **89 rm** 95.00/140.00 **st.**, 3 suites.

Rathbone
p. 22 **KU** x

Rathbone St., W1P 2LB, ℰ (0171) 636 2001, *Fax (0171) 636 3882*
without rest. – 📶 ⊁ ☰ 📺 ☎ **72 rm.**

🏛 **Savoy Court** AK i
Granville Pl., W1H 0EH, ✆ (0171) 408 0130, *Fax (0171) 493 2070*
🛗 ▤ rest, 📺 ☎ 🅼🅾 🆎 ⓞ *VISA* ⌡ᴄʙ, 🛧
Meals 12.00 **st.** (dinner) and a la carte 14.50/20.50 **st.** 🍷 6.50 – 🍵 11.00 –
95 rm 111.00/145.00 **s.**

🏛 **Langham Court** p. 21 JU z
31-35 Langham St., W1N 5RE, ✆ (0171) 436 6622, *Fax (0171) 436 2303*
🛗 📺 ☎ – 🛎 80. 🅼🅾 🆎 ⓞ *VISA* ⌡ᴄʙ. 🛧
Meals 19.75 **st.** and a la carte – 🍵 11.50 – **56 rm** 129.00/145.00 **st.** – SB.

🏛 **Stakis London Harewood** p. 21 HU x
Harewood Row, NW1 6SE, ✆ (0171) 262 2707, *Fax (0171) 262 2975*
🛗 ⇄ rm, ▤ rest, 📺 ☎. 🅼🅾 🆎 ⓞ *VISA*. 🛧
Meals (dinner only) 15.00 **st.** and a la carte 🍷 7.50 – 🍵 10.50 – **92 rm** 98.00/
135.00 **st.** – SB.

🏛 **Hart House** AH a
51 Gloucester Pl., W1H 3PE, ✆ (0171) 935 2288, *Fax (0171) 935 8516*
without rest. – 📺 ☎. 🅼🅾 🆎 *VISA*. 🛧
16 rm 🍵 60.00/85.00 **st.**

XXX **Orrery** IU a
55 Marylebone High St., W1M 3AE, ✆ (0171) 616 8000, *Fax (0171) 616 8080*
« Converted 19C stables, contemporary interior » – 🛗 ▤. 🅼🅾 🆎 ⓞ *VISA*
closed 25 December and 1 January – **Meals** (booking essential) 23.50 **t.**
(lunch) and dinner a la carte 26.00/41.50 **t.** 🍷 13.00.

XXX **Interlude** p. 22 KU r
5 Charlotte St., W1P 1HD, ✆ (0171) 637 0222, *Fax (0171) 637 0224*
▤. 🅼🅾 🆎 *VISA* ⌡ᴄʙ
*closed Saturday lunch, Sunday, 2 weeks August, 1 week Christmas-New Year
and Bank Holidays* – **Meals** 22.50 **t.** (lunch) and a la carte 25.00/47.00 **t.**

XXX **The Crescent** (at Montcalm H.) EZ x
Great Cumberland Pl., W1A 2LF, ✆ (0171) 402 4288, *Fax (0171) 724 9180*
▤. 🅼🅾 🆎 ⓞ *VISA* ⌡ᴄʙ
closed Saturday lunch and Sunday – **Meals** 18.00 **t.**

XX **Nico Central** DJ c
35 Great Portland St., W1N 5DD, ✆ (0171) 436 8846, *Fax (0171) 436 3455*
▤. 🅼🅾 🆎 ⓞ *VISA* ⌡ᴄʙ
closed Saturday lunch, Sunday and 23 December-1 January – **Meals** 25.00/
27.00 **st.** 🍷 8.00.

XX **Oceana** BJ c
Jason Court, 76 Wigmore St., W1H 9DQ, ✆ (0171) 224 2992,
Fax (0171) 486 1216
▤. 🅼🅾 🆎 ⓞ *VISA* ⌡ᴄʙ
closed Saturday lunch, Sunday and Bank Holidays – **Meals** a la carte 15.50/
26.50 **t.** 🍷 8.00.

XX **La Porte des Indes** AK r
32 Bryanston St., W1H 7AE, ✆ (0171) 224 0055, *Fax (0171) 224 1144*
▤. 🅼🅾 🆎 ⓞ *VISA*
closed Saturday lunch and 25-26 December – **Meals** - Indian - 20.00/31.00 **t.**
and a la carte 🍷 4.75.

XX **Caldesi** BJ e
15-17 Marylebone Lane, W1M 5FE, ✆ (0171) 935 9226, *Fax (0171) 929 0924*
▤. 🅼🅾 🆎 ⓞ *VISA* ⌡ᴄʙ
closed Saturday lunch, Sunday and Bank Holidays – **Meals** - Italian - 15.00 **t.**
and a la carte 🍷 7.00.

XX **Bertorelli's**   p. 22 KU v
19-23 Charlotte St., W1P 1HP, ✆ (0171) 636 4174, Fax (0171) 467 8902
▤
Meals - Italian rest.

XX **Stephen Bull**   BH e
5-7 Blandford St., W1H 3AA, ✆ (0171) 486 9696, Fax (0171) 490 3128
▤ . Ⓜ️ⓒ ᴀᴇ 𝑽𝑰𝑺𝑨
closed Saturday lunch, Sunday, 24 December-2 January and Bank Holidays –
Meals a la carte 22.75/32.00 **t.** 🍷 10.50.

XX **Asuka**   p. 21 HU u
Berkeley Arcade, 209a Baker St., NW1 6AB, ✆ (0171) 486 5026,
Fax (0171) 224 1741
Ⓜ️ⓒ ᴀᴇ 𝑽𝑰𝑺𝑨 ᴊᴄʙ
closed Saturday lunch, Sunday and Bank Holidays – **Meals** - Japanese - 13.50/
23.90 **t.** and a la carte 🍷 9.70.

XX **Gaylord**   p. 22 KU o
79-81 Mortimer St., W1N 7TB, ✆ (0171) 580 3615, Fax (0171) 636 0860
▤ . Ⓜ️ⓒ ᴀᴇ Ⓞ 𝑽𝑰𝑺𝑨 ᴊᴄʙ
Meals - Indian - 16.95 **t.** and a la carte.

X **Justin de Blank**   BH u
120-122 Marylebone Lane, W1M 5FZ, ✆ (0171) 486 5250, Fax (0171) 935 4046
Ⓜ️ⓒ ᴀᴇ 𝑽𝑰𝑺𝑨
closed Saturday, Sunday, Christmas, New Year and Bank Holidays – **Meals**
a la carte 14.45/19.95 **t.**

X **The Blenheim**   p. 20 FS a
21 Loudoun Rd, NW8 0NB, ✆ (0171) 625 1222, Fax (0171) 328 1593
☂ –. Ⓜ️ⓒ ᴀᴇ Ⓞ 𝑽𝑰𝑺𝑨
closed 24-25 December and 1 January – **Meals** a la carte 18.15/21.15 **t.**

X **L'Aventure**   p. 20 FS s
3 Blenheim Terr., NW8 0EH, ✆ (0171) 624 6232, Fax (0171) 625 5548
Ⓜ️ⓒ ᴀᴇ 𝑽𝑰𝑺𝑨
closed Saturday lunch, 4 days Easter and first 2 weeks January – **Meals** -
French - 18.50/26.50 **t.** 🍷 7.50.

X **Union Café**   BH c
96 Marylebone Lane, W1M 5FP, ✆ (0171) 486 4860
Ⓜ️ⓒ 𝑽𝑰𝑺𝑨 ᴊᴄʙ
closed Sunday, Christmas-New Year and Bank Holidays – **Meals** a la carte
17.00/24.00 **t.**

X **Zoe**   BJ a
3-5 Barrett St., St. Christopher's Pl., W1M 5HH, ✆ (0171) 224 1122,
Fax (0171) 935 5444
▤ . Ⓜ️ⓒ ᴀᴇ Ⓞ 𝑽𝑰𝑺𝑨
closed Sunday and Bank Holidays – **Meals** 12.50 **t.** and a la carte.

X **Le Muscadet**   p. 21 HU v
25 Paddington St., W1M 3RF, ✆ (0171) 935 2883, Fax (0171) 935 2883
▤ . Ⓜ️ⓒ 𝑽𝑰𝑺𝑨 ᴊᴄʙ
closed Saturday lunch, Sunday, Easter, last 3 weeks August and 25-31
December – **Meals** - French - 19.50 **t.** and a la carte 🍷 10.00.

For business or tourist interest :
MICHELIN *Red Guide : EUROPE.*

St. James's – ✉ W1/SW1/WC2 – pp. 28 and 29.

🏨 Ritz   DN a
150 Piccadilly, W1V 9DG, ☎ (0171) 493 8181, Fax (0171) 493 2687
🌇 – 🛗, 🍽✕ rm, 🗐 📺 ☎ – 🔬 50. 🐾 AE ⓞ VISA JCB. ❄
Italian Garden : Meals (summer only) 29.00/38.50 st. and a la carte – (see also *The Restaurant* below) – 🍽 19.50 – **116 rm** 225.00/325.00 s., 14 suites – SB.

🏨 Dukes   EP x
35 St. James's Pl., SW1A 1NY, ☎ (0171) 491 4840, Fax (0171) 493 1264
🥄 – 🛗 🗐 📺 ☎ – 🔬 50. 🐾 AE ⓞ VISA JCB. ❄
Meals *(closed Saturday lunch)* (residents only) a la carte 24.45/33.95 ▮ 7.00 – 🍽 14.00 – **73 rm** 165.00/215.00 s., 8 suites.

🏨 Stafford   DN u
16-18 St. James's Pl., SW1A 1NJ, ☎ (0171) 493 0111, Fax (0171) 493 7121
🥄 – 🛗 🗐 📺 ☎ – 🔬 35. 🐾 AE ⓞ VISA JCB. ❄
Meals *(closed Saturday lunch)* 23.50/26.25 st. and a la carte ▮ 8.50 – 🍽 15.50 – **75 rm** 190.00/245.00, 5 suites.

🏨 22 Jermyn Street   FM e
22 Jermyn St., SW1Y 6HL, ☎ (0171) 734 2353, Fax (0171) 734 0750
🛗 📺 ☎. 🐾 AE ⓞ VISA JCB. ❄
Meals (room service only) – 🍽 16.50 – **5 rm** 195.00 s., **13 suites** 250.00/285.00 s.

🏨 Cavendish   EN i
81 Jermyn St., SW1Y 6JF, ☎ (0171) 930 2111, Fax (0171) 839 2125
🛗, 🍽✕ rm, 🗐 rest, 📺 ☎ 🚗 – 🔬 80. 🐾 AE ⓞ VISA JCB. ❄
Meals *(closed Saturday lunch)* 19.50 st. (lunch) and dinner a la carte approx. 24.50 st. ▮ 8.95 – 🍽 13.50 – **253 rm** 150.00/170.00 s., 2 suites – SB.

🏨 Pastoria   GM v
3-6 St. Martin's St., off Leicester Sq., WC2H 7HL, ☎ (0171) 930 8641, Fax (0171) 925 0551
🛗, 🍽✕ rm, 🗐 rest, 📺 ☎ – 🔬 60. 🐾 AE ⓞ VISA. ❄
Meals a la carte 16.00/23.00 st. ▮ 7.50 – 🍽 11.00 – **58 rm** 140.00/191.00 s.

🏨 Royal Trafalgar Thistle   GM r
Whitcomb St., WC2H 7HG, ☎ (0171) 930 4477, Fax (0171) 925 2149
🛗, 🍽✕ rm, 📺 ☎. 🐾 AE ⓞ VISA JCB. ❄
Meals 13.50/17.50 st. and a la carte ▮ 5.75 – 🍽 13.50 – **108 rm** 127.00/165.00 st. – SB.

🏨 Hospitality Inn Piccadilly   FGM a
39 Coventry St., W1V 8EL, ☎ (0171) 930 4033, Fax (0171) 925 2586
without rest. – 🛗 🍽✕ 📺 ☎. 🐾 AE VISA JCB. ❄ – 🍽 12.50 – **91 rm** 137.00/170.00 st.

XXXXX The Restaurant (at Ritz H.)   DN a
150 Piccadilly, W1V 9DG, ☎ (0171) 493 8181, Fax (0171) 493 2687
🌇, « Elegant restaurant in Louis XVI style » – 🗐. 🐾 AE ⓞ VISA JCB
Meals (dancing Friday and Saturday evenings) 29.00/38.50 st. and a la carte 42.50/93.50 st.

XXX Quaglino's   EN r
16 Bury St., SW1Y 6AL, ☎ (0171) 930 6767, Fax (0171) 839 2866
🗐. 🐾 AE ⓞ VISA
Meals (booking essential) 14.50 (lunch) and a la carte 19.50/50.50 ▮ 10.50.

XXX Suntory   EP z
72-73 St. James's St., SW1A 1PH, ℰ (0171) 409 0201, Fax (0171) 499 0208
🍽. 🆖 AE ⓞ VISA JCB
closed Sunday, Easter, 25-26 December, 1 January and Bank Holidays – **Meals** - Japanese - 15.00/49.80 **st.** and a la carte ⌕ 12.00.

XXX 33   EN n
33 St. James's St., SW1A 1HD, ℰ (0171) 930 4272, Fax (0171) 930 7618
🍽. 🆖 AE ⓞ VISA
closed Saturday lunch, Sunday, Christmas and Bank Holidays – **Meals** a la carte 22.90/43.95 **st.** ⌕ 16.00.

XX L'Oranger   EP a
❀ 5 St. James's St., SW1A 1EF, ℰ (0171) 839 3774, Fax (0171) 839 4330
🌶 – 🍽. 🆖 AE ⓞ VISA JCB
closed Sunday lunch and 1 week Christmas – **Meals** 22.00/29.50 **t.** ⌕ 8.00
Spec. Marinated tuna in crushed black pepper with white radish and green salad. Roasted sea bass with confit of peppers and aubergine crisps. Loin of pork and Toulouse sausage with piquant mustard grain sauce.

XX Criterion Brasserie Marco Pierre White   FM c
224 Piccadilly, W1V 9LB, ℰ (0171) 930 0488, Fax (0171) 930 8190
« 19C Neo-Byzantine decor » – 🆖 AE VISA
closed 24-25 December and 1 January – **Meals** 17.95 **t.** (lunch) and a la carte 24.75/32.95 **t.** ⌕ 14.00.

XX Le Caprice   DN c
Arlington House, Arlington St., SW1A 1RT, ℰ (0171) 629 2239, Fax (0171) 493 9040
🍽. 🆖 AE ⓞ VISA
closed dinner 24 to 26 December, 1 January and August Bank Holiday – **Meals** a la carte 25.00/44.75 **t.** ⌕ 8.50.

XX Cave (at Caviar House)   DN s
161 Piccadilly, W1V 9DF, ℰ (0171) 409 0445, Fax (0171) 493 1667
🍽. 🆖 AE ⓞ VISA
closed Sunday, 25-26 December and 1 January – **Meals** 25.25 **t.** (lunch) and dinner a la carte 31.75/36.75 **t.** ⌕ 10.75.

XX The Avenue   EP e
7-9 St. James's St., SW1A 1EE, ℰ (0171) 321 2111, Fax (0171) 321 2500
🍽. 🆖 AE ⓞ VISA
Meals 19.50 **t.** (lunch) and dinner a la carte 18.85/31.20 **t.**

XX Matsuri   EN r
15 Bury St., SW1Y 6AL, ℰ (0171) 839 1101, Fax (0171) 930 7010
🍽. 🆖 AE ⓞ VISA JCB
closed Sunday, 25 December and Bank Holidays – **Meals** - Japanese (Teppan-Yaki, Sushi) - 20.00/35.00 **t.** and a la carte ⌕ 9.50.

Soho – ✉ W1/WC2 – pp. 28 and 29.

🏨 Hampshire   GM s
Leicester Sq., WC2H 7LH, ℰ (0171) 839 9399, Fax (0171) 930 8122
|‡|, ⇄ rm, 🍽 TV ☎ – 🔬 80. 🆖 AE ⓞ VISA. ✂
Meals 18.00 **st.** and a la carte ⌕ 8.00 – ☷ 14.00 – **119 rm** 243.00/298.00 **s.**, 5 suites.

🏛 Hazlitt's   FK u
6 Frith St., W1V 5TZ, ℰ (0171) 434 1771, Fax (0171) 439 1524
without rest., « Early 18C town houses » – TV ☎. 🆖 AE ⓞ VISA JCB. ✂
closed 24 to 26 December – **22 rm** 115.00/148.00 **s.**, 1 suite.

XXXX **The Café Royal Grill Room**   EM **e**
68 Regent St., W1R 6EL, ✆ (0171) 437 1177
« Rococo decoration » – ▦. 🅜🅞 🄰🄴 🄾 *VISA*
closed Saturday lunch and Sunday – **Meals** 22.50 **t.** (lunch) and a la carte
35.00/45.00 **t.** 🛆 10.15
Spec. Aspic of oyster Moscovite. Noisettes of lamb Edouard VII. Marjolaine.

XXX **Richard Corrigan at Lindsay House**   GL **i**
21 Romilly St., W1V 5TG, ✆ (0171) 439 0450, *Fax (0171) 439 7849*
▦. 🅜🅞 🄾 *VISA*
closed Saturday lunch, Sunday and 25-26 December – **Meals** a la carte 24.00/
40.00 **t.** 🛆 7.00.

XXX **L'Escargot**   GK **e**
48 Greek St., W1V 5LQ, ✆ (0171) 437 2679, *Fax (0171) 437 0790*
▦. 🅜🅞 🄰🄴 🄾 *VISA* 🄹🄲🄱
Ground Floor : Meals *(closed Saturday lunch, Sunday, 25-26 December and 1
January)* 17.50/23.45 **t.** and a la carte 23.45/29.45 **t.** 🛆 9.50
First Floor : Meals *(closed Saturday lunch, Sunday, Monday and August)*
23.50/38.00 **t.** 🛆 9.50
Spec. Carpaccio of beef, parmesan crackling and herb dressing. Breast of
duck with Anna potatoes and carrot, red wine jus. Ginger brûlée with a warm
rhubarb compote.

XXX **Quo Vadis**   FK **v**
26-29 Dean St., W1A 6LL, ✆ (0171) 437 9585, *Fax (0171) 434 9972*
▦. 🅜🅞 🄰🄴 *VISA*
closed lunch Saturday and Sunday – **Meals** 17.95 **t.** (lunch) and a la carte
24.50/43.00 **t.** 🛆 9.00
Spec. Grilled scallops, gros sel, citrus fruits and beurre orange. Escalope of
calf's liver with bacon and sage, pomme purée and sauce diable. Marquise of
bitter chocolate with caramel sauce.

XX **Red Fort**   FJK **r**
77 Dean St., W1V 5HA, ✆ (0171) 437 2115, *Fax (0171) 434 0721*
▦. 🅜🅞 🄰🄴 🄾 *VISA*
Meals - Indian - (buffet lunch) 12.50/25.00 **t.** and a la carte 🛆 7.50.

XX **Mezzo**   FK **a**
Lower ground floor, 100 Wardour St., W1V 3LE, ✆ (0171) 314 4000,
Fax (0171) 314 4040
▦. 🅜🅞 🄰🄴 🄾 *VISA*
closed lunch Saturday and 1 January and 25-26 December – **Meals** 15.50 **t.**
(lunch) and a la carte 21.00/35.50 **t.**

XX **Soho Soho**   FK **s**
(first floor), 11-13 Frith St., W1V 5TS, ✆ (0171) 494 3491, *Fax (0171) 437 3091*
🌤 – ▦. 🅜🅞 🄰🄴 🄾 *VISA* 🄹🄲🄱
closed Saturday lunch, Sunday, 25 December and Bank Holidays – **Meals**
15.50 **t.** (dinner) and a la carte 20.25/30.40 **t.** 🛆 9.00.

XX **Lexington**   EK **e**
45 Lexington St., W1R 3LG, ✆ (0171) 434 3401, *Fax (0171) 287 2997*
▦. 🅜🅞 🄰🄴 🄾 *VISA* 🄹🄲🄱
closed Saturday lunch, Sunday and Bank Holidays – **Meals** a la carte 18.50/
23.70 **t.** 🛆 7.50.

XX **Gopal's**   FK **e**
12 Bateman St., W1V 5TD, ✆ (0171) 434 0840
▦. 🅜🅞 🄰🄴 *VISA*
closed 25 and 26 December – **Meals** - Indian - a la carte 15.95/23.40 **t.**

153

XX **Gay Hussar** GJ c
2 Greek St., W1V 6NB, ☎ (0171) 437 0973, Fax (0171) 437 4631
▤ . ⊡ AE ⓪ VISA
closed Sunday and Bank Holidays – **Meals** - Hungarian - 16.00 **t.** (lunch)
and a la carte 19.25/24.95 **t.** ⌆ 6.50.

XX **Atelier** EL a
⊛ 41 Beak St., W1R 3LE, ☎ (0171) 287 2057, Fax (0171) 287 1767
⊡ AE ⓪ VISA
closed Saturday lunch, Sunday, 1 week Christmas and Bank Holidays –
Meals 19.50 **t.** and a la carte 25.75/28.00 **t.** ⌆ 8.25.

X **dell 'Ugo** FK z
56 Frith St., W1V 5TA, ☎ (0171) 734 8300, Fax (0171) 734 8784
⊡ AE ⓪ VISA
closed Saturday lunch, Sunday and Bank Holidays – **Meals** 12.50 **t.** (lunch)
and a la carte 16.95/25.90 **t.**

X **Soho Spice** FJ e
124-126 Wardour St., W1V 3LA, ☎ (0171) 434 0808, Fax (0171) 434 0799
⊡ AE ⓪ VISA
closed Sunday – **Meals** - Indian - 14.95 **t.** and a la carte.

X **Sri Siam** GK r
16 Old Compton St., W1V 5PE, ☎ (0171) 434 3544, Fax (0171) 287 1311
▤ . ⊡ AE ⓪ VISA
closed Sunday lunch, 25-26 December and 1 January – **Meals** - Thai - 11.50/
16.80 **t.** and a la carte ⌆ 8.00.

X **Alastair Little** FK o
49 Frith St., W1V 5TE, ☎ (0171) 734 5183
⊡ AE VISA JCB
closed Saturday lunch, Sunday and Bank Holidays – **Meals** (booking
essential) 25.00/30.00 **t.** ⌆ 14.50.

X **Bistrot Soho** FK z
64 Frith St., W1V 5TA, ☎ (0171) 734 4545, Fax (0171) 287 1027
▤ . ⊡ AE ⓪ VISA
closed Sunday, 25-26 December and 1 January – **Meals** 16.50 (lunch)
and a la carte 18.00/31.25 ⌆ 8.75.

X **Poons** GM e
4 Leicester St., Leicester Sq., WC2H 7BL, ☎ (0171) 437 1528
▤ . ⊡ AE VISA JCB
closed 24 to 26 December – **Meals** - Chinese - a la carte 9.50/13.60 **t.**

X **Fung Shing** GL a
15 Lisle St., WC2H 7BE, ☎ (0171) 734 0284, Fax (0171) 734 0284
▤ . ⊡ AE ⓪ VISA
closed 24 to 26 December – **Meals** - Chinese (Canton) - 15.00 **t.** and a la carte
⌆ 5.00.

X **Saigon** FGK x
45 Frith St., W1V 5TE, ☎ (0171) 437 7109, Fax (0171) 734 1668
▤ . ⊡ AE ⓪ VISA
closed Sunday, Easter, Christmas and Bank Holidays – **Meals** - Vietnamese -
a la carte 13.10/16.50.

Ne confondez pas : Confort des hôtels   🏨🏨🏨 ... 🏠 , ⌂
Confort des restaurants   XXXXX ... X , ⌻
Qualité de la table   ❀❀❀ , ❀❀ , ❀ , **Meals** ⊛

Strand and Covent Garden – ✉ WC2 – *Except where otherwise stated* *see p. 33.*

The Savoy   DEY **a**
Strand, WC2R 0EU, ℰ (0171) 836 4343, *Fax (0171) 240 6040*
ℹ️, ⇔, 🖼 – 🛗, ⇔ rm, ▦ 📺 ☎ ⇔ – 🏛 500. 🆎 🆎 ⓪ 𝐕𝐈𝐒𝐀 ᴊᴄʙ. ⊗
Grill : **Meals** *(closed Saturday lunch, Sunday and August)* 29.75 **t.** (dinner)
and a la carte 35.00/50.50 **st.** 🍷 9.95
River : **Meals** 28.50/37.50 **st.** and a la carte 43.50/55.00 **st.** 🍷 9.95 – 🖵 17.50
– **154 rm** 240.00/365.00 **s.**, 48 suites – SB.

Le Meridien Waldorf   EX **x**
Aldwych, WC2B 4DD, ℰ (0171) 836 2400, *Fax (0171) 836 7244*
🛗, ⇔ rm, ▦ rm, 📺 ☎ – 🏛 450. 🆎 🆎 ⓪ 𝐕𝐈𝐒𝐀 ᴊᴄʙ. ⊗
Meals a la carte 20.40/31.45 **t.** 🍷 12.00 – 🖵 15.00 – **286 rm** 210.00/280.00 **s.**,
6 suites – SB.

The Howard   EX **e**
Temple Pl., WC2R 2PR, ℰ (0171) 836 3555, *Fax (0171) 379 4547*
⇐ – 🛗, ⇔ rm, ▦ 📺 ☎ ⇔ – 🏛 100. 🆎 🆎 ⓪ 𝐕𝐈𝐒𝐀 ᴊᴄʙ. ⊗
Meals 28.50 **st.** and a la carte – 🖵 18.00 – **133 rm** 200.00/260.00 **st.**, 2 suites.

Ivy   p. 29 GK **z**
1 West St., WC2H 9NE, ℰ (0171) 836 4751, *Fax (0171) 497 3644*
▦. 🆎 🆎 ⓪ 𝐕𝐈𝐒𝐀
closed dinner 24 to 26 December, 1 January and August Bank Holiday –
Meals a la carte 25.00/44.25 **t.** 🍷 9.50.

WestZENders   DX **x**
4a Upper St. Martin's Lane, WC2H 9EA, ℰ (0171) 497 0376,
Fax (0171) 497 0378
▦. 🆎 🆎 ⓪ 𝐕𝐈𝐒𝐀 ᴊᴄʙ
closed 25 and 26 December – **Meals** - Chinese - 19.80 **t.** (dinner)
and a la carte 17.30/32.50 **t.**

Rules   DX **n**
35 Maiden Lane, WC2E 7LB, ℰ (0171) 836 5314, *Fax (0171) 497 1081*
« London's oldest restaurant with collection of antique cartoons, drawings and
paintings » –. 🆎 🆎 ⓪ 𝐕𝐈𝐒𝐀
closed 4 days Christmas – **Meals** - English - a la carte 25.45/29.15 **t.** 🍷 5.95.

Bank   EX **s**
1 Kingsway, Aldwych, ℰ (0171) 379 9797, *Fax (0171) 379 9014*
🆎 🆎 ⓪ 𝐕𝐈𝐒𝐀
closed 25-26 December and Bank Holidays – **Meals** 16.50 **t.** (lunch)
and a la carte 16.00/29.00 **t.**

Christopher's   EX **z**
18 Wellington St., WC2E 7DD, ℰ (0171) 240 4222, *Fax (0171) 240 3357*
▦. 🆎 🆎 ⓪ 𝐕𝐈𝐒𝐀 ᴊᴄʙ
closed Sunday, 25-26 December and Bank Holidays – **Meals** a la carte 22.00/
33.50 **t.** 🍷 9.00.

L'Estaminet   DX **a**
14 Garrick St., off Floral St., WC2 9BJ, ℰ (0171) 379 1432
🆎 🆎 𝐕𝐈𝐒𝐀 ᴊᴄʙ
closed Sunday, Easter, 25 December and Bank Holidays – **Meals** - French -
a la carte 18.95/28.20 **t.** 🍷 7.00.

Sheekey's   DX **v**
28-32 St. Martin's Court, WC2N 4AL, ℰ (0171) 240 2565, *Fax (0171) 240 8114*
▦. 🆎 🆎 ⓪ 𝐕𝐈𝐒𝐀
closed Sunday, Easter, 25 December and Bank Holidays – **Meals** - Seafood
- 14.75/17.95 **t.** and a la carte.

XX **Bertorelli's**   DX c
44a Floral St., WC2E 9DA, ℰ (0171) 836 3969, *Fax (0171) 836 1868*
▤. ⓒ◉ AE ⓞ VISA JCB
closed Sunday and 25 December – **Meals** - Italian - a la carte approx. 23.50 **t.**
▯ 7.50.

X **Stephen Bull St. Martin's Lane**   DX r
12 Upper St. Martin's Lane, WC2 H9DL, ℰ (0171) 379 7811
▤. ⓒ◉ AE VISA
closed Saturday lunch, Sunday, 1 week Christmas-New Year and Bank Holidays
– **Meals** a la carte 22.95/27.95 **t.** ▯ 8.25.

X **Le Café du Jardin**   EX a
28 Wellington St., WC2E 7BD, ℰ (0171) 836 8769, *Fax (0171) 836 4123*
▤. ⓒ◉ AE ⓞ VISA
Meals 13.50 **t.** and a la carte ▯ 7.00.

X **Magno's Brasserie**   DV e
65a Long Acre, WC2E 9JH, ℰ (0171) 836 6077, *Fax (0171) 379 6184*
▤. ⓒ◉ AE ⓞ VISA JCB
Meals - French - 16.95 **t.** and a la carte ▯ 7.95.

X **Joe Allen**   EX c
13 Exeter St., WC2E 7DT, ℰ (0171) 836 0651, *Fax (0171) 497 2148*
▤. ⓒ◉ AE VISA
closed 24 and 25 December – **Meals** 13.00 **t.** (lunch) and a la carte 19.00/
28.00 **t.** ▯ 5.50.

Victoria – ✉ *SW1 – Except where otherwise stated see p. 32.*

🗓 *Victoria Station Forecourt, SW1V 1JU* ℰ *(0171) 824 8844.*

🏨 **St. James Court**   CX i
45 Buckingham Gate, SW1E 6AF, ℰ (0171) 834 6655, *Fax (0171) 630 7587*
▯₅, ⛲ – ▮≡▮, ⇤ rm, ▤ TV ☎ – 🛎 180. ⓒ◉ AE ⓞ VISA JCB. ⌘
Café Méditerranée : **Meals** 15.00 **t.** (lunch) and a la carte 21.95/28.50 **t.**
▯ 8.50
Inn of Happiness : **Meals** - Chinese - *(closed Saturday lunch)* 15.50/
18.50 **t.** and a la carte ▯ 8.50 – (see also **Auberge de Provence** below) – ☕
15.00 – **372 rm** 120.00/185.00 **s.**, 18 suites.

🏨 **Royal Horseguards Thistle**   p. 26 LX a
2 Whitehall Court, SW1A 2EJ, ℰ (0171) 839 3400, *Fax (0171) 925 2263*
▮≡▮, ⇤ rm, ▤ TV ☎ – 🛎 180. ⓒ◉ AE ⓞ VISA JCB. ⌘
Meals 22.50 **t.** and a la carte ▯ 6.95 – ☕ 13.50 – **278 rm** 179.00/275.00 **st.**,
3 suites.

🏨 **Stakis London St. Ermin's**   CX a
Caxton St., SW1H 0QW, ℰ (0171) 222 7888, *Fax (0171) 222 6914*
▮≡▮, ⇤ rm, ▤ rest, TV ☎ – 🛎 250. ⓒ◉ AE ⓞ VISA JCB. ⌘
Cloisters : **Meals** *(closed lunch Saturday and Sunday)* 17.95/19.95 **st.**
and a la carte
Caxton Grill : **Meals** *(closed Saturday lunch, Sunday and Bank Holidays)*
a la carte 25.50/38.40 **st.** – ☕ 11.95 – **288 rm** 140.00/185.00 **st.**, 2 suites – SB.

🏨 **Goring**   BX a
15 Beeston Pl., Grosvenor Gdns., SW1W 0JW, ℰ (0171) 396 9000,
Fax (0171) 834 4393
▮≡▮, ▤ rm, TV ☎ – 🛎 50. ⓒ◉ AE ⓞ VISA ⌘
Meals 27.50/36.00 **st.** ▯ 9.00 – ☕ 14.50 – **72 rm** 155.00/180.00 **s.**, 4 suites.

Grosvenor Thistle
BX **e**

101 Buckingham Palace Rd, SW1W 0SJ, *(0171) 834 9494, Fax (0171) 630 1978*

🛗, 🔄 rm, 📺 ☎ – 👥 200. 🆔 🅰🅴 🅾 *VISA* 🇯CB. 🍽

Meals (carving rest.) 17.85 **st.** and a la carte ⓘ 6.75 – 🖵 13.50 – **363 rm** 127.00/185.00 **st.**, 3 suites.

Royal Westminster Thistle
BX **z**

49 Buckingham Palace Rd, SW1W 0QT, *(0171) 834 1821, Fax (0171) 931 7542*

🛗, 🔄 rm, 🖿 📺 ☎ – 👥 180. 🆔 🅰🅴 🅾 *VISA* 🇯CB. 🍽

Meals 12.95/21.95 **st.** and a la carte ⓘ 8.00 – 🖵 12.50 – **134 rm** 145.00/200.00 **st.** – SB.

Dolphin Square
p. 26 KZ **a**

Dolphin Sq., SW1V 3LX, *(0171) 834 3800, Fax (0171) 798 8735*

🛴, 🏊, 🔲, 🐎, ⚒, squash – 🛗, 🖿 rest, 📺 ☎ 🚗 🅿 – 👥 50. 🆔 🅰🅴 🅾 *VISA*. 🍽

Meals 15.70 **st.** and a la carte 12.20/23.75 **st.** ⓘ 7.75 – 🖵 12.50 – **15 rm** 100.00/180.00 **st.**, **137 suites** 115.00/180.00 **st.**

Rubens
BX **n**

39-41 Buckingham Palace Rd, SW1W 0PS, *(0171) 834 6600, Fax (0171) 828 5401*

🛗, 🔄 rm, 🖿 rest, 📺 ☎ – 👥 75. 🆔 🅰🅴 🅾 *VISA*. 🍽

Meals *(closed lunch Saturday and Sunday)* (carving lunch) 15.95 **st.** and dinner a la carte – 🖵 10.95 – **178 rm** 99.00/155.00 **s.**, 1 suite.

Rochester
CY **e**

69 Vincent Sq., SW1P 2PA, *(0171) 828 6611, Fax (0171) 233 6724*

🛗, 🖿 rest, 📺 ☎ – 👥 60

80 rm.

Holiday Inn London Victoria
BY **i**

2 Bridge Pl., SW1V 1QA, *(0171) 834 8123, Fax (0171) 828 1099*

🛴, 🏊, 🔲 – 🛗, 🔄 rm, 🖿 📺 ☎ – 👥 180. 🆔 🅰🅴 🅾 *VISA* 🇯CB. 🍽

Meals 17.95/25.00 **st.** and dinner a la carte – 🖵 11.50 – **212 rm** 150.00/160.00 **st.**

Winchester
BY **s**

17 Belgrave Rd, SW1V 1RB, *(0171) 828 2972, Fax (0171) 828 5191*

without rest. – 📺. 🍽

closed 25 December – **18 rm** 🖵 65.00/85.00 **st.**

Auberge de Provence (at St. James Court H.)
CX **i**

45 Buckingham Gate, SW1E 6AF, *(0171) 821 1899, Fax (0171) 630 7587*

🖿. 🆔 🅰🅴 🅾 *VISA* 🇯CB

Meals - French - a la carte 24.65/30.75 **t.** ⓘ 8.00.

L'Incontro
p. 31 FT **u**

87 Pimlico Rd, SW1W 8PH, *(0171) 730 6327, Fax (0171) 730 5062*

🖿. 🆔 🅰🅴 🅾 *VISA* 🇯CB

closed lunch Saturday and Sunday and 25-26 December – **Meals** - Italian - 20.50 **t.** (lunch) and a la carte 27.50/51.50 **t.** ⓘ 11.50.

Santini
ABX **v**

29 Ebury St., SW1W 0NZ, *(0171) 730 4094, Fax (0171) 730 0544*

🖿. 🆔 🅰🅴 🅾 *VISA* 🇯CB

closed lunch Saturday and Sunday and 25-26 December – **Meals** - Italian - 19.75 **t.** (lunch) and a la carte 25.00/51.75 **t.** ⓘ 11.00.

XXX **Shepherd's** p. 26 LZ z
Marsham Court, Marsham St., SW1P 4LA, ℰ (0171) 834 9552, Fax (0171) 233 6047
■. ◍ AE ◐ VISA
closed Saturday, Sunday and Bank Holidays – **Meals** - English - (booking essential) 23.95 t. ₰ 5.50.

XX **Simply Nico** CY a
48a Rochester Row, SW1P 1JU, ℰ (0171) 630 8061
■. ◍ AE ◐ VISA JCB
closed Saturday lunch, Sunday, 10 days Christmas, Easter and Bank Holidays – **Meals** (booking essential) 25.00/27.00 st. ₰ 10.00.

XX **The Atrium** p. 26 LY s
4 Millbank, SW1P 3JA, ℰ (0171) 233 0032, Fax (0171) 233 0010
. ■. ◍ AE ◐ VISA
closed Saturday, Sunday, 25 December and 1 January – **Meals** a la carte 20.50/25.95 t.

XX **Ken Lo's Memories of China** AY u
67-69 Ebury St., SW1W 0NZ, ℰ (0171) 730 7734, Fax (0171) 730 2992
■. ◍ AE ◐ VISA JCB
closed Sunday lunch, 24 December-1 January and Bank Holidays – **Meals** - Chinese - 20.50/24.50 t. and a la carte.

XX **Hunan** p. 25 IZ a
51 Pimlico Rd, SW1W 8NE, ℰ (0171) 730 5712, Fax (0171) 730 8265
◍ AE VISA
closed Sunday lunch, 25-26 December and Bank Holidays – **Meals** - Chinese (Hunan) - a la carte 11.40/48.80.

XX **Tate Gallery** p. 26 LZ c
Tate Gallery, Millbank, SW1P 4RG, ℰ (0171) 887 8877, Fax (0171) 887 8007
« Rex Whistler murals » – ■. ◍ AE VISA JCB
closed Sunday and 24 to 26 December – **Meals** (booking essential) (lunch only) 25.00 t. and a la carte.

X **Olivo** AY z
21 Eccleston St., SW1W 9LX, ℰ (0171) 730 2505, Fax (0171) 824 8190
■. ◍ AE VISA
closed lunch Saturday and Sunday and Bank Holidays – **Meals** - Italian - 16.00 t. (lunch) and dinner a la carte 22.50/29.00 t. ₰ 8.00.

X **La Poule au Pot** p. 25 IZ e
231 Ebury St., SW1W 8UT, ℰ (0171) 730 7763, Fax (0171) 259 9651
⌂ – ■. ◍ AE ◐ VISA JCB
Meals - French - 13.95 t. (lunch) and a la carte 24.85/36.60 t. ₰ 5.50.

International dialling codes

Note : When making an international call to the UK do not dial the first "0" of the city codes.

Indicatifs téléphoniques internationaux

Important : Pour les communications d'un pays étranger vers le Royaume-Uni, le zéro (0) initial de l'indicatif interurbain n'est pas à chiffrer.

from/de dalle/von — to/vers in/nach	Ⓐ	Ⓑ	ⒸⒽ	ⒸⓏ	Ⓓ	ⒹⓀ	Ⓔ	ⒻⒾⓃ	Ⓕ	ⒼⒷ	ⒼⓇ
A Austria		0032	0041	00420	0049	0045	0034	00358	0033	0044	0030
B Belgium	0043		0041	00420	0049	0045	0034	00358	0033	0044	0030
CH Switzerland	0043	0032		00420	0049	0045	0034	00358	0033	0044	0030
CZ Czech Republic	0043	0032	0041		0049	0045	0034	00358	0033	0044	0030
D Germany	0043	0032	0041	00420		0045	0034	00358	0033	0044	0030
DK Denmark	0043	0032	0041	00420	0049		0034	00358	0033	0044	0030
E Spain	0043	0032	0041	00420	0049	0045		00358	0033	0044	0030
FIN Finland	0043	0032	0041	00420	0049	0045	0034		0033	0044	0030
F France	0043	0032	0041	00420	0049	0045	99034	00358		0044	0030
GB United Kingdom	0043	0032	0041	00420	0049	0045	0034	00358	0033	044	0030
GR Greece	0043	0032	0041	00420	0049	0045	0034	00358	0033	0044	
H Hungary	0043	0032	0041	00420	0049	0045	0034	00358	0033	0044	0030
I Italy	0043	0032	0041	00420	0049	0045	0034	00358	0033	0044	0030
IRL Ireland	0043	0032	0041	00420	0049	0045	0034	00358	0033	0044	0030
J Japan	00143	00132	00141	00142	0149	00145	00134	001358	00133	00130	0030
L Luxembourg	0043	0032	0041	00420	0049	0045	0034	00358	0033	0044	0030
N Norway	0043	0032	0041	00420	0049	0045	0034	00358	0033	0044	0030
NL Netherlands	0043	0032	0041	00420	0049	0045	0034	00358	0033	0044	0030
PL Poland	0043	0032	0041	00420	0049	0045	0034	00358	0033	0044	0030
P Portugal	0043	0032	0041	00420	0049	0045	0034	00358	0033	0044	0030
RUS Russia	81043	81032	81041	6420	81049	81045	*	009358	81033	81044	*
S Sweden	0043	0032	0041	00420	0049	0045	00934	00358	0033	0044	0030
USA	1143	01132	01141	011420	01149	01145	01134	01358	01133	01144	01130

* Direct dialing not possible*　　　　** Pas de sélection automatique*

Indicativi Telefonici Internazionali

Importante : per comunicare con il Regno Unito da un paese straniero non bisogna comporre lo zero (0) iniziale dell'indicativo interurbano.

Internationale Telefon-Vorwahlnummern

Wichtig : Bei Auslandsgesprächen von und nach Vereinigtes Königreich darf die voranstehende Null (0) der Ortsnetzkennzahl nicht gewählt werden.

(H)	(I)	(IRL)	(J)	(L)	(N)	(NL)	(PL)	(P)	(RUS)	(S)	(USA)	
0036	0039	00353	0081	00352	0047	0031	0048	00351	007	0046	001	**Austria A**
0036	0039	00353	0081	00352	0047	0031	0048	00351	007	0046	001	**Belgium B**
0036	0039	00353	0081	00352	0047	0031	0048	00351	007	0046	001	**Switzerland CH**
0036	0039	00353	0081	00352	0047	0031	0048	00351	007	0046	001	**Czech CZ Republic**
0036	0039	00353	0081	00352	0047	0031	0048	00351	007	0046	001	**Germany D**
0036	0039	00353	0081	00352	0047	0031	0048	00351	007	0046	001	**Denmark DK**
0036	0039	00353	0781	00352	0047	0031	0048	00351	077	0046	071	**Spain E**
0036	0039	00353	0081	00352	0047	0031	0048	00351	9907	0046	001	**Finland FIN**
0036	0039	00353	0081	00352	0047	0031	0048	00351	007	0046	001	**France F**
0036	0039	00353	0081	00352	0047	0031	0048	00351	007	0046	001	**United GB Kingdom**
0036	0039	00353	0081	00352	0047	0031	0048	00351	007	0046	001	**Greece GR**
	0039	00353	0081	00352	0047	0031	0048	00351	007	0046	001	**Hungary H**
0036		00353	0081	00352	0047	0031	0048	00351	*	0046	001	**Italy I**
0036	0039		0081	00352	0047	0031	0048	00351	007	0046	001	**Ireland IRL**
00136	00139	001353		01352	00147	00131	00148	01351	*	01146	0011	**Japan J**
0036	0039	00353	0081		0047	0031	0048	00351	007	0046	001	**Luxembourg L**
0036	0039	00353	0081	00352		0031	0048	00351	007	0046	001	**Norway N**
0036	0039	00353	0081	00352	0047		0048	00351	007	0046	001	**Netherlands NL**
0036	0039	00353	0081	00352	0047	0031		00351	007	0046	001	**Poland PL**
0036	0039	00353	0081	00352	0047	0031	0048		007	0046	001	**Portugal P**
636	*	*	*	*	*	81031	648	*		*	*	**Russia RUS**
0036	0039	00353	00981	00352	0047	0031	0048	00935	097		0091	**Sweden S**
01136	01139	011353	01181	011352	01147	01131	01148	*	011351	01146		**USA**

* Direct dialing not possible   ** Selezione automatica impossibile*

Notes
Appunti
Notizen

Illustrations Cécile Imbert/MICHELIN : pages 4, 6 à 12, 16, 18 à 24, 28, 30 à 36, 40, 42 à 48 – Narratif Systèmes/Geneclo : pages 14, 26, 38, 52 – Rodolphe Corbel pages 5, 17, 29, 41.

GREAT BRITAIN : the maps and town plans in the Great Britain Section of this Guide are based upon the Ordnance Survey of Great Britain with the permission of the Controller of Her Majesty's Stationery Office, © Crown copyright 39923X.

Manufacture française des pneumatiques Michelin
Société en commandite par actions au capital de 2 000 000 000 de francs
Place des Carmes-Déchaux – 63 Clermont-Ferrand (France)
R.C.S. Clermont-Fd B 855 200 507

Michelin et Cie, Propriétaires-Éditeurs 1998
Dépôt légal Janvier 98 – ISBN 2-06-066089-0

Printed in E.C. 12-97

Photocomposition : APS, Tours – Impression : KAPP, LAHURE, JOMBART, Évreux
Reliure : A.G.M., Forges-les-Eaux

Underground
Métro
Metropolitana
U-Bahn

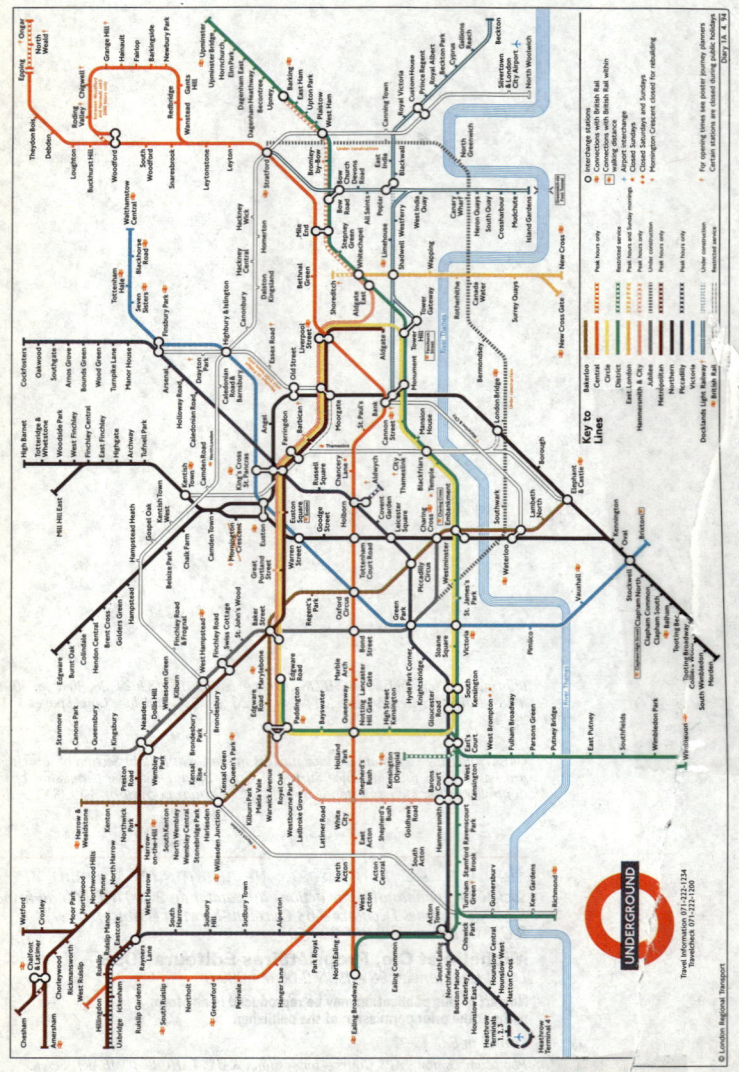

Semplificatevi *la vita!*
Vereinfacht Ihre Routenplanung!
¡Simplifique su viaje!
Route planning made *Simple!*
Maak reizen gemakkelijker!
Simplifiez-vous la route!

internet
www.michelin-travel.com

Ritz
Connaught
Browns
Dorchester
Metropolitan